JN437291

생산운영관리

김인구 · 오성환
조상위 · 이원동 공저

머리말

기업경영은 오늘날 세계화의 국제 경쟁력에서 어떻게 생존하고 발전할 수 있을까? 라는 과제가 경영전반에 대두되고 있다.

또한 기업은 현재와 미래에도 생존과 발전을 위해서 기업들은 현재를 초월하여 미래를 향한 생산활동이 있어야 한다.

대부분의 학생들은 생산관리의 학문이 수학적 과목이라는 인식과 단순노동의 생산을 생각하여 기피하는 경향이 있지만 인간이 존재하는 이상 문화생활의 기초가 되는 생산을 버릴 수가 없고 생산이 발전하면 할수록 인간의 문화수준은 비례하여 결국 인간의 문화생활에서 질이 높아질 수 밖에 없다.

생산관리가 과거에 수학적 방법으로 사용되고 있었지만 컴퓨터의 발전에 따라 대부분 복잡한 수학적 계산모델을 프로그램화 하여 쉽게 접근할 수 있도록 되어 있다.

이제 국가경제는 글로벌시대로서 기업이 생존의 일환으로 생산관리도 기업마다 특유한 생산방식을 도입하여 제품이나 서비스에 국가와 기업의 고유한 특성을 살린다면 국제 경쟁력을 해결할 수 있다.

이러한 현실을 감안하면 앞으로 기업에서 생산은 국내 소비재를 위한 생산이 아니라 국제시장에서 경쟁력을 위한 생산이 될 수밖에 없다.

본서는 생산에서 많이 이용되고 있는 내용을 수록하여 기업의 실제 사용에 도움이 되도록 노력하였다.

본서는 총 4편으로 구성되어 제1편은 생산관리의 기초로 생산운영의 정의와 생산시스템, 의사결정 및 생산운영의 배경을 언급하고, 제2편에는 생산관리의 장기계획에 요구되는 수요예측, 제품설계, 공정설계, 생산입지 및 프로젝트의 내용을 정리하고, 제3편에는 생산관리의 단기운영에 필요한 재고관리, 전사적 자원관리, 품질관리, ISO9000, 세계화를 위한 생산운영관리를 국제화에 맞추어 언급하였다. 특히 생산의 국제화는 장기적 생산계획이라기보다는 단기적 생산계획이 더 어울리게 되었다고 본다.

마지막 제4편에는 미래 생산운영관리로서 생산활동을 위한 과제인 FA와 CIM 및 환경문제를 전개하였다.

저자는 이 책에서 글로벌 경제체제에서 경쟁우위를 지키는 초일류 생산시스템과 서비스 부문의 생산성 향상을 위한 운영관리기법, 정보화시대에 맞는 생산관리를 중점적으로 설명하였는데 아무쪼록 학생들과 기업의 실무자들에게 세계화시대에 필요한 생산관리를 이해하는 데 도움이 되어 주기를 바란다.

본서의 집필과정에서 여러 책이 인용되었는데 국내외 학자님들에게 감사를 드리며 넓은 아량과 이해를 구합니다.

이 책이 완성되도록 도와준 도서출판 두남의 임직원과 물류경영과 학생들과 조교에게 고마움을 표합니다.

이 책의 부족한 부분은 여기서 멈추지 않고 꾸준한 노력을 하겠다는 것을 다짐합니다.

2010년 1월

저 자 일동

차 례

제 I 편 생산운영관리의 기초

• **제 1 장 생산운영관리의 개요** ··· **17**

- 제 1 절 | 생산운영관리의 개념 ··· 17
  1. 생산운영관리의 정의 ··· 20
  2. 생산 활동 ··· 21
  3. 생산관리 ··· 25

• **제2장 생산운영관리의 배경** ··· **28**

- 제1절 | 생산운영관리의 배경 ··· 28

• **제3장 생산운영관리의 시스템** ··· **32**

- 제1절 | 생산운영관리의 시스템 ··· 32
  1. 시스템(system)의 정의 ··· 32
  2. 시스템(system)의 기본구성 ··· 33
  3. 시스템(system)의 특성 ··· 34
  4. 시스템(system)의 접근 ··· 35
  5. 서비스 시스템(system)의 분석 ··· 35
  6. 시스템(system)의 기본적 사고 ··· 36
- 제2절 | 생산시스템의 분류 ··· 37
  1. 판매형태에 의한 분류 ··· 37
  2. 공정의 연속성에 의한 분류 ··· 37
  3. 기타 생산 ··· 38

• 제4장 생산운영관리의 의사결정 ······ 39

- 제1절 | 생산운영관리의 의사결정 ······ 39
  1. 의사결정의 정의 ······ 39
  2. 의사결정의 특징 ······ 40
  3. 의사결정의 과정(Process) ······ 40
  4. 의사결정지원시스템(DSS : Decision Support System) ······ 42
- 제2절 | 의사결정의 계량적 방법 ······ 45
  1. 의사결정의 구성요소 ······ 45
  2. 의사결정의 상황 ······ 45
  3. 불확실한 상황에서 의사결정 ······ 47
  4. 의사결정 나무(DM tree) ······ 50
- 제3절 | 모 형 ······ 52
  1. 정 의 ······ 52
  2. 종 류 ······ 52
  3. 경영상 이용 ······ 53
  4. 유의점(문제점) ······ 53
  5. W.T. Morris의 모형 평가 법 ······ 53
- 제4절 | 시뮬레이션 ······ 54
  1. 정 의 ······ 54
  2. 종 류 ······ 54
  3. 시뮬레이션의 필요성(시뮬레이션의 적용분야) ······ 55
- 제5절 | 게임이론 ······ 55
  1. 게임이론의 정의 ······ 56
  2. 게임이론의 특징 ······ 56
  3. 게임이론의 내용 ······ 56

••• 제II편 생산운영관리 장기계획 •••

• 제5장 수요의 예측 ······ 61

- 제1절 | 예 측 ······ 61
  1. 예측(Forecast)의 정의 ······ 61

2. 예측(Forecasting)의 종류 ··· 62
3. 기업의 예측 유형 ··· 62
4. 수요의 변화와 예측 ··· 63

– 제2절 | 수요의 예측 ··· 64
1. 수요(Demand)예측의 중요성 ··· 64
2. 수요예측의 효과 ··· 65
3. 수요예측에 미치는 영향요인 ··· 65

– 제3절 | 수요예측의 기법 ··· 67
1. 주관적 예측기법(질적 기법) ··· 67
2. 객관적 기법(정성적 기법) ··· 69

• 제6장 제품설계 ··· 76

– 제1절 | 제품설계의 정의 ··· 76
1. 신제품의 정의 ··· 76
2. 신제품개발의 정의 ··· 76
3. 신제품개발의 조건 ··· 77
4. 신제품을 개발하는 이유 ··· 77
5. 제품개발의 성패요인 ··· 78
6. 제품개발의 전략 ··· 79

– 제2절 | 연구개발 ··· 80
1. 연구개발(R&D : Research and Development)의 정의 ··· 80
2. 연구개발의 단계 ··· 81
3. 연구개발의 전략 ··· 82
4. 연구개발의 권리소유 ··· 82
5. 연구개발의 상용화 단계 ··· 83

– 제3절 | 가치분석 ··· 84
1. 가치분석(VA/VE)의 정의 ··· 84
2. 기 능(function) ··· 85
3. 비 용(cost) ··· 86
4. 가치(Value) 측정 ··· 86
5. 가치분석 실시 시기 ··· 86

– 제4절 | 모듈러 생산 ··· 87
1. 정 의 ··· 87
2. 모듈러(MODULAR) 생산 ··· 87

3. 경영상 이용 ········· 87
4. 장・단점 ········· 88

- 제5절 | 그룹테크놀러지 ········· 89
1. 정 의 ········· 89
2. 목 적 ········· 89
3. 장・단점 ········· 90

• 제7장 생산입지 설계 ········· 91

- 제1절 | 입지 의사결정(Location decision) ········· 91
1. 의 의 ········· 91
2. 입지의 중요성 ········· 92
3. 입지 결정의 제약과 비용 ········· 92
4. 입지결정 단계 ········· 94
5. 입지론 ········· 95
6. 해외입지 ········· 95

- 제2절 | 수송해법 ········· 96
1. 정 의 ········· 96
2. 수송 방법 ········· 97

- 제3절 | 공급 사슬 관리 ········· 103
1. 물류의 변화 ········· 103
2. 공급사슬 관리의 의의 ········· 104
3. SCM 발전 과정 ········· 105
4. SCM의 효과 ········· 106

• 제8장 프로젝트 관리 ········· 110

- 제1절 | 프로젝트 ········· 110
1. 프로젝트의 정의 ········· 110
2. 프로젝트 특성 ········· 110
3. 작업 분할 구분(작업 순서) ········· 117

- 제2절 | 프로젝트 모형 ········· 112
1. 간트챠트(Gantt chart) ········· 112
2. 프로젝트 평가 및 검토 기법(Project Evaluation & Review Technique : PERT) ········· 113
3. 주공정 기법(Critical Path Method : CPM) ········· 113

4. PERT/CPM 효과 ···· 114
5. PERT/CPM 산정 ···· 114

● 제9장 생산계획 ···· 117

- 제1절 | 총괄생산 계획 ···· 117
1. 총괄계획 ···· 118

- 제2절 | 주생산 계획 ···· 120
1. 주생산계획의 의의 ···· 120
2. 주생산계획의 수립 ···· 121

- 제3절 | 생산의 적정관리 ···· 122
1. 일정계획(scheduling)의 정의 ···· 122
2. 생산시스템 형태에 따른 일정계획 ···· 123
3. 생산의 작업 부하 ···· 126

● 제10장 생산통제 ···· 130

- 제1절 | 생산통제 ···· 130
1. 생산통제의 개념 ···· 130
2. 작업분배 ···· 132
3. 진도관리 ···· 135
4. 여력관리 ···· 137
5. 현품관리 ···· 138
6. 실적자료관리 ···· 139

- 제2절 | 작업측정 및 표준설정 ···· 140
1. 작업측정 ···· 140
2. 시간연구법 ···· 144
3. 워크 샘플링에 의한 측정 ···· 146
4. PTS법 ···· 148

- 제3절 | 작업방법의 설계 ···· 152
1. 작업관리의 개념과 내용 ···· 152
2. 방법연구 ···· 153

- 제4절 | 설비관리 ···· 170
1. 설비관리의 개요 ···· 170
2. 설비보전 ···· 174
3. 설비투자 ···· 181

- 제5절 | 생산운영 관리자 ········ 183
1. 관리자의 위상 ········ 183
2. 관리자의 업무와 관리 ········ 184
3. 관리감독자의 책무 ········ 186
4. 관리감독자의 자격요건 ········ 190

- 제6절 | 작업지도 ········ 193
1. 작업지도의 원리 ········ 193
2. 작업지도의 사전준비 ········ 195
3. 작업지도기법 ········ 199
4. 신입작업자의 지도 ········ 201
5. 훈련에 의한 지도 ········ 203

- 제7절 | 작업개선 ········ 205
1. 작업개선의 의의 ········ 205
2. 관리감독자의 책임 ········ 207
3. 작업개선의 장해 ········ 209
4. 작업개선의 원칙 ········ 211
5. 작업개선의 효과와 표준화 ········ 212
6. 작업개선기법 ········ 214

- 제8절 | 관리감독자의 자기변신 ········ 216
1. 미래의 관리감독자에게 요구되는 능력 ········ 216
2. 자기변화의 추진 ········ 221
3. 자기계발 ········ 226
4. 리더십 개발 ········ 233

●●● 제Ⅲ편 생산운영관리 단기운영 ●●●

• **제11장 재고관리** ········ **239**

- 제1절 | 재고관리 ········ 239
1. 재고관리의 의의 ········ 239
2. 재고관리의 수요 구분 ········ 239
3. 재고관리의 목적 ········ 240
4. 재고관리의 요건 ········ 241

- 제2절 | 경제적 주문량의 모형 ········· 243
1. 재고관련비용 ········· 244
2. 경제적 주문량(EOQ)의 모형 ········· 245
3. 재고 부족을 인정하는 모형 ········· 246
4. 가격할인의 문제 ········· 247
5. 경제적 생산규모량 모형 ········· 247
6. 재고 관리의 불확실성 문제 ········· 249
7. 안전재고, 주문점 및 서비스수준 ········· 250

- 제3절 | 재고관리 시스템 ········· 251
1. 고정발주형 재고관리시스템 ········· 251
2. 결합형 재고관리시스템 ········· 252
3. ABC형 재고관리시스템 ········· 252
4. 컴퓨터에 의한 재고관리시스템 ········· 255
5. 재고관리 사용의 제문제 ········· 256

- 제4절 | 자재소요계획기법에 의한 재고관리 ········· 257
1. MRP 시스템의 개념 ········· 257
2. MRP의 기본원리 ········· 257
3. MRP 기능 ········· 260
4. MRP 시스템 구조 ········· 260
5. MRP 이론 ········· 261
6. MRP 효과 ········· 263
7. MRP 한계 ········· 263

• 제12장 전사적 자원관리 ········· 264

- 제1절 | 전사적 자원관리 ········· 264
1. 전사적 자원관리의 의미 ········· 264

- 제2절 | ERP의 특징과 효과 ········· 265
1. ERP의 특징 ········· 265
2. ERP의 기본모듈 ········· 266
3. ERP의 효과 ········· 267

• 제13장 품질경영 ········· 269

- 제1절 | 기업의 품질문제 ········· 269
1. 기업경영과 품질 ········· 270

2. 생산시스템과 품질관리 ········· 271
3. 품질중시의 경영 ········· 271

– 제2절 | 품질관리 개념 ········· 272
1. 품질(Quality) 정의 ········· 272
2. 현대 품질관리의 이해 ········· 272
3. 품질관리 효과 ········· 275

– 제3절 | 서비스업에서의 품질관리 ········· 275
1. 정 의 ········· 275
2. 기능과 기술 ········· 276
3. 서비스업의 품질 특성 ········· 276
4. 서비스업의 품질관리의 결과 ········· 277

– 제4절 | 품질관리 개선을 위한 6시그마 ········· 277
1. 6시그마의 정의 ········· 277
2. 6시그마 방법론 ········· 278
3. 6시그마 적용분야 ········· 279
4. 왜 기업들은 6시그마 도입인가? ········· 279

– 제5절 | 식스 시그마 ········· 279
1. 식스 시그마 통계적 의의 ········· 279
2. 식스 시그마 경영의 전략적 의의 ········· 280
3. 식스 시그마 경영의 목표 ········· 282
4. 식스 시그마 프로젝트의 실행절차 ········· 283

– 제6절 | 식스 시그마 경영의 확산 ········· 285
1. 일반적 확산과정 ········· 285
2. 우리나라의 경우 ········· 288
3. 식스시그마 실행의 효과 및 문제점 ········· 290

• **제14장 ISO 9000 ········· 298**

– 제1절 | ISO 9000의 이해 ········· 298
1. 의 의 ········· 298
2. 발 전 ········· 298
3. 목 표 ········· 298

– 제2절 | ISO 14000 시리즈 ········· 301
1. 등장배경 ········· 301
2. 국제 표준화를 요청하게 된 배경 ········· 302

3. ISO 14000 규격의 표준 ······ 302

● 제15장 세계화를 위한 생산운영관리 ······ 304

－제1절 | 기업의 세계화와 업무 ······ 304
1. 수출기업 ······ 304
2. 다국적기업 ······ 304
3. 세계 기업 ······ 305
4. 국제 경영전략 ······ 305
5. 제품 및 공정설계 ······ 307
6. 기술이전 ······ 307
7. 국제입지선택 ······ 308
8. 국제하부구조 ······ 310

－제2절 | 국제생산 전략 및 정책 ······ 311
1. 생산전략과 정책 ······ 311

●●● 제Ⅳ편 미래 생산운영관리 ●●●

● 제16장 공장자동화 ······ 315

－제1절 | 공장자동화 ······ 315
1. 공장자동화의 정의 ······ 315
2. 생산시스템의 발전 ······ 316
3. 자동화 기술의 발전단계 ······ 317
4. 공장자동화의 목표 ······ 318
5. 공장자동화의 효과 ······ 319

－제2절 | 적시 생산시스템 ······ 320
1. 적시생산(適時生産)시스템 개념 ······ 320
2. 적시생산시스템 목적 ······ 320
3. 적시생산시스템의 구성요소 ······ 321
4. 제조와 서비스의 JIT 핵심구성요소 비교 ······ 321
5. 칸반 시스템 ······ 327

● 제17장 컴퓨터통합생산시스템 ······ 331

- 제1절 | 컴퓨터통합생산시스템 개념 ······ 331
  1. 컴퓨터통합생산시스템의 의의 ······ 331

- 제2절 | 컴퓨터통합시스템이 제조환경에 미친 영향 ······ 336
  1. 사회적 요인변화 ······ 336
  2. 인적 자원의 능력 한계 ······ 338
  3. 기술적 환경 ······ 339
  4. CIM시스템의 효과 ······ 341

● 제18장 생산환경 ······ 342

- 제1절 | 생산환경의 저변 ······ 342
  1. 생산환경의 동기 ······ 342
  2. 국내 환경산업의 문제점 ······ 344

- 제2절 | 공해(자원고갈 및 환경오염) ······ 347
  1. 생산과 공해의 문제 ······ 347
  2. 정부기관에서의 공해관리 ······ 348
  3. 기업에서의 공해관리 ······ 349
  4. 생산경영과 공해관리 ······ 350

제 I 편

생산운영관리 기초

- 제 1 장 | 생산운영관리의 개요 / 17
- 제 2 장 | 생산운영관리의 배경 / 28
- 제 3 장 | 생산운영관리의 시스템 / 32
- 제 4 장 | 생산운영관리의 의사결정 / 39

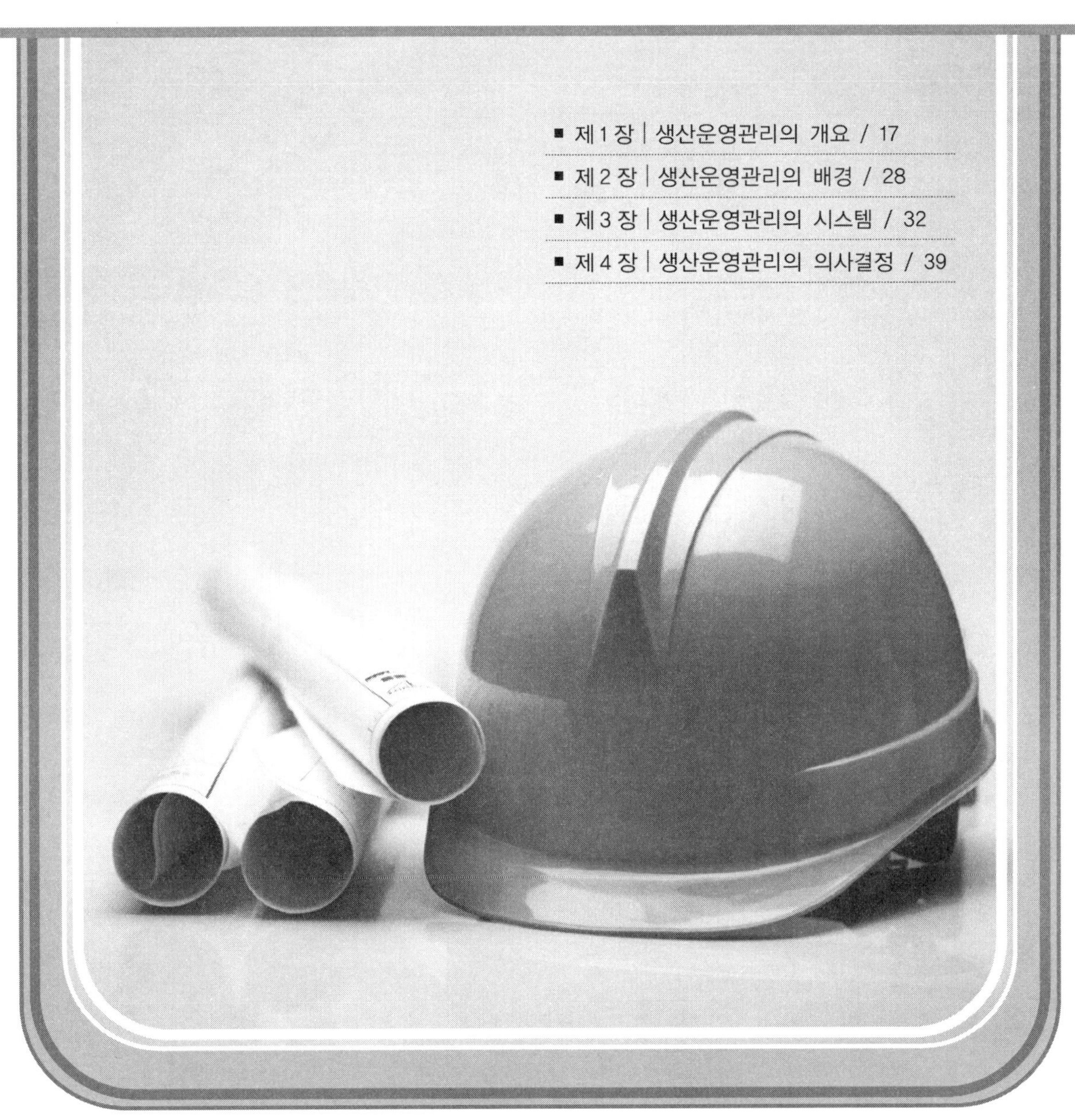

제 1 장 생산운영관리의 개요

제1절 | 생산운영관리의 개념

경영의 기본활동은 생산이다.

> "From the beginning of our existence on this planet, production his been our main preoccupation"

위의 내용과 같이 인간의 창조 이래 생산은 주된 역할을 한 것이다. 원시시대부터 오늘에 이르기 까지 생산의 활동은 지체 없이 발전을 이룩하였다.

생산관리란 재무활동과 조달활동, 판매활동 및 제조활동 등 기업경영의 기초 활동으로 피드백 되어 자금과 제품 및 서비스를 창출한다.

생산관리에서 기업 설립의 기초가 되는 자금을 확보하는 것이 중요한 과제이다.

첫째, 자금은 정부와 금융기관, 외국차관, 이해관계자 등의 현금과 현물을 말한다.

둘째, 조달활동은 자금이 충족되면 생산의 기초가 되는 생샨요소와 입지선정 및 생산설비 등을 구입하여 제조활동을 준비한다.

생산요소(4m's) 즉 원재료(material), 사람(men), 기계(machine), 방법(method) 등이며 생산요소가 잘 믹스할 때 생산은 큰 발전을 기대할 수 있다.

셋째, 제조활동은 생산요소를 갖추고 조업을 실시하여 제품을 생산한다.

넷째, 판매활동은 재품이 완성된 것을 홍보와 광고(PR), 영업 및 서비스를 실시하여 시장에 판매활동을 실시한다.

특히 제품의 보증제도와 사후관리(아프터서비스)로 소비자에게 제품과 기업의 이미지를 새롭게 인식시킨다.

이러한 활동을 순환과정(feedback)이라 한다.

생산의 순환과정을 살펴보면 다음과 같다[그림 1-1].

생산 활동을 제조분야와 서비스 분야까지를 포함시킨다고 했을 때는 기업경영의 상당한 부분이 생산 활동에 포함되어 범위는 크다.

따라서 생산관리의 부서는 인사부서와 회계부서, 재무부서 및 마케팅부서와 같이 그 역할의 비중은 크다고 할 수 있다.

또한 경영학측면에서 생산관리를 살펴보면 다음과 같다.

첫째, 기업 전략적 차원으로 생산운영관리

생산운영관리는 기업이 외부환경에서 적응하면서 내부자원을 효율적으

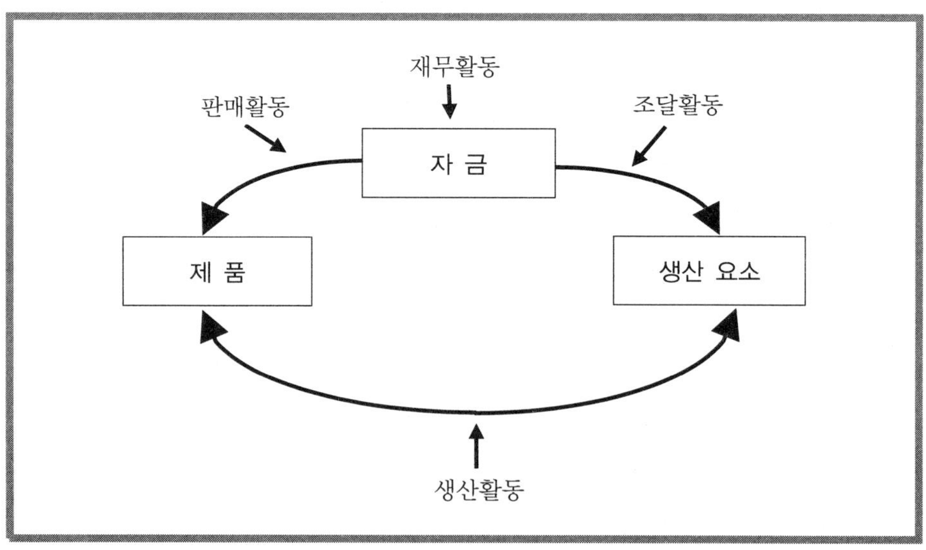

[그림 1-1] 생산 활동의 순환과정

로 배분하려는 것이 전략의 핵심이다. 특히 기업은 자연환경에서 경제활동을 함으로써 환경보전과 사회적 책임을 가지고 있다.

따라서 기업전략은 이 책임을 담당할 사회적 전략을 포함할 필요가 있다. 기업에서 하부기능으로 생산기능은 단순히 제품이나 서비스를 생산하는 것이 아니라, 사회적 전략이 포함한 상위의 기업전략과 일치하는 능률적인 생산시스템을 갖추며, 나아가서 판매의 기회와 위협에 대응할 수 있는 전략적 사고를 가져야 한다.

생산부분의 구체적인 전략목표 차원으로는 품질(quality), 원가(cost), 납기(delivery), 유연성(flexibility) 등을 들 수 있다.

품질은 제품의 질을 말하고, 원가는 원재료와 노동의 가치를 말한다. 납기는 고객요구의 충족을 의미하고, 유연성은 제품의 생산량에 대한 탄력적 변화에 대한 능력을 의미한다. 여기서 기업전략과 생산전략은 일관성 있게 수행되어야 하며 생산기능에서 추구하는 전략차원은 전체 조직구성원이 적극 참여하는 것이다.

둘째, 총괄 시스템적 차원으로 생산운영관리

생산운영관리는 단독적인 차원으로 경영활동에 투입되는 것은 아니고, 경영관리의 전반적인 차원인 인적자원관리와 마케팅, 회계 및 재무관리 등과 결합을 하면서 상호 보완적으로 생산 활동이 진행될 때에 더 많은 발전을 할 수 있다고 본다.

이 총괄적 관리방식은 기업의 성패에 직결되고 이러한 방식이 곧바로 생산운영관리의 하부조직인 재고관리, 일정관리, 제품설계, 판매 및 사후관리 등에 이어져 하나의 일로 처리하는 총괄적 관리방식이다.

셋째, 의사결정 차원으로 생산운영관리

경영의 기본적 관리는 계획(planning), 조직(organizing), 운영(operating), 통제(controlling) 및 지휘(leader) 등의 의사결정과정을 의미한다.

초기의 생산관리가 운영을 포함시킨 것은 전반적인 사회의 확대된 구성을 나타낸다고 볼 수 있지만, 생산 활동 역시 계획과 조직, 운영, 통제 및 지휘의 과정으로 적용되기 때문에 효율적 생산운영관리 방식은 의사결정의 기능을 토대로 하게 된다.

넷째, 혁신적 경영활동의 일환으로서 생산운영관리

혁신적 경영활동의 일환으로 다루는 것은 다른 경영활동에 비하여 생산운영관리를 시대의 변화와 소비자의 요구를 반영하고, 새로운 기술을 도입하고 혁신적으로 변화시키지 않으면 살아남을 수 없기 때문에 혁신적 발전을 기대할 수 있다.

기업경영 다른 분야에서도 많은 발전이 거듭되고 있지만, 특히 생산을 위한 혁신(innovation)을 보면 기술혁신과 제품의 혁신, 생산라인의 혁신을 들 수 있다.

기술혁신과 공정혁신으로는 유연성(FMS)과 공장자동화(FA), 컴퓨터통합생산시스템(CIMS) 및 칼스(CALS) 등을 들 수 있다.

또한 생산관리 혁신으로는 비즈니스 리언지니어링과 벤치마킹 등을 주목할 수 있다. 그리고 제품의 혁신은 우리 주위의 하루가 멀다하면서 변화되고 있는 현상을 볼 수 있다. 기업경영에서 이러한 혁신은 어느 분야보다 더욱더 절실히 요구되는 것이 생산운영관리라고 할 수 있다.

 생산운영관리의 정의

생산운영관리는 생산을 하는 활동과 생산을 위한 관리 및 생산을 하기 위한 체계의 시스템이 합한 것으로 정의를 한다.

생산(production)이란 재화와 서비스를 산출하는 것이다.

생산관리(production management)란 투입물을 변화시켜 산출물로 만들어 내는 과정을 가리킨다. 특히 이것은 제조분야를 지칭한다. (예 공장)

생산운영관리(production & operations management)란 생산에서 관리의 정의에 서비스의 창출까지 포함시킨다. (예 은행, 학교, 대학, 병원 등)

다시 말하면 생산관리는 유형재(tangible goods)의 의미이고, 운영관리는 무형재(invisible)의 의미를 갖고 있는 뜻으로 정의한다.

영어로 그 정의를 나타내 보면,

■ Production & Operations Management (생산운영관리)

① Production Management = 1차, 2차산업(공장,제조) → 좁은 의미의 생산관리

② Operations Management = 3차산업(서비스+비영리기업) → 넓은 의미의 생산관리

본 교과서를 통하여 생산과 관리 및 우리의 삶을 영위하는 풍요로운 물질의 생산과정을 이해할 수 있을 것이다.

 생산 활동

1) 생산 활동의 정의

생산 활동은 경제재(經濟財)를 만드는 활동이라고 할 수 있다.

경제학 측면에서는 경제재를 인간과 사회에 필요한 제품(서비스)이라 해석을 한다.

그리고 경제재는 재화와 용역으로 구별한다.

재화는 시계, 옷, 책상, 자동차 등이고, 용역은 변호사, 의사, 교수 등이다.

이러한 활동을 생산운영관리에서는 생산 활동으로 표현한다.

이를 생산운영관리측면에서 구체적으로 표현하면 다음과 같다.

[그림 1-2]의 생산 활동은 투입과정을 보면 사람(노동), 기계, 원료 및 방법과 기타 에너지 등을 들 수 있다. 여기서 기타 에너지는 변환과정에 필요한 재료를 말한다.

또한 변환과정을 자세히 설명하면 다음과 같다.

① 물리적, 화학적 변환 → 공장(제조)

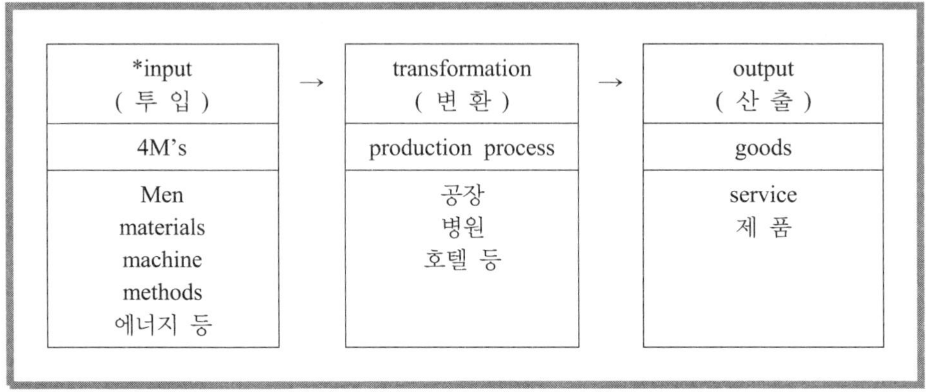

[그림 1-2] 생산의 활동

② 위치 → 운송 등.

③ 시간 → 창고 등.

④ 심리 → 의사, 예술, 교사 등

생산운영관리에서 서비스의 경우 그 내용을 다음과 같이 표현 한다.

체이스(R.B.chase)교수는 service를 생산과정에서 고객과의 접촉 정도로 구분하여 다음과 같이 순수재화와 혼합생산 및 순수서비스로 구분한다.

순수재화는 고객과의 접촉이 없고 이는 제조공장, 농장, 광산 등을 들 수 있다.

혼합생산은 자동차 정비업과 식당 등을 말한다.

순수서비스는 고객과 항상 이루어지는 업무를 즉 고객과 가장 많이 접촉이 되는 것으로서 은행, 병원, 행정기관, 변호사, 사무실 등을 들 수 있다.

2) 생산성(productivity)

생산이란 생산성을 향상시키는 것이 가장 바람직하다.

이를 생략하여 생각 할 수 없다. 또한 생산성(productivity)이란 국가의 경제에 직접 영향을 미치며 인플레이션과 실업 및 국제 경쟁력에 중요한 영향을 미친다.

결국 생산이라는 말이 생산성을 의미할 수 있다.

생산성이란 사용된 투입요소들에 대한 생산과정(변환)으로부터 산출물의 비율로서 정의될 수 있다. 이와 같이 생산성 척도는 조직 내에서 자원들이 얼마나 많이 사용되고 있는가를 나타내고 있다.

예를 들면 어떤 작업자가 1시간에 100개의 제품을 만드는 것이 원칙이라고 할 때, 실제 1시간에 90개를 만들었다고 하면 90%의 생산성이라 할 수 있다.

이 생산성을 계산하는 형태는 다음과 같다.

$$\text{생산성} = \frac{\text{산출요소}}{\text{투입요소}}$$

또한 투입 및 산출되는 요소의 측정되는 방법에 따라 생산성척도는 달리 해석할 수 있다.

$$\text{총생산성} = \frac{\text{GNP}}{\text{노동} + \text{자재} + \text{에너지} + \text{자본}}$$

$$\text{생산성지수} = \frac{\dfrac{\text{현연도의 산출물}}{\text{현연도의 투입물}}}{\dfrac{\text{기준연도의 산출물}}{\text{기준연도의 투입물}}}$$

3) 생산성 향상

생산운영관리자는 생산성 향상을 위한 노력이 꼭 필요하고 이는 고정된 노동시간에 산출량(생산량)의 증가와 고정된 생산량에 노동시간 감소가 있다면 생산성은 향상될 수 있다.

<표 1-1>에서 매출액이 전기에 100이라고 할 때 10%의 매출액 증가는 매출액이 110을 나타내고, 반면 10%의 생산성향상은 매출액에는 변화가 없는 100이다.

고정비가 20으로 동일하다면, 결국 변동비의 차이가 현저하게 다르게 나타난다. 매출액 증가 10% 의미는 전기에서 70을 나타낸 것에 비교하

면, 10% 매출액 증가에서는 77을 생산성 향상은 63을 나타낸다.

이러한 현상에서 결국 생산성 향상을 가져왔다고 할 수 있는 것은 이익의 차이를 보고 결정할 수 있다. 그러므로 이익은 전기에 10이라면, 10%의 매출액 증가는 13이고, 10%의 생산성 향상은 17을 나타낼 수 있다.

〈표 1-1〉 생산성향상의 실례

구 분	전 기	10% 매출액 증가	10% 생산성 향상
매 출 액	100	110	100
변 동 비	70	77	63
고 정 비	20	20	20
이 익	10	13	17

또한 서비스업에서 생산성 향상이란 어떨까?

어떤 택시회사에서 고정된 운행시간과 주행거리 가솔린의 사용량에 비례한 수익을 측정함으로서 생산성을 평가할 수 있다.

4) 생산성에 미치는 영향

현재 선진국과 중진국 및 후진국에서의 생산성은 큰 차이가 있다. 많은 학자들이 생산성의 변동 이유를 여러 가지로 기술하고 있다. 그러나 대체로 다음과 같이 생산성에 미치는 영향을 들 수 있다.

① 자본과 노동의 비율

② 자원의 희소성

③ 노동력의 변화

④ 기술혁신 및 공정혁신

⑤ 환경의 영향

⑥ 노동자 생활의 질

⑦ 법률적 영향

⑧ 관리적 요인

⑨ 노동자의 단체교섭권 등

5) 생산 연구의 중요성

생산이란 현장에서 실제 이루어지는 환경변화에 따라 차이점은 있겠지만 그 연구의 중요성을 생각하지 않을 수 없다.

① **인적 측면에서 중요성** : 생산의 주체는 인간이며 인간에 의한 생산이 최종적으로 이루어진다는 관점에서 인적 측면을 배제할 수 없다. 아울러 생산은 소비자의 욕구충족과 제품의 충족은 결코 인간을 위한 것이다.

② **사회적 측면에서 중요성** : 생산은 사회의 실업구제와 노동자의 인간된 삶을 영위 할 수 있도록 하는 역할을 한다고 볼 때 생산이 사회의 기회를 제공한다.

③ **경제적 측면에서 중요성** : 생산이 활발하게 이루어진다는 것은 제품이나 서비스를 제공하므로 인간의 욕구충족을 만족시켜 인간에게 삶의 질과 행복을 높여 준다고 볼 수 있다.

④ **생태적 측면에서 중요성** : 생산이 지구의 균형유지에 중요한 영향을 준다고 볼 때, 이는 환경오염, 환경공해 등의 심각한 영향을 줄 수 있다. 그러므로 생산의 새로운 과제는 지구환경을 파기하지 않고 인간에게 삶을 누릴 수 있도록 하는 것이 중요하다.

3 생산관리

생산관리(production management)란 생산 활동을 관리하는 것이다.
앞에서 생산운영관리의 전반적 정의에서 협의의 활동을 관리하는 것이다.

L.B. Burbige 학자는 “기업방침의 목표에서 계획, 지휘, 통제를 실행하기 위한 기술(art) 및 과학(science)이다”라고 표현했다. 이는 고도의 기술과 과학적인 방법에 의한 관리의 필요성을 강조한 것이다.

관리를 물적관리와 인적관리로 구별하기도 한다.

물적관리에는 1차 관리와 2차 관리로 구분한다.

특히 물적관리에 1차 관리와 2차 관리로 나누어 다음과 같이 설명을 한다.

1차 관리에서 어떤 제품을, 얼마의 량으로, 어떤 품질을, 가격은 얼마, 언제까지, 만들어야 할 것인가를 관리하지 않으면 안 된다고 할 수 있다.

이것은 품질(quality), 원가(cost), 납기(delivery)를 의미하는 것이다.

그리고 2차 관리는 1차 관리 이외에 기타 생산을 위한 관리가 된다.

이 내용을 다음과 같이 정리할 수 있다.

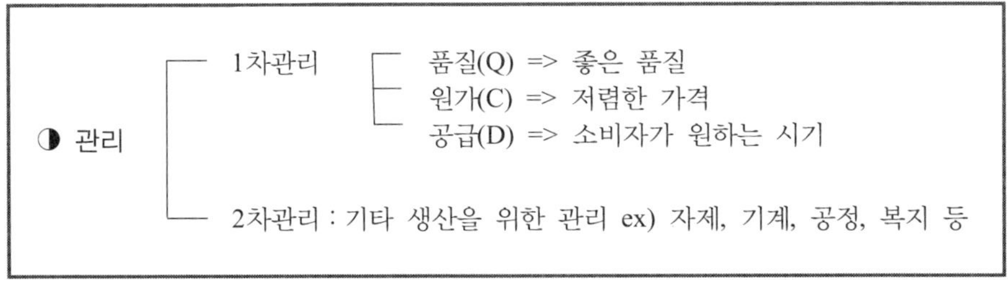

인적관리를 보면 인적관리는 인간을 어떻게 생산 활동에 잘 활용하면서 생산성을 높일 수 있을까를 관리하는 것이다.

이는 일하는 방법과 일하려는 의욕을 심어 주는 것이며, 일하는 방법은 지식과 기능과 관련된 훈련과 교육이고, 일하려는 의욕은 개인의 사기와 관련된 것이다.

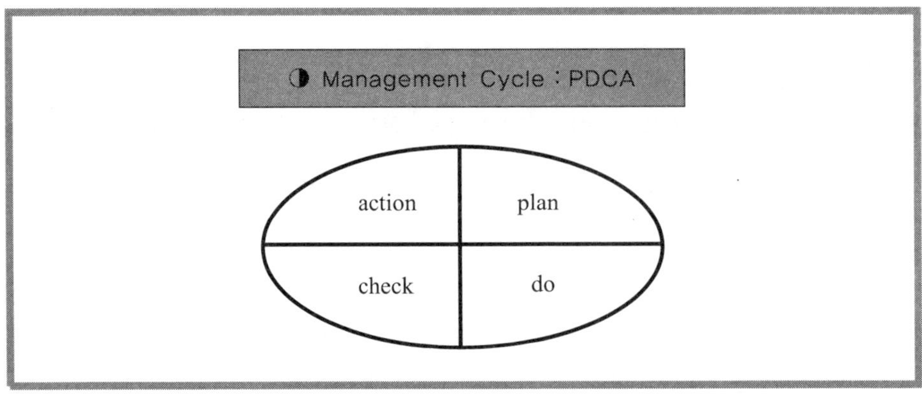

[그림 1-3] 관리사이클

이것은 생산과 밀접한 관계를 유지하고 현대의 생산은 기술혁명과 정보혁명 등의 모든 면에서 기업들은 선점을 요구하고 상호관계가 고도화되고 있어서 이 양자는 유기적인 결합이 필요할 수밖에 없다.

이 밖에 관리를 PDCA관리라고 한다. 이는 경영관리의 측면에서 생산에 응용될 수 있다.

이 관리사이클은

첫째, 기업의 계획을 수립하여(plan)

둘째, 실천하며(do)

셋째, 계획과 실천을 자세하게 검토하여(check)

넷째, 그 내용들의 장단점을 평가하고 개선하는 역할이다.(action).

제 2 장 생산운영관리의 배경

제1절 | 생산운영관리의 배경

"From the beginning of our existence on this planet"

위의 내용에서 보듯이 생산이란 지구가 존재하고 인류가 시작되면서부터라고 하는 것을 보면 생산은 인간과 가장 밀접하게 시작되었다고 본다.

그렇다면 과거와 현재의 발전 배경을 이해하고 미래를 위해 그 발전 배경을 살펴보면 다음과 같이 구별할 수 있다.

1) The age of empiricism(경험주의 시대, ~ 1900年)

인류가 손으로 만들어 사용한 원시시대부터 생산이 시작되었다.

우리나라는 유형원의 농지구획정리와 이익의 생산에 중요성 강조 및 정약용의 목민심서에서 분업화와 전문화의 강조를 한 것에서부터 시작할 수 있다.

인류는 차차 정착하면서 수공업의 형태로 발전했고, 공장제 공업으로 발전하여, 분업이 시작되고, 인간에게 창조적인 생산의 기회를 부여하기 시작한 것에서부터 산업혁명이 일어나 획기적 발전을 맞이하던 시기를 경험주의 시대로 표현한다.

이렇게 형성하여 발전한 배경을 경험주의로 과거에서 1900년대까지를 생산의 초기 발전배경으로 볼 수 있다.

수공업 → 공장제공업 → 분업 → 산업혁명

수공업은 사람들이 본인들이 필요한 제품을 직접 만들어서 사용하던 시기로 볼 수 있다.

공장제공업은 필요한 제품이 상업화가 되어가는 시점으로 어떤 장소에서 제품을 만들어 사용하던 시기로 본다.

분업은 사람들이 제품을 나누어서 생산하던 시기로 본다.

산업혁명은 산업화가 급격히 성장하여 기계를 사용하면서 제품을 만들고 이 시기 생산이 혁신적으로 발전한 시기며 이후에 생산의 발전은 꽃이 피었다고 본다.

2) The age of analysis(분석시대, 1900~1950年)

분석시대는 경험주의 시대를 토대로 미국의 테일러(F.W. Taylor)가 공장의 운영을 과학적 관리방법으로 능률을 올려서 성공한 시대로 이후부터 생산관리와 생산기법이 과학적으로 발전했다.

그 후 계속적으로 발전하여 칸트(H.L. Gantt)가 챠트를 이용하고, 포드(H. Ford)의 이동조립 방법으로 생산을 하던 시기를 분석시대로 볼 수 있으며 1900년대부터 1950년대까지로 본다.

과학적관리법 → 칸트챠트 → 이동조립

3) The age of synthesis and systems(종합시스템시대, 1950~1980年)

종합시스템시대는 경험주의와 분석시대를 거치면서 획기적인 생산의 발전을 가져올 수 있었던 기회가 된 컴퓨터의 등장이 생산을 진일보 앞당기고 각종 기술적 방법과 새로운 공정이 발전되어 인간의 문화수준과 제품의 욕구충족을 만족시키는데 큰 역할이 되었다.

선형계획(LP)은 생산의 최적화 방법을 제시하였고, 컴퓨터(Computer)의 등장은 생산 방법의 통합을 시도하고, 자재소요계획(MRP)은 컴퓨터를 활용하여 생산에서 자재배분의 계획적인 방법을 제시하고, 적시생산시스템(JIT)은 자재와 노동 및 시간낭비를 줄이기 위한 생산방법이며, 유연성시스템(FMS)은 생산방법이 자동화 시대의 출발점으로 이어서 공장자동화(FA / CIMS)가 생산에 전반적으로 대두되어 컴퓨터와 더불어 종합생산시대로 접근되었다. 칼스(CALS)는 제조와 생산의 불필요한 종이를 줄이기 위한 수단과 방법으로 간주된다.

앞으로 생산의 기술적 변화는 컴퓨터의 등장이 인력과 시간 그리고 무인의 시대를 상징하고 계속적 생산의 기술변화가 이루어지고 있다.

LP → Computer → MRP → JIT → FMS → FA → CIMS → CALS

4) The age of Earthmanship(인적환경시대, 1980~현재)

경험주의에서 종합시스템시대는 생산의 공정변화와 기술적 발전을 가져왔다고 말할 수 있다. 그러나 환경오염을 발생하는 생산의 과정이 얼마나 환경의 오염 방지를 제거하고 환경예방을 위한 생산방식이 수반할 수 있을까라는 문제가 미래 생산의 발전과 관심사가 되고 있다고 본다.

생산은 최근에 세계적 추세로서 환경을 고려한 생산(친환경경영)이 되지 않고는 결코 인간에게 좋은 생산으로 인정을 받지 못한다. 또한 국제경쟁력에서도 기업의 자생력을 소멸한다고 볼 수 있다.

생산운영관리의 역사를 요약하면 <표 2-1>과 같다.

〈표 2-1〉 생산운영관리의 역사 요약

연 대	공 헌 내 용	공 헌 자
1776	노동의 분업화	Adam Smith
1779	호환성의 부품	E. Whitney
1832	시간연구의 기초	C. Babbage
1900	과학적 관리법	F.W. Taylor
1913	이동조립법	H. Ford
1915	경제적 주문량	F.W. Harris
1916	간트 챠트	H.L. Gantt
1931	통계적 품질관리	W.A. Shewhart
1933	인간관계론	E. Mayo
1934	워크 샘플링법	H.C. Tippet
1940	OR기법 응용	M.S. Blacket
1947	선형계획법(LP)	G.B. Danzig
1950~60	컴퓨터, 시뮬레이션,	
1970~1980	일정계획, 재고관리, 프로젝트	

제 3 장

생산운영관리의 시스템

제1절 | 생산운영관리의 시스템

1 시스템(system)의 정의

시스템은 공학에서 많이 사용되어 사회과학에는 중요하게 취급되지 않아서나 최근에 기업과 경영에서 시스템의 원리가 많이 사용되고 있다.

시스템 정의는 기업의 공통목표를 달성하기 위하여 서로 관련을 가지고 있는 각각 요소의 결합(집합)체이다.

특히 기업의 목표가 이익과 비용의 절감에 초점을 둔 다면, 기업의 목표에 해당되는 이익과 비용에 관련이 있는 요소의 결합체를 시스템으로 보고 이 시스템이 중점적으로 연구 대상이 된다.

예를 들면 자동차 운전의 시스템은 기계와 사람의 결합이다.

(예 자동차 운전 = 기계 + 사람)

과거 왕들은 국가 통치를 위한 시스템 활용은 추상적인 성격으로 신과 사람을 접목하여 통치수단으로 이용하였다. 그러나 시스템은 물리적 성격으로 요소의 결합체(집합체)라고 정의를 한다.

또한 기업 시스템에서 하부 시스템은 다음과 같이 설명이 된다.

기업을 가장 상위의 개념으로 보고 생산기업에서는 생산과 공정 그리고 작업을 하부시스템으로 보며 이를 전부 합하여 기업시스템이라 칭한다.

2 시스템(system)의 기본구성

시스템의 정의에서 목표를 위해 서로 관련이 있는 것으로 표현되기 때문에 이는 기본구성의 이해를 위해서 다음의 내용이 필요하다.

첫째, 시스템 목표

기업은 이익을 추구하는 것이 목표가 될 것이다. 또한 가정은 가족의 건강과 행복이라면 각각 시스템의 목표가 된다.

둘째, 시스템 구성요소

시스템의 구성요소는 시스템의 목표를 달성하는데 역할을 하는 일부분이다.

학교에서 정상적 공부 이외에 보충학습과 기타교육 등이며, 병원에서 정상진료와 응급처치 및 수술 등이다.

셋째, 시스템 환경

시스템의 달성에 영향을 미치는 요소들이다. 기업 시스템은 고객, 국가, 해외지점, 금융업, 이해관계자, 하청업자 등이다.

시스템 환경에서 사용되는 내용으로는 네거티프 엔트로피라는 용어가 있다.

시스템의 기본
시스템의 목표
시스템의 구성요소
시스템의 환경
시스템의 관리
시스템의 자원

[그림 3-1] 시스템의 기본성격

네거티브 엔트로피(negative entropy)

경영자는 기업의 존속을 위해 소비된 자본을 외부환경에서 충당을 해야 한다.

넷째, 시스템 관리

시스템의 이념과 계획, 통제 등을 관리하는 기능이다.

다섯째, 시스템 자원

시스템의 자원은 시스템의 목표를 달성하기 위한 여러 가지 요소를 말한다.

기업의 인적 자원과 노하우(Know How) 등을 시스템자원으로 표현한다.

 3 시스템(system)의 특성

시스템의 특성은 다음과 같이 표현한다.

① **집합체**(결합체) : 시스템은 2개 이상 단위체로 구성한다.

② **관련성** : 시스템을 구성하고 있는 단위체의 각각은 상호작용을 한다.

③ **목적 추구성** : 시스템은 어떤 목적을 달성하고자 하는 성격이 있다.

④ **환경 적응성** : 시스템은 환경의 변화에 대처하고 존속하며 유지하는 것이다.

4 시스템(system)의 접근

시스템 접근이란 시스템의 문제를 해결하기 위한 전체적 개념체계를 말한다.

① **시스템 이념** : 각각 단위를 전체로 보고 그 내용을 파악하려는 사고

② **시스템 관리** : 전체 구성요소를 파악하고 서로 관련성과 작용을 관리하는 사고

③ **시스템 분석** : 시스템 이념과 관리를 파악하고 시스템문제와 목표를 극대화하는 사고

예 산골에서 양을 기르는 어느 목장에서 늑대가 매일 밤에 양을 해치는 것을 보고는 양을 소탕하고자 사냥꾼을 동원하여 늑대를 완전 제거하였다. 그 후 5년이 지난 목장에서는 양이 기하급수로 늘어나서 한정된 범위 면적에 양의 먹이가 부족하여 더 많은 양이 죽음을 맞이하고 있었다.

위의 내용은 양의 생존을 위해 늑대를 전부 소탕한 내용으로서 시스템 접근방법으로 문제를 해결해 보세요.

5 서비스 시스템(system)의 분석

서비스시스템의 분석은 운영관리에 해당되는 내용으로 서비스 개념, 서비스 표준, 서비스 배달을 이해해야 한다.

1) 서비스 시스템의 분석

첫째, 서비스 개념(기업이 소비자에게 제공하는 것이 무엇인가)

둘째, 서비스 시스템의 질에 대한 측정치에 대한 표준

셋째, 소비자에게 서비스를 생산하여 배달

서비스업에서는 서비스 시스템 분석 내용의 이해가 필요하다.

2) 서비스 시스템의 특징

첫째, 서비스 과정에서 고객이 참여한다. (예 고객은 자원)
고객의 대상에 따라 운영방법이 다르다.
서비스는 제공하기 전에 결과를 알 수 없다.

둘째, 생산과 소비가 동시에 일어나기 때문에 저장이 불가능하다.

셋째, 시간에 제약을 받는다. (예 병원의 입원침대, 극장과 버스 좌석 등)
예약제, 파트타임 등

넷째, 고객의 위치에 의해 지배된다.
(예 병원의 구급차, 음식점 차량제공 등)

다섯째, 서비스 운영은 노동집약적이다.
(예 식당의 종업원은 서비스 가치에 영향을 준다.)

여섯째, 서비스는 형태가 없다. (예 인식과 명예에 의존)

6 시스템(system)의 기본적 사고

시스템의 개념은 결국 기업 경영이 복잡해지고 생산의 공정이 발전 하면 할수록 시스템의 이해가 필요하다.

시스템에 대한 기본적 사고를 보면 기업의 경영과 생산에서 능률과 효율성으로 나타낼 수 있다.

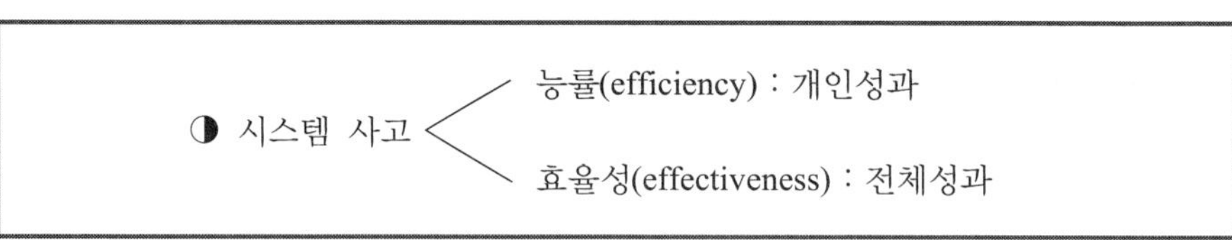

능률은 개인(개체)의 성과를 말하고 효율성은 전체의 성과를 말한다.

그러므로 시스템은 전체를 의미하며 시스템의 기본적 사고는 전체의 성과에 대한 노력이다.

제2절 | 생산시스템의 분류

1 판매형태에 의한 분류

시스템이 생산에서 어떠한 형태를 이루고 있는지 보면 다음과 같다.

1) 주문생산 (수주생산)

고객의 주문에 따라 생산이 이루어지는 형태이다. 주문생산에는 폐쇄적 주문생산과 개방적 주문생산으로 구별 한다.

(1) 폐쇄적 주문생산

생산자가 사전에 제품의 규격과 납기를 약속하고 주문에 의해 생산하는 것

(2)개방적 주문생산

구매자가 제품설계와 주문량 및 납기를 고객위주로 생산하는 것이다.

2) 예측생산 (재고생산)

장래 시장의 수요를 예측하여 계획적으로 생산하는 형태로서 기업의 독자적으로 제품, 생산량, 생산일정, 가격을 기업 단독으로 정할 수 있는 장점이 있다.

2 공정의 연속성에 의한 분류

생산의 공정에서 이루어지는 종류에 따라 연속생산과 반복생산 그리고 단속생산으로 구별한다.

1) 연속생산

공정을 계속 가동하는 생산방식이다. (예 정유, 화학, 시멘트, 제당 등)

2) 반복생산

일정한 크기의 생산량으로 생산하는 것(예 자동차 엔진, 전화기, 텔레비전 등)

3) 단속생산

생산의 흐름이 단속적이다. (예 건축설계, 주문가구제조업, 조선업, 맞춤의류 등)

 기타 생산

제조와 직접적으로 관련이 없는 생산을 기타 생산으로 분류하였다.

1) 프로젝트 생산

대규모 단독사업으로서 1회용 생산이다. (예 건설, 국책사업, 연구개발사업 등)

2) 장치생산

장치산업은 공장전체가 하나의 거대한 장치와 연결된 생산방식이다. (예 정유, 화학 등)

오늘날 생산 방식은 다품종소량생산시대로 생산의 변화가 크다.

■ **다품종소량생산** : 여러 가지 다양한 제품을 소량으로 생산하는 형태

① **동기** : 고학력, 소득수준 향상, 국제 분업의 다양화

② **특성** : 다양성, 복잡성, 불확실성

③ **문제점** : 재고처리 곤란, 계획생산 곤란, 표준화 어렵다.

④ **기법(생산방식)** : MRP(자재소요계획-미국), JIT(적시생산-일본) 등

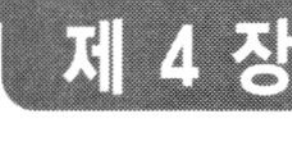

제 4 장 생산운영관리의 의사결정

제1절 | 생산운영관리의 의사결정

1 의사결정의 정의

의사결정(Decision Making)이란 문제해결을 위한 2가지 이상 대안에서 가장 좋은 최적해의 대안을 선택하는 것이다. 또한 의사결정은 경영의 가장 기본적인 기능이며, 경영학을 공부하고 많은 경험을 위한 노력이 의사결정을 잘하기 위한 것이라 할 수 있다.

현대 기업의 조직과 환경이 복잡하고 격변기를 맞이할 때에는 더욱 체계적인 의사결정이 필요하다. 그러나 의사결정이란 기업이 안정적이고 단순한 업무를 취급할 시점에는 어려움이 없다.

그러나 기업 환경의 요인이 복잡하고 변수들이 많이 작용할 때에 체계적이고 과학적인 의사결정과정이 반드시 수반되어야 한다.

기업과 조직들은 올바른 의사결정을 내려 실행함으로써 성공과 실패의 요인이 된다.

그러므로 본장에서는 체계적인 의사결정을 위하여 생산운영관리자가 대처할 수 있는 기법을 소개하기로 한다.

2 의사결정의 특징

의사결정의 특징을 살펴보면 다음과 같다

(1) Decision Making은 상호관련성이 있다.

의사결정은 각각 요소끼리 밀접하게 상호관련이 있다는 것이다.

(2) Decision Making은 아주 복잡하다

의사결정은 아주 복잡한 대안으로 구성되어 있다.

(3) Decision Making은 매우 다양하다.

의사결정은 모양과 형태가 매우 다양하다.

(4) Decision Making은 계량적 방법만이 최선은 아니다.

의사결정은 흔히 수학적으로 계산을 하여 해답을 얻는 것이 최선으로 생각하고 있지만, 이것은 잘못 인식하고 있다고 보며, 꼭 계산을 하여 얻어지는 것만이 최선이 아니다.

3 의사결정의 과정(Process)

1) 문제의 정의

문제의 정의는 의사결정과정에서 가장 중요한 요소가 된다. 의사결정을 하기 전에 문제의 본질과 내용을 정확히 파악하는 것은 성공적인 의사결정을 하는 것이기 때문이다

2) 목표 및 평가 기준의 제시

의사결정자는 뚜렷한 목표의식이 주어지면 문제의 해를 위해서 정확한 평가 기준을 설정하는 것이 또한 중요한 요소이다.

3) 대체안의 개발

의사결정자는 정확한 의사결정을 하기 위해서 대체안을 마련하는 것이 중요한 것이다.

4) 대체안의 분석 평가

의사결정자는 대체안의 개발이 수립되면 이를 분석하고 평가하는 기준이 마련되어야 한다.

5) 최적 대체안의 선택

의사결정자의 제 단계를 거치면서 가장 중요한 내용이 되는 것으로 문제의 해를 도출하는 단계이다.

6) 선택된 대체안의 실행

선택된 대체안을 실행하는 것은 선택된 대안을 실천하기 위해 구체적 행동을 선택하는 절차를 의미한다.

7) 실행결과의 검토

앞에서 선택된 의사결정이 올바른 선택이 되었는지를 알기 위해서 그 결과를 확인하여 목표달성에 부합된 것인지를 검토하는 것이다.

위의 내용을 토대로 의사결정을 실시하는 것이 일반적인 것이지만, 이를 더욱 보충하기 위해서 아래의 방법으로 내용을 이해하는 것도 좋다.

문제의 정의와 목표 및 평가 기준의 제시를 합하여 문제의 인식이라고 한다. 또한 대체안의 개발과 대체안의 분석 평가는 대체안의 설계라고 한다. 그리고 최적 대체안의 선택과 선택된 대체안의 실행 및 실행결과의 검토를 대체안의 선택이라고 한다.

또한 의사결정을 위한 방법으로 다음과 같은 것이 있다.

(1) 합리적 접근

합리적 접근방식은 제한된 범위의 문제와 개인 또는 집단 활동에 의해 통제된 것을 일률적으로 만족시켜 주는 역할을 한다.

(2) 조직적 접근

조직의 기대와 목표를 기준으로 특정한 문제를 선택하여 의사결정을 실시하려는 접근방식이다.

(3) 전략적 접근

어떤 특정한 문제가 여러 개의 기업과 정부 및 공공단체와 연결되어 의사결정이 어려운 것을 해결하는데 필요한 것에 대한 정책적인 형상의 접근방식이다.

 4 의사결정지원시스템(DSS : Decision Support System)

1) 개념

이 단원에서는 경정정보에서 접하고 있는 의사결정을 살펴보기로 한다.

"M.S. Morton"에 의하면 70년대 초에 의사결정지원에 대한 MDS (management decision system)라는 용어가 지금까지 사용되고 있다.

의사결정지원시스템은 기업 경영에서 당면하는 여러 가지 의사결정 문제를 해결하기 위해 복수의 대안을 개발하고, 비교 · 평가하며, 최적안을 선택하는 의사결정과정을 지원하는 정보시스템으로 정의된다.

즉, 경영자들이 사용하는 특정한 의사결정이다. 경영자에게 반정형적 또는 비정형적인 의사결정에 대해서 컴퓨터를 이용하여 지원하는 시스템으로서 경영조직의 구조로 살펴보면 다음과 같다.

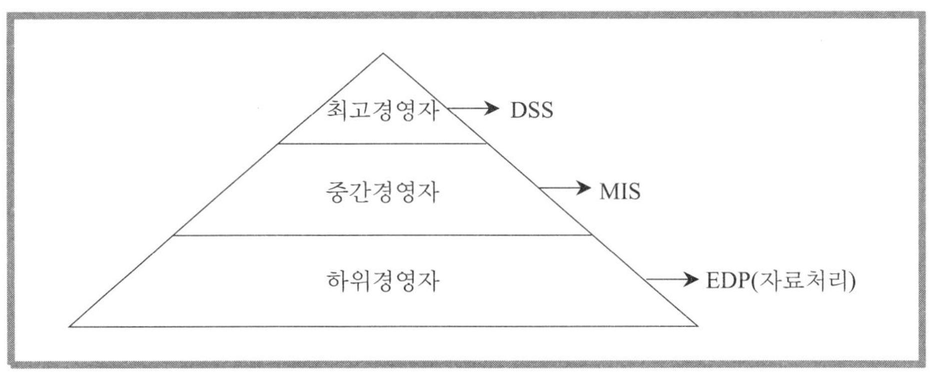

[그림 4-1] 조직측면에서 의사결정지원시스템

2) 구성

(1) 데이터시스템

의사결정에 필요한 내부 데이터와 외부 데이터 및 개인 데이터를 저장 관리하며 제공하는 데이터이다.

(2) 모형시스템

의사결정에 필요한 모형을 저장하고 관리한다.

(3) 사용자 인터페이스 기관

사용자가 의사결정지원시스템을 효과적으로 활용할 수 있는 환경제공 데이터이다.

(4) 사용자

기업에서 경영 관리자가 된다. 또한 다른 표현의 구성은

① 데이터 중심의 DSS : 모형화하기 어려운 형태의 데이터를 의사결정자에게 지원.

② 모형중심의 DSS : 의사결정에 필요한 모형을 저장관리

③ 지식 중심의 DSS : 증권가의 자문 등.

④ 회의지원시스템(GDSS : Group Decision Support System) : 경영자의

직접적 회의에 필요한 자료.

3) 회의지원시스템(GDSS : Group Decision Support System)

(1) GDSS의 구성요소

① Hardware : 미니컴퓨터

② Software : 회의의 필요한 자료.

③ 사람 : 회의 참석자.

(2) GDSS의 분류

① 의사결정실

② 원격의사결정실

③ 컴퓨터 회의

(3) GDSS의 효과

① 익명으로 의견제의

② 그룹규모 8명 이상 만족하고 4명 이하는 비효율적

③ 미래 ISDN : 멀티미디어와 연결하여 발전 가능

④ 최고경영층 정보시스템(EIS) : 최고경영자를 위한 정보시스템

⑤ 미래의 DSS : 모형과 지식 데이터가 함께 활동하는 IDSS 및 통신망을 이용한 GDSS

4) DSS의 개발전략

① 개발과정

② 계획용 DSS : 개인적 or 부서별 계획업무에 의사결정 지원.

③ 통제용 DSS : 관리자에게 통제의 필요성을 신속히 감지시키고, 문제상황의 적절한 통 제 방안을 구상하도록 DSS에 정보지원.

※ 프로토 타입 : 새로운 요구와 문제점을 찾고 이들을 해결하면서 시스템을 개선해 가는 방식.

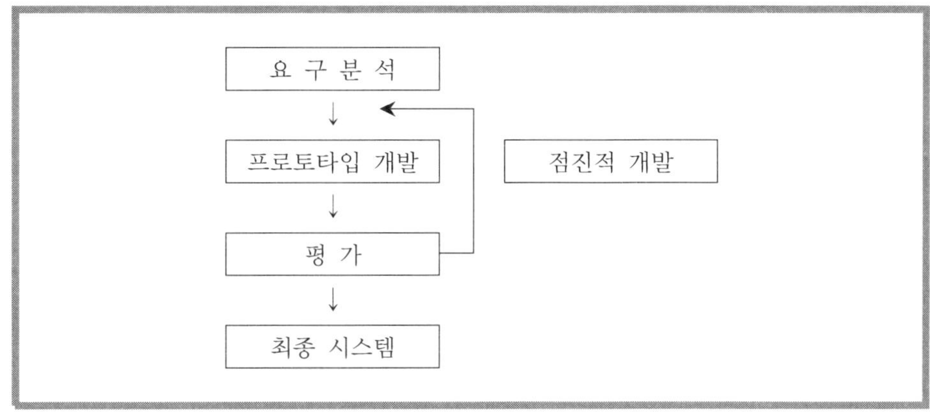

[그림 4-2] DSS의 개발전략

제2절 | 의사결정의 계량적 방법

1 의사결정의 구성요소

의사결정의 계량적 방법에 필요한 자료를 성과표(payoff table)에 나타내는 것이 문제해결을 위한 유용한 방법이다. 여기서 성과표를 구성하는 요소는 다음과 같다.

① 대안 : 의사결정자가 선택할 수 있는 행동방안.

② 주어진 상황 : 의사결정자가 통제할 수 없고, 의사결정을 할 때 결과에 영향을 미치 는 요인

③ 성과 : 선택 대안으로부터 얻어지는 기대성과로 현금 가치로 표시된다.

2 의사결정의 상황

주어진 상황에 대한 정보를 얼마나 많이 알고 있는가의 차이에 따라

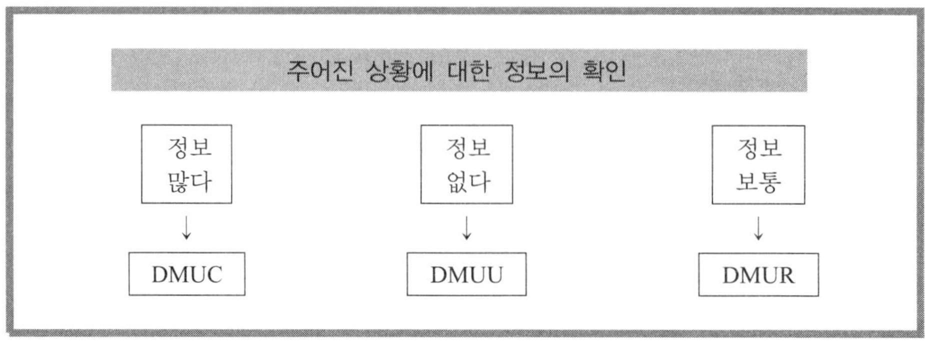

[그림 4-3] 의사결정상황의 정보

상황은 몇 가지로 구별된다. 이를 [그림 4-3]으로 나타내면 다음과 같다.

1) 확실한 상황에서 의사결정(decision making under certainty : DMUC)

정보를 확실히 알고 있는 상황에서 의사결정을 내리는 것, 이는 누구나 쉽게 의사결정을 내릴 수 있어서 크게 어려움이 없다.

2) 위험한 상황에서 의사결정(decision making under risk : DMUR)

정보를 전혀 모르는 상황은 아니지만 의사결정에 위험이 따르는 상황이기 때문에 쉽게 문제를 의사결정 하기가 어려운 것이다.

3) 불확실한 상황에서 의사결정(decisin making under uncertainty : DMUU)

정보를 전혀 모르고 있기 때문에 의사결정을 내리기 어려운 문제다. 그러나 기업에서는 어떠한 방법을 사용하여서도 의사결정을 내려야 하기 때문에 여기에 의사결정 기법을 이용하여 문제해결을 할 수 있도록 한다.

불확실한 상황에서 의사결정을 해야 하는 경우가 경영에서 많이 발생하기 때문에 이 내용을 중점적으로 언급하고자 한다.

3 불확실한 상황에서 의사결정

불확실한 상황에서 의사결정을 위한 기준으로는 다음과 같다.

① 맥시막스(maximax) 기준

② 맥시민(maximin) 기준

③ 최소최대후회(minimax regret) 기준

④ 라플라스(Laplace) 기준

⑤ 후루비쯔(Hurwicz) 기준

1) 맥시막스(maximax) 기준

의사결정을 희망적으로 생각하고 대안의 최대성과를 구한다(<표 4-1> 참고).

(예제) 어떤 자동차회사에서 자동차를 판매하는 영업소에서 자동차를 판매하려고 한다면 다음의 대안을 검토하여 보자.

- C_1 : 대형자동차
- C_2 : 중형자동차
- C_3 : 소형자동차

다음은 수요를 알아본다.

- F_1 : 수요가 많다.
- F_2 : 수요가 적다.

위에서 나타난 대안과 상황은 어떠한 성과를 가져오는가를 알아야 한다.

〈표 4-1〉 맥시막스(maximax) 기준

대안\상황	F_1	F_2	최대 선택
C_1	10	8	10
C_2	12	14	14 (선택)
C_3	9	10	10

<표 4-1>에서 나타난 맥시막스 기준에서의 선택은 수요가 많다에서 중형자동차를 선택한다고 할 수 있다.

2) 맥시민(maximin) 기준

의사결정을 비관적으로 생각하고 대안의 최소의 성과를 구한다. <표 4-2> 참고.

〈표 4-2〉 맥시민(maximin) 기준

대안\상황	F_1	F_2	최대 선택
C_1	10	8	8
C_2	12	14	12 (선택)
C_3	9	10	9

위에서 나타난 <표 4-2>에서는 각각 대안에서 최소를 찾아서 그 중에서 최대의 대안 하나를 선택하는 의사결정 기준이다.

3) 최소최대후회(minimax regret) 기준

이는 사비지(Savage) 기준이라고도 한다. 여기서는 기회손실(opportunity loss)을 구한다. 기회손실이란 만약에 100을 선택해야 할 것을 50을 선택했다면 50이 손실이다. 이는 기회손실표를 작성한 다음에 최종적으로 선택하는 것이 좋다.

〈표 4-3〉 최소최대후회(minimax regret) 기준에서 기회손실표

대안\상황	F_2	F_2
C_1	12 - 10 = 2	14 - 8 = 6
C_2	12 - 12 = 0	14 - 14 = 0
C_3	12 - 9 = 3	14 - 12 = 2

대안\상황	F_1	F_2	최대후회 선택
C_1	2	6	6
C_2	0	0	0 (선택)
C_3	3	0	3

위에서 기회손실표를 계산한 다음 최대후회 중에서 최소가 되는 것을 선택하는 기법이다.

4) 라플라스(Laplace) 기준

이 기준은 기대화폐가치(expected monetary value : EMV)를 사용한다. 즉, 각 대안의 EMV를 계산하면

$$C_1 = 0.5(10) + 0.5(8) = 9$$
$$C_2 = 0.5(9) + 0.5(7) = 8$$
$$C3 = 0.5(20) + 0.5(15) = 17.5$$

〈표 4-4〉 라플라(Laplace) 기준

대안\상황	F_1	F_2	EMV 선택
C_1	10	8	9
C_2	9	7	8
C_3	20	15	17.5 (선택)

위의 기준에서는 각 상황에 같은 수를 곱하고 다시 가산한 수를 구하여 그 중에서 가장 큰 수를 선택한다.

5) 후르비쯔(Hurwicz) 기준

이 기준은 가중치(weigted value : WV)를 계산하여 최대가 되는 것을 선택하는 것이다. 가중치를 α로 나타낸다. 또한 α는 0 $\leq$ α $\geq$ 1의 조건이다.

WV = 최대의 성과 + 최소의 성과

$= \alpha + (1 - \alpha)$

여기서 α가 0.7이라면 각 대안의 WV는 다음과 같다.

$C_1 = 0.7(10) + 0.3(8) = 8.4$

$C_2 = 0.7(9) + 0.3(7) = 8.4$

$C_3 = 0.7(11) + 0.3(13) = 11.6$

위의 계산에서 최대의 수를 나타내는 대안 C_3(11.6)를 선택한다.

4 의사결정 나무(DM tree)

1) 정의

복잡한 연속적 문제의 해결을 위해 사용되는 기법이다. 앞에서 언급된 내용들은 단순한 문제를 해결하고자 하는 의사결정의 방법들인 반면 이는 연속적이며 복잡한 문제를 위한 기법이다.

2) 의사결정나무 작성방법

의사결정나무는 결정점(node), 가지(branch), 확률추정치(probabilityestimate) 및 성과표(payoff)로 구성된다.

또한 결정점은 □로 표시하며, 상황의 변화는 ○로 또 가지는 －으로 표시한다. 여기서 이루어지는 성과는 특정의 의사결정을 선택한 결과로서 이득이나 손실을 나타낸다. (예 앞에서 다룬 문제를 의사결정나무로 보면)

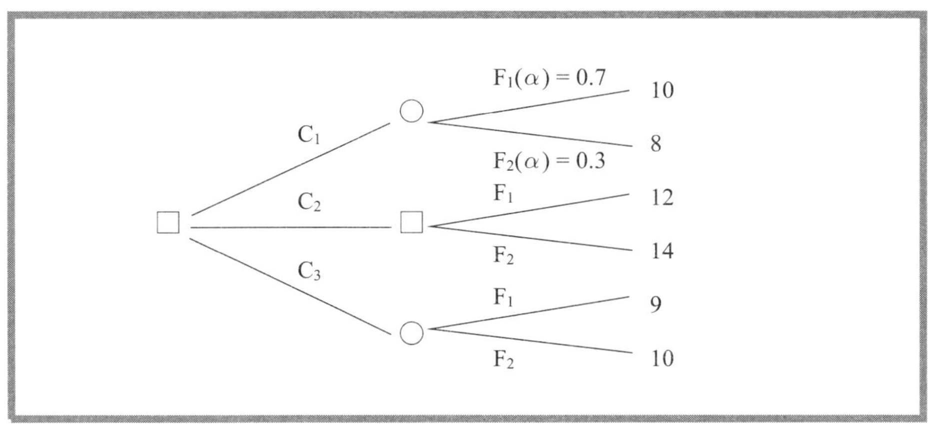

[그림 4-4] 의사결정나무

[그림 4-4]에서 결정점(= 출발점)으로부터 시작되었다. 가지로 향하면서 수요가 많다. 적다를 표시하면서 상황의 변화점으로 나아가 대안에 해당되는 대형컴퓨터, 중형컴퓨터 및 소형컴퓨터로 진행되어 확률변수를 곱하여 큰 것을 선택하는 방법이다.

확률변수는 수요가 많다에서 α = 0.7, 수요가 적다에서 α = 0.3을 적용하여 계산하면 다음과 같다.

위의 맥시막스 기준에서 이루어진 내용을 적용하여 의사결정나무를 만들어 보면 다음과 같은 선택을 할 수 있다.

대형자동차의 대안과 수요가 많다와 적다의 상황변수에서

$$10 \times 0.7 = 7$$
$$8 \times 0.3 = 2.4$$
$$7 + 2.4 = 9.4$$

중형자동차의 대안에서 수요가 많다와 적다의 상황변수에서

$$12 \times 0.7 = 8.4$$
$$14 \times 0.3 = 4.2$$
$$8.4 + 4.2 = 12.6$$

소형자동차의 대안에서 수요가 많다와 적다의 상황변수에서

$$9 \times 0.7 = 6.3$$
$$10 \times 0.3 = 3$$
$$6.3 + 3 = 9.3$$

위의 문제에서 큰 값의 대안을 선택하기로 하면 중형자동차(C_2)가 선택이 된다.

제3절 | 모 형

경영자의 의사결정을 위한 방법으로 모형(model)을 작성하여 선택하는 방법에 대해서 알아보기로 한다.

1 정 의

실제 형태나 추상적 형태를 말한다.

2 종 류

1) 물리적 모형

하나의 형태를 유사한 방법으로 표현하는 것(예 장난감 등)

2) 도식 모형

그림의 형태로 표현하는 방법(예 인체의 그림 등)

3) 수리 모형(= 통계적, 기술적)

선형계획 모형, 대기행렬 모형, 시뮬레이션 모형 등으로 표현한 것

> **휴리스틱 룰(Heuristic Rules)**
>
> 복잡한 문제를 해결하기 위해 문제를 축소시켜서 합리적이고 차례대로 해결하려는 것이다. 이 내용도 의사결정자에게 한시적으로 도울 수 있다.

3 경영상 이용

1) 시스템의 복잡한 문제를 축소하여 단순화시킴으로써 모형으로 최적해를 구한다.
2) 동일 시스템의 모형을 만들어서 의사결정에 도움을 준다.
3) 유사한 모형을 만들어서 의사결정에 도움을 준다.

4 유의점(문제점)

1) 복잡한 경영환경을 단순한 수리모형으로 표현하여 의사결정에 도움이 될 수 있을까?
2) 통계적인 정보가 과연 정확성이 있을까?
3) 구조의 변화를 유용하게(용이) 할 수 있는가?
4) 인간이기 때문에 발생되는 문제를 수학적으로 계산할 수 있을까?

5 W.T. Morris의 모형 평가 법

1) 모형의 실제 관련성의 여부(마네킹과 사람 등)
2) 해석의 명백성 여부(결과가 뚜렷하게 나타나는지 여부)

3) 모형의 실제 사용 가능성

4) 모형의 실제와 다양성 내포 여부

5) 누구나 다 이용가능 여부 (사용의 용이성)

이상과 같이 모형에 대한 내용을 이해하여 경영자는 의사결정에 도움을 얻는 것이 좋다.

제4절 | 시뮬레이션

1 정 의

시뮬레이션은 실제문제를 가지고 모의 실험하여 분석하고 예측하는 모형의 한 방법이다.

2 종 류

1) 시스템 시뮬레이션(simulation)

조직의 규모나 실제의 운영을 묘사한 방법

2) 비즈니스 게임

경쟁대상자의 정책에 따라 환경이 변하고, 2개 이상 대안을 실험하는 것

3) 몬테칼로 시뮬레이션

난수표를 이용하여 문제의 답을 얻는 방법

4) Computer 시뮬레이션

오늘날 많이 이용되고 있는 방법으로 컴퓨터를 이용하여 실제처럼 진행하여 봄으로써 문제의 의사결정을 돕는 방법

 3 시뮬레이션의 필요성(시뮬레이션의 적용분야)

1) 수학적(계량적)으로는 어떤 문제의 해결이 곤란할 때 이용하는 방법이다.
2) 실제를 적용하기에 비용이 너무 많이 들어가는 방법의 해결을 위하여 사용된다.
3) 문제가 복잡하고 다양할 때 이 방법을 이용하는 것
4) 문제를 실제로 실행하여 문제의 의사결정을 얻기에는 불가능 할 때

 제5절 | 게임이론

수학자 노이만 (Neumann, Johann Ludwig von)과 경제학자 모르건 슈테른(Morgenstern, Christian)은 1944년에 "게임과 경제행동이론 / Theory of Games and Economic Behavior"를 출간하여 근대적 게임이론을 만들었다.

여기서 수학적 이론은 물론 경제학・정치학・군사학・작전연구・경영・법률・스포츠・생물학 등 다른 분야에 응용되어 이 분야의 전 세계적인 급속한 발전을 촉진했다. 게임이론은 전략적 사고에 대한 평범한 대화를 폭넓고 세련되게 발전시키는데 큰 영향을 주었다고 할 수 있다.

1 게임이론의 정의

게임이론이란 수학용어로서 게임의 결과가 자신의 선택과 기회뿐 아니라 함께 게임하는 다른 사람들, 즉 경기자들이 하는 선택에 의해 결정되는 상황을 분석하는 데 이용되는 이론이라 할 수 있다. 다시 말하면 경쟁주체가 상대편의 대처행동을 고려하면서 자기의 이익을 효과적으로 달성하기 위한 수단을 합리적으로 선택하고, 행동을 수학적으로 분석하는 이론이다.

2 게임이론의 특징

한 게임은 모든 경기자들의 선택에 달려 있기 때문에 각 경기자는 선택을 잘하기 위해 다른 경기자들이 선택할 수 있는 것을 예측 하려고 한다.

어떻게 하면 상호의존적인 전략적 계산을 합리적으로 할 수 있을까 하는 것이 게임이론의 특징이라 할 수 있다.

3 게임이론의 내용

1) 2인 대 n인

2인 이론은 두 경기자가 할 수 있는 최선의 전략선택을 다루지만, n인 이론 (n이 2보다 클 경우)은 경기자들의 부분집합, 즉 경기자들이 연합하고 지속하는 것과 그 인원에 대한 합리적인 득실에 주로 관심을 둔다.

2) 영합 대 비 영합

영합 게임에서 각 결과에 대한 모든 경기자의 득실을 합하면 0(또는 상수)이 된다. 그러나 비 영합 게임의 합은 일정치 않다. 영합 게임은 한 경기자가 다른 경기자들이 잃는 만큼 얻어야 하는 전체적으로 상반된 게임인 반면, 비 영합 게임은 경기자들이 동시에 얻거나 잃는 것이 가능하다.

3) 협력 대 비협력

협력 게임은 경기자들이 구속력 있고 강제적인 협정을 만들 수 있는 반면, 비협력 게임은 경기자들 사이에 의사소통을 허용하기도 하고 그렇지 않기도 하지만

이루어진 협약은 항상 평형이라고 가정한다. 즉 다른 모든 경기자들이 협약을 지키면, 한 경기자도 그 협약을 어기지 않는다는 것이 합리적이다.

게임 이론의 모든 분야에서 공통점은 경기자들이 나쁜 결과 중에서도 더 나은 것을 좋아한다는 점에서, 그들 모두 이성적이라고 가정한 것이다. 또한 경기자들은 목표가 있으며, 결과에 순서를 매기거나 더 심하게는 결과에 효용 또는 가치를 부여한다고 가정한다. 퇴화된 1인 게임을 제외하고는 한 게임에서 다양하게 선택하는 상호의존성 때문에, 경기자가 최선의 선택을 바로 취할 수 없다는 사실이 게임 이론이 갖는 복합성 이다. 때론 "자연현상에 대항하는 게임"이라고 하는 퇴화된 1인 게임은 결정이론의 주제이다.

제 Ⅱ 편

생산운영관리 장기계획

- 제 5 장 | 수요의 예측 / 61
- 제 6 장 | 제품 설계 / 76
- 제 7 장 | 생산입지 설계 / 91
- 제 8 장 | 프로젝트 관리 / 110
- 제 9 장 | 생산 계획 / 117
- 제10장 | 생산통제 / 130

제 5 장 수요의 예측

제1절 | 예 측

1 예측(Forecast)의 정의

예측(Forecast)이란 불확실한 상황 하에서 통제가 불가능한 미래의 사건이나 활동의 발생 시기, 크기, 또는 효과를 추정하는 작업이다.

즉 예측이란 과거의 자료를 이용하여 미래에 발생할 결과를 예측하는 것으로 정의를 하고자 한다.

예측과 같이 자주 혼돈하기 쉬운 것으로 추측이 있다.

추측(Prediction)이란 과거의 자료가 아닌 단순한 주관적인 사고이다.

즉 사전에 결정된 방식대로 자료를 결합할 필요가 없이 주관적 요소에 입각하여 미래를 추측하는 것이다.

또한 제품생산의 의사결정에 적용되는 수요예측은 다음과 같이 구별한다.

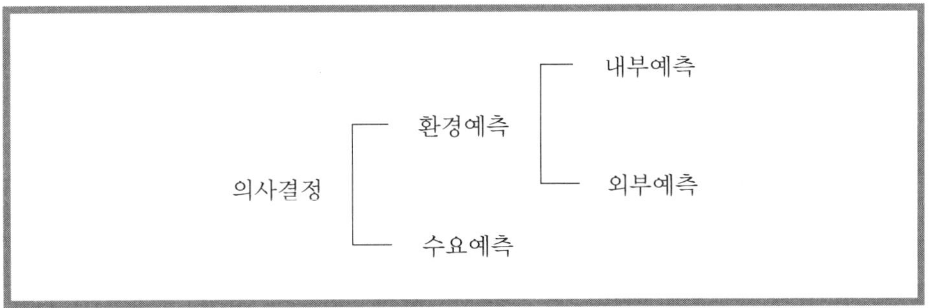

생산의 의사결정을 위해 환경예측과 수요예측이 필요하고 환경예측에는 기업내부와 외부의 환경에 대한 변화 예측이 필요하다.

 예측(Forecasting)의 종류

기업이나 조직에서 예측을 사용하는 목적이나 상황은 서로 다른 유형의 예측을 사용한다. 특히 다음과 같은 종류가 있다.

1) 기술적 예측(technological forecast)

기술적 변화율을 예측하는 것으로 주로 생산 공정의 변화를 의미 한다.

2) 경제적 예측(economic forecast)

정부・경제연구소와 경제단체가 발표하는 미래의 경제 상황에 대한 예측으로 이는 실업률과 인플레이션 등을 말한다.

3) 수요예측(demand forecast)

기업의 생산제품이나 서비스에 대해 미래에 기대되는 수요를 예측하는 것이다.

 기업의 예측 유형

기업의 예측 유형은 기업 환경에 따라 수요적 예측과 사회적 예측, 경제적 예측, 법률적 예측 및 기술적 예측으로 구분한다.

1) 수요적 예측은 시장의 변화를 주로 다루고 있다.
2) 사회적 예측은 여성들의 사회적 지위향상과 인구의 변화를 들 수 있다.
3) 경제적 예측은 국민총생산과, 국민개인생산, 금융 및 해외기업의 확대 등을 들 수 있다.
4) 법률적 예측은 지방화에 따른 세금과 국가 시책 및 지방화를 위한

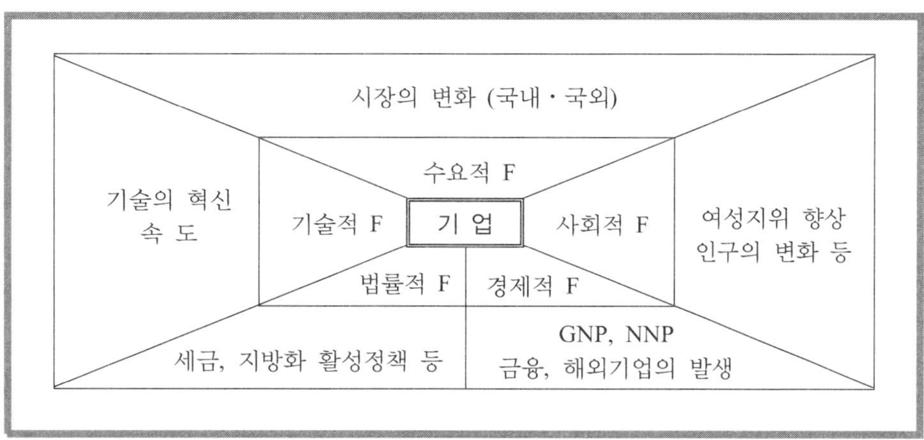

[그림 5-1] 예측의 유형

정책 등이 중요한 변수가 된다.

5) 기술적 예측 주로 상품의 변화를 가져오는 직접 영향을 미치는 것으로 특히 자동화의 변화는 이를 입증한다.

4 수요의 변화와 예측

수요의 변화는 여러 가지가 있지만 특히 아래의 수요 변화는 글로벌화의 변화라고 생각할 수 있다.

1) 공산국가 붕괴가 큰 수요의 변화를 가져왔다고 할 수 있다.
   과거의 공산국가에서는 철의장벽으로 개방이 되지 않아서 시장의 확대를 기대할 수 없었던 것이다. (공산국가의 몰락)
2) 자원(물자)을 주로 1차 산업 중심에서 지식의 변화로 지식과 정보가 자원의 큰 역할을 하기 때문이다. (지식의 자원화)
3) 과거의 교통과 통신은 한정된 선진국형의 것으로 생각되었지만 오늘의 변화는 세계화를 위한 전 세계가 일일 생활권으로 예속되고 있다. (교통통신의 발달)
4) 제품의 세계화(세계의 국가가 요구하는 상품)를 지적할 수 있다. (제품의 세계화)

제2절 | 수요의 예측

1 수요(Demand)예측의 중요성

수요예측은 기업에서 중요한 역할을 하며 수요예측에 입각하여 판매예측(sales forecast)이 이루어진다.

판매예측은 기업의 미래 판매량을 예측하는 것으로, 기업의 각종 계획수립을 세우는데 중요한 역할을 한다.(재무, 생산, 인력, 생산능력, 마케팅, 구매계획의 기초)

수요예측은 보통 다음과 같이 기간을 구별한다.

1) 단기예측

보통 6개월 이내의 월별, 주별, 일별 예측

2) 중기예측

일반적으로 6개월에서 2년 정도의 기간을 대상으로 하는 예측

3) 장기예측

2년 이상의 기간을 대상으로 하는 예측

예측된 수요를 바탕으로 각종 계획이 수립되므로 수요예측은 조직의 주요한 기능이 되고 있다.

수요예측과 각종 계획과의 관계는 다음과 같다.

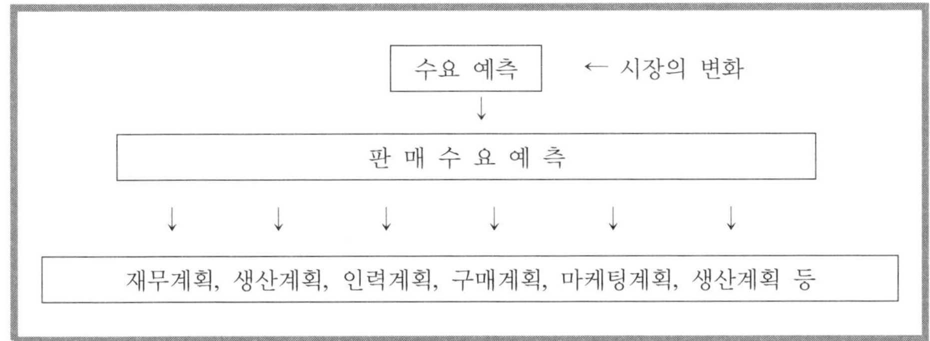

[그림 5-2] 수요예측과 각종 계획과의 관계

2 수요예측의 효과

수요예측의 효과는 특히 아래와 같다.

1) 환경변화에 적용

2) 설비투자

3) 노사관계

4) 재고손실

5) 서비스 개선 등을 들 수 있다.

수요예측의 효과를 보면 기업을 경영하고 생산을 유도하는 데 기업내외 환경의 여건에 적용과 생산의 설비투자의 범위와 제품의 재고 손실을 줄이고 소비자에 서비스개선을 위한 노력과 노사의 원만한 관계가 유지될 수 있다.

3 수요예측에 미치는 영향요인

기업의 제품이나 서비스에 대한 수요에 복합적으로 영향을 미치는 요인들은 여러 가지가 있다.

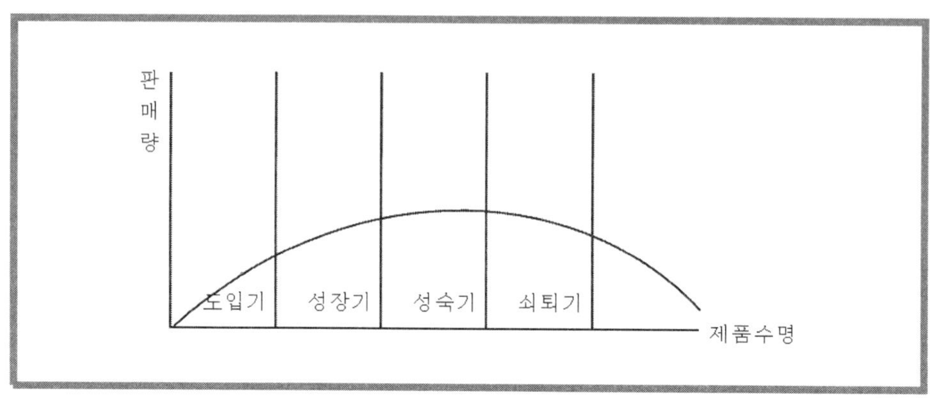

[그림 5-3] 제품수명주기

첫째, 경기변동(business cycle)

개인의 가처분소득에 영향을 미치고 가처분소득은 소비양상에 영향을 미친다.

특히 회복(recovery)과 호황(inflation), 후퇴(recession), 침체(depression) 등의 경기변동 과정을 거칠 때 경제가 어느 국면에 있느냐에 따라 수요가 영향을 받는다.

둘째, 각 제품과 서비스는 일반적으로 수명주기(life cycle)

제품의 수명주기가 어느 단계에 있느냐에 따라 수요가 영향을 받는다.

셋째, 기타요인

수요에 영향을 미치는 요인들로는 광고, 판촉활동, 판매 후 서비스, 제품과 서비스의 설계, 정책결정, 품질, 경쟁자의 노력과 가격, 고객의 신뢰와 태도 등을 들 수 있다.

제3절 | 수요예측의 기법

수요예측	주관적 예측기법(질적) - 수요 예측	
	객관적 예측기법(정성적)	시계열분석
		인과 형

1 주관적 예측기법(질적 기법)

주관적 예측기법을 또는 질적 기법으로 부르기도 한다.

이는 개인의 주관이나 판단 또는 여러 사람의 의견에 입각하여 수요를 예측하며, 주로 중·장기예측에 많이 쓰인다.

1) 델파이법(Delphi)

Rand사에 O. Helmer(헬머)가 개발한 방법으로, 이는 예측하고자 하는 대상의 전문가그룹을 선정하여 집단질문을 하여 의견을 수렴하고, 두 번째 답변을 정리하여 그 결과의 내용을 압축하여 결정을 얻는 방법이다.

일반적으로 이 방법은 시간과 비용이 많이 드는 단점이 있으나 예측에 불확실성이 크거나 과거의 자료가 없는 경우에 유용하며, 특히 설비계획, 신제품 개발, 시장전략 등을 위한 장기예측이나 기술예측에 적합하다.

2) 판매원을 이용하는 방법

판매원을 이용하는 예측방법(sales force composites)이란 각 지역에 흩어져 있는 판매원들은 그 지역의 고객들과 직접 접촉할 기회가 많으므로, 이들로 하여금 각자 담당하고 있는 지역의 수요예측을 하도록 하는 방법이다. 이 방법은 비교적 단기간 내에 저렴한 비용으로 특별한 기술 없이도 수행할 수 있는 장점도 있으나 판매원들이 본인에게 끼치는 영향을 민감하게 반응할 가능성이 있는 단점도 있다.

3) 경영자 판단

경영자 판단방법은 실무 경영자가 수요예측을 결정하는 방법으로써 오랜 경험을 토대로 의사표현을 할 수 있다.

4) 시장조사법

시장조사법(market research)에서는 실제 시장에 대하여 조사하려는 내용에 대한 가설을 세운다음, 설문지, 직접 인터뷰, 전화에 의한 조사, 신제품 발송 등 여러 가지 방법을 통해 소비자의 의견을 조사함으로써 설정된 가설을 검증한다. 이러한 시장조사법에 의한 예측은 질적 기법 중 가장 시간과 비용이 많이 들지만 예측은 비교적 정확하다는 장점이 있다.

5) 라이프 사이클(Life Cycle) 유추 법

라이프 사이클(life cycle) 유추 법은 제품의 라이프 사이클을 유추하여 생산시설 및 생산능력의 장기예측과 장기수요예측을 하는 것이다.

6) 위원회 의견 방법(고문 또는 자문들의 의견)

위원회에 의한 방법(panel consensus)은 몇 사람의 전문가들이 한 사람이 하는 경우 보다 더 좋은 연구결과를 가져온다는 가정에 입각하고 있다. 위원회를 구성한 전문가들은 공개적으로 자유롭게 의사를 표시하여 모든 사람이 일치하는 예측결과에 이르면 임무가 끝난다.

이러한 방법은 질적 방법 중 정확성에 있어서 가장 낮은 방법이지만, 비교적 단기간에 저렴한 비용으로 달성할 수 있는 이점이 있다.

〈표 5-1〉 수요예측 기법

기 법	예측방법	용 도	정 확 도		예측 법
			장기	단기	
Delphi 법	전문가의 직관예측	기술예측, 장기수요 예측, 생산시설 예측	양-우	양-우	중-고
위원회 합의 법	전문가집단의 직관 예측	생산시설 예측	불 량	불량-양	저-중
판매원 이용 법	판매원의 직관예측	시장 및 수요 예측	불 량	양	저
시장 조사법	소비자 의견조사	시장 및 수요 예측	수	양-미	고
경영자 판단	경영자의 직관예측	시장 및 수요 예측	불 량	양	저
라이프 사이클 유추 법	라이프사이클 유추	생산시설 예측, 장기수요 예측	양-미	불 량	저-중
자료 유추 법	자료 유추	생산시설 예측, 장기수요 예측	양-미	불 량	중

 2 객관적 기법(정성적 기법)

1) 시계열 분석법

시계열이란 일별, 주별, 월별, 분기별, 연별로 일정한 시간간격으로 과거에 발생한 실제치를 순서대로 나열한 것이다. 이러한 시계열은 수년간의 자료가 존재하고, 또한 추세가 분명하고, 비교적 안정적일 때 미래의 수요를 예측하기 위하여 사용된다.

시계열분석은 전적으로 역사적 자료에 의존하기 때문에 과거는 미래의 좋은 가이드라는 전제를 하고 있는 것이다. 따라서 시계열 분석은 장기예측보다는 단기예측을 수행하는 데 이용된다.

시계열 분석법은 전기수요법, 이동평균법, 지수평활법, 최소자승법, 시계열분석법으로 구별한다.

① **전기수요법** : 전기수요법(lst period method)은 시계열 분석기법 중에서 가장 단순한 기법이다. 시계열 중 가장 최근의 실제치를 바로 다

음 기의 예측치로 사용하는 기법이다.

전기수요 법으로 5월 달의 수요예측을 보면 바로 앞 4월 달의 실제 수요 10이 된다.

〈표 5-2〉 전기수요법

99 년도	실 제	예 측
1월	10	12
2월	9	10
3월	8	9
4월	10	8
5월		?

② 이동평균법(moving average) : 이동평균법에는 과거 일정기간의 실제 수요를 평균하여 미래수요를 예측해 나가는 단순 이동평균법과 과거 일정기간의 실제수요를 가중 평균하여 미래수요를 예측해 나가는 가중 이동평균법이 있다.

㉠ 단순이동평균법(simple moving average) : 단순이동평균법(simple moving average)은 가장 가까운 과거의 일정기간에 해당하는 시계열의 평균값을 바로 다음 기간의 예측치로 사용하는 방법이다.

㉡ 가중이동평균법(weighted moving average method) : 가중이동평균법(weighted moving average method)은 단순이동평균법에서 평균하는 각 실제치에 동일한 가중치를 부여하는 것이 아니라 더욱 가까운 실제치에 높은 가중치를, 그리고 먼 과거의 실제치에는 점점 낮은 가중치를 부여하는 방법이다.

〈표 5-3〉 단순이동평균법

99 년도	실 제	예 측
1월	10	12
2월	9	10
3월	7	7
4월	10	9
5월		?

단순이동평균법으로 계산하여 보면 최근의 3개월 수요예측은

$$10 + 7 + 9 = \frac{26}{3} = 8.6$$

그러므로 8.6이라는 것을 알 수 있다.

다음은 가중이동평균법을 살펴보기로 한다.

〈표 5-4〉 가중이동평균법

99 년도	실 제	예 측
1월	10	12
2월	9	10
3월	8	7
4월	10	9
5월		?

가중이동평균법(단, 3개월과 0.6, 0.2, 0.2를 적용)

$$10 \text{ X } 0.6 + 8 \text{ X } 0.2 + \text{ X } 0.2 = 9.4$$

그러므로 5월의 수요예측은 9.4가 된다.

③ **지수평활법** : 지수평활법(exponential smoothing)은 지수적으로 감소

하는 가중치를 이용하여 최근의 자료일수록 더 큰 비중을, 오래된 자료일수록 더 작은 비중을 두어 미래수요를 예측한다.

지수평활 법은 시계열 분석방법 중에서 단기예측을 하는 데 가장 많이 이용되는데, 그 이유는 다음과 같다.

㉠ 지수 모형은 정확성이 있다.

㉡ 지수 모형의 설정이 비교적 쉽다.

㉢ 사용자는 모형을 쉽게 이해할 수 있다.

㉣ 모형을 사용하는 데 필요한 계산이 많지 않다.

㉤ 모형이 잘 기능하고 있는지 정확성을 테스트하기가 쉽다.

그리고 지수평활 법을 이해하기 위하여 다음과 같은 공식을 이해하여야 한다.

지수평활법 공식

Dt = D′t-1 + α(Dt-1 - D′t-1) .... ①

D′t = αDt-1 + (1-α)D′t-1 .... ②

(D′t-1 : 예측치, Dt-1 : 실제치)

위의 두 식에서 1식과 2식을 각각 계산하여 보기로 한다.

예 어느 자동차회사에서 99년도 3월 예측판매 대수는 10대 이고 실제 판매 수는 8대 이다. 지수평활 계수 α = 0.4이다. 지수평활 법으로 4월을 예측하시오.

위의 1식으로 계산된 것으로서 4월의 수요예측은 9.2라는 것을 알 수 있다.

D = 10 + 0.4(8-10) = 9.2

위의 2식으로 계산된 것으로서 4월의 수요예측을 9.2라는 것을 알 수 있다.

$$D = 0.4(8) + 0.6(10) = 9.2$$

그러므로 위식의 계산은 같은 값이다. 두식 중에서 쉬운 계산방법을 찾아서 사용하면 된다.

④ **시계열 분해법** : 시계열이란 시간 순으로 나열된 과거의 자료를 의미하여, 추세, 계절의 변동, 순환요인 및 우연변동을 포함하고 있다. 시계열 분해법에서는 시계열자료를 이용하여 구성요소들로 분해하여 수요를 예측한다. 현실적으로 추세와 계절적 변동은 쉽게 파악되지만, 오랜 시간에 걸쳐 일어나는 순환변동과 우연적 요인에 의해 불규칙적으로 발생하는 우연변동은 파악하기가 힘들다.

㉠ 추세선은 인구변동과 소득변동 등에 의해 발생한다.

㉡ 경기순환은 정치적, 경제적, 사회적 및 기술적 요인에 의해 발생한다.

㉢ 계절변동은 기후와 명절 및 휴가 등에 의해 발생한다.

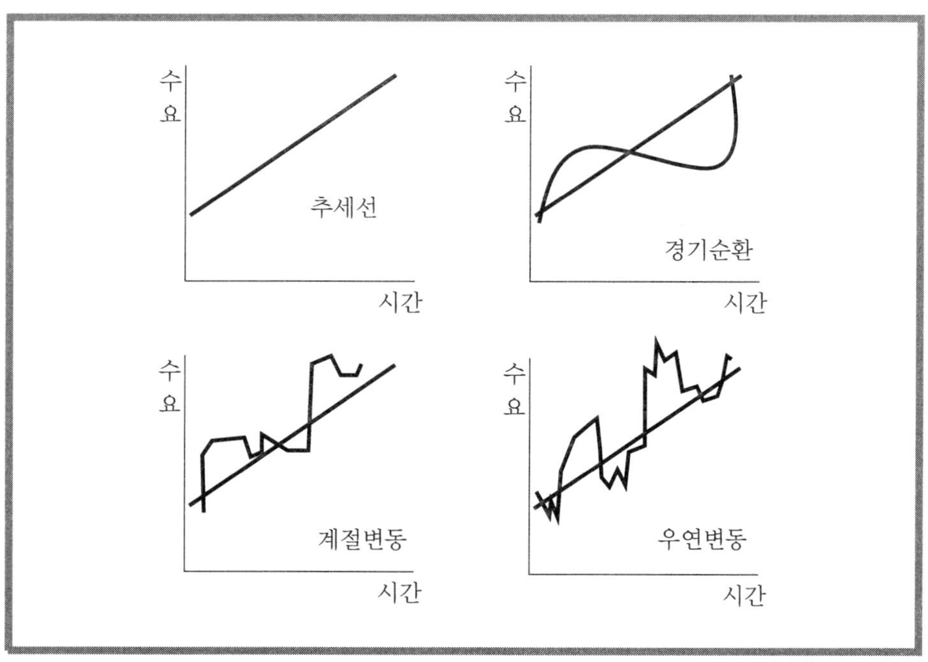

[그림 5-4] 시계열 분석요소

㉣ 우연변동(불규칙 변동)은 데모, 유류파동 및 전쟁 등에 의해 발생한다.

2) 인과형 예측법

(1) 회귀분석

회귀분석(regression analysis)이란 수요를 종속변수로 하고, 수요에 영향을 미치는 요인들을 독립변수로 놓고 양자의 관계를 자타내는 회귀 방정식을 도출한 다음 독립변수들의 특정한 값이 주어지면 이를 회귀방정식에 대입하여 종속변수인 수요를 추정하는 방법이다.

또한 단순회귀분석은 독립변수와 종속변수의 수가 하나로 구성되어 있는 것을 말하고, 다중회귀분석은 독립변수가 2이상인 요소로 구성된 것이다.

① **단순회귀분석** : 단순선형회귀분석에서는 수요를 Y를 종속변수로, 수요에 가장 큰 영향을 미치는 하나의 요인을 독립변수로 X로 놓고 양자의 관계를 선형으로 파악한다.

$$Y = a + bX, \ Y = ab$$

② **다중선형회귀분석** : 현실적으로 변수가 많은 경우에 수요에 영향을 미치는 요인은 여러 개이며, 이 경우 종속변수인 수요를 설명하기 위해서는 여러 개의 독립변수가 필요하다.

χ개의 독립변수로 이루어지는 회귀방정식은 다음과 같이 표현된다.

$$Y = a + b^1X^1 + c^2X^2 + \cdots\cdots + N^kX^k$$

(2) 계량경제 모형

계량경제모형은 일련의 상호 관련된 회귀방정식을 이용하여 각종 경제활동을 예측하며, 투입-산출모형은 각 산업부문간의 제품이나 서비스의 흐름을 분석하여 수요를 예측한다.

예측기법의 선정과 적용 요소

i) 과거 실적자료의 유용성과 정확성
ii) 예측 상 기대되는 정확도의 정도
iii) 예측비용
iv) 예측기간의 길이
v) 분석 및 예측 소요시간
vi) 예측에 영향을 주는 변동요소의 복잡성

기타 수요예측 기법에는 몇 가지 더 있지만, 본 교과서는 이상과 같이 수요예측으로 기업의 매출액과 매출량을 증가시키는 데 도움을 얻을 수 있는 기법들을 소개 하였다.

제 6 장 제품설계

제1절 | 제품설계의 정의

1 신제품의 정의

기업의 성장과 발전은 제품의 개발과 신제품이 꾸준히 이루어져야 되고 생산의 공정도 함께 발전할 수 있다.

■ 신제품이란?

1) 다른 회사에서 지금까지 수행할 수 없었던 기능의 제품
즉, 시장에서 새로 출품되는 제품이다.(좁은 의미)

2) 기업의 새로움을 가진 제품
즉, 기능 + 새로움 (광의의 의미)

2 신제품개발의 정의

1) 신제품을 개발, 생산, 판매하는 활동
2) 신제품을 개량, 신용도가 아니면 제품개발이라 할 수 없다.

■ 제품개발의 정의를 다르게 표현하여보면 다음과 같다.

① 신제품

② 새로운 범주로 등록된 것

③ 공정의 생산라인 첨가

④ 제품과 품질 향상

⑤제품의 용도변경

이상과 같이 신제품과 신제품개발을 구별하여 정의 하였지만 특별히 구별 없이 동일하게 사용하기도 한다.

3 신제품개발의 조건

신제품의 개발에는 몇 가지 조건이 결합되어야 신제품을 개발했다고 할 수 있다.

특히 아래와 같이 조건을 표현한다. 그 조건을 ABCD조건이라 표현한다.

1) A : Attractive-매력적이어야 한다.

2) B : Better-소비자가 좋다고 하는 제품 이어야 한다.

3) C : Cheap-가격 저렴한 것이라야 한다.

4) D : Difference-제품의 차이가 있어야 한다.

4 신제품을 개발하는 이유

신제품의 개발이 기업에서는 생존이며, 기업을 지속하고 발전하며 경쟁력을 위한 수단과 방법이며 책임의 하나이다.

기업에서 신제품을 개발해야하는 이유가 많지만 간략하면 그 이유는 다음과 같다.

1) 경쟁회사 보다 앞서기 위하여

즉, 기업의 목적인 살아남기 위하여 이다. 오직 신제품만이 기업의 영원한 성장을 지속시킬 수 있기 때문이다.

2) 소비자의 수요변화에 대응하고, 새로운 수요를 창출하기 위하여

즉, 소비자의 욕구는 언제나 변화하기 때문에 그에 맞는 신제품을 개발해야 한다. 소비자 욕구의 변화는 언제나 변화하기 때문에 그에 맞는 신제품을 개발해야 한다. 소비자 욕구의 변화는 사회전체의 변화와 그 맥락을 같이한다.

오늘날과 같이 소비자의 수요변화가 다극화되어가는 라이프스타일에 의해 근본적으로 영향을 받는다.

3) 생산능력, 판매능력을 최대한으로 이용하기 위하여

즉, 생산능력은 최신 기계를 활용하는 첨단으로 배치하고 소비자의 요구에 응할 수 있다.

4) 기업의 위험을 분산하기 위해

기업은 위험의 분산과 여러 분야의 사업과 신제품에 도전해야 한다.

5) 기업의 세계화를 위하여

국내 시장을 위한 제품의 개발이 많이 이루어졌지만 앞으로 제품개발은 세계화를 위한 시장의 변화에 맞추어 생산이 이루어져야 한다.

 5 제품개발의 성패요인

제품개발을 한다고 모두가 성공하는 것은 아니기 때문에 특히 다음과 같은 요인이 갖추어 진다면 성공할 수 있는 여건이 마련된다.

제품개발의 성패요인은 재무구조의 조건이 만족되고, 기술력과 경영자의 의사결정이 뚜렷하며, 소비자의 선호도를 조사하여 수요예측을 하고, 타 기업과 국제기업의 정보를 입수하여 자사의 제품개발에 대한 확신과, 제품의 세계화를 위하여 기업과 환경을 고려한 제품을 생산해야 성공을 할 수 있다고 본다. 이를 그림으로 나타내면 다음과 같다.

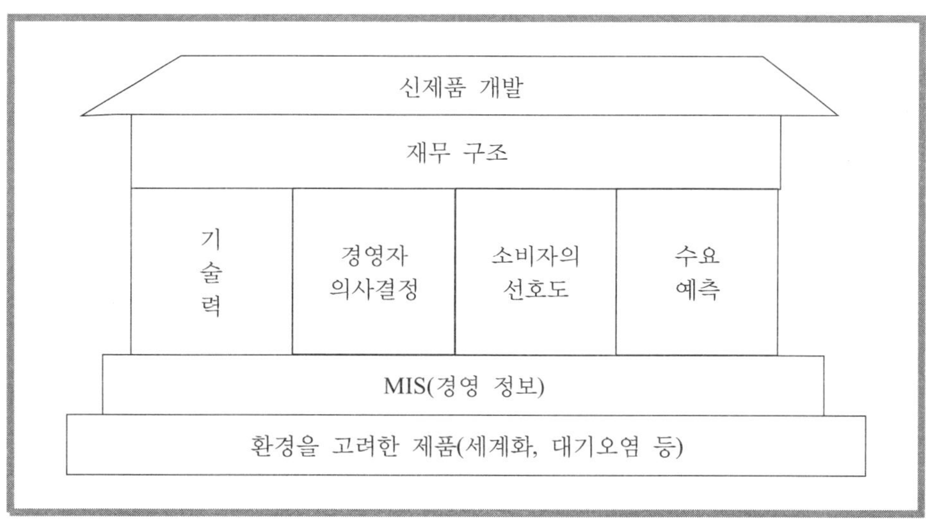

[그림 6-1] 제품개발의 성패요인

6 제품개발의 전략

1) 제품개발의 기능적 관점

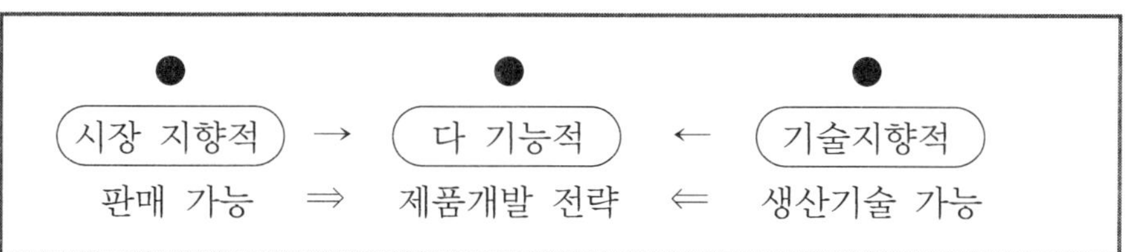

제품개발을 위하여 전략이 필요하다. 그 전략은 다음과 같이 설명된다.

① 시장 지향적 관점 : "당신이 시장에 판매 가능한 제품을 생산해야 한다."

② 기술 지향적 관점 : "당신의 기술로 만들 수 있는 제품을 생산해야 한다."

③ 다 기능적 관점 : 신제품 도입이 다 기능적 특성을 지니고 있기 때문에 제품의 개발에 여러 기능이 포함되어야 한다.

성공적인 신제품개발 전략을 위해서는 다음과 같은 내용을 고려해야 한다.

① 왜 신제품을 개발해야 하는가?
② 언제 신제품을 내야 성공할 것인가?
③ 어떤 제품을 개발할 것인가?
④ 어떻게 개발해야 성공할 것인가?
⑤ 어떻게 시장도입을 해야 성공할 것인가?

제2절 | 연구개발

1 연구개발(R&D : Research and Development)의 정의

1) 연구개발의 정의

기술력 배양(인간공학, 과학, 공학 등)이다.
연구개발이란 창조와 고침이 있어야 연구개발이라고 할 수 있다.

2) 목적

① 새로운 수요의 창조 및 수요 변화에 대한 적응
② 새로운 제품의 개발
③ 기존제품의 개량
④ 기존제품의 용도개발
⑤ 생산 공정의 개선
⑥ 폐기물과 부산물의 이용, 공해방지
⑦ 경쟁상품의 분석, 연구
⑧ 생산문제의 해결
⑨ 자제대용의 이용

⑩ 생산원가의 절감(자재 및 노동력의 효율적 사용)

2 연구개발의 단계

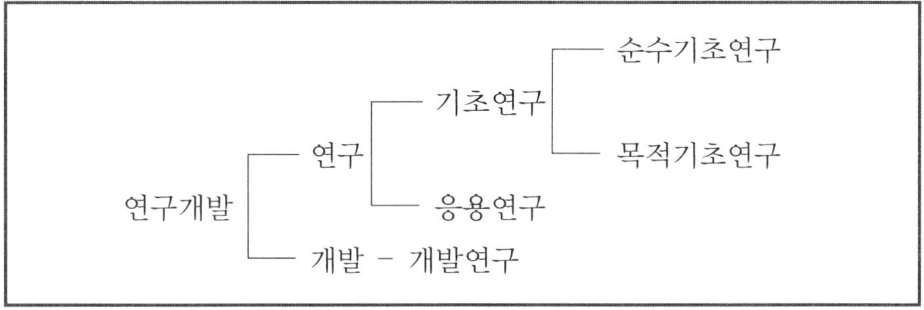

따라서 기초연구를 토대로 순수기초연구와 목적기초연구, 응용연구, 개발연구를 통하여 기술혁신을 이룰 수 있다.

1) 기초연구

인류에 필요한 새로운 아이디어를 개발하려는 것이 목적이나 구체적인 제품이나 응용분야는 염두에 두지 않고서 수행하는 지식지향적인 연구. 즉, 과학지식의 진보를 가져오는 연구로서 다시 이는 순수기초연구와 목적기초연구로 구별된다. 또한 순수기초연구는 기초연구의 순수한 연구이며, 목적기초연구는 순수기초연구를 실시하던 중에 상업적 연구가 되는 것이다.

2) 응용연구

구체적이고도 상업적인 응용을 목적으로 새로운 개념, 아이디어나 재료들을 발견하려는 데 치중하는 문제 지향적인 연구. 즉, 산업 핵을 이루는 데 목적이 있는 연구

3) 개발

연구 및 개발된 아이디어를 제품으로 옮기려고 하는데 관심이 있는 제품지향적인 연구

 3 연구개발의 전략

1) 장기적 전략

이는 신제품을 단기간에 성과를 올리려는 생각보다 장기적 안목을 보면서 연구개발 하자는 목적이다.

2) 저개발국 전략

이는 신제품을 후진국에서 아이디어 등을 얻어서 연구 개발하는 데 도움을 얻자는 것이다.

3) 선진국 전략

이는 선진국에서 기술의 이전과 기술을 습득하여 자국에 도움을 얻고자 실시하는 전략으로 선진국에 파견이나 유학 등의 전략이다.

 4 연구개발의 권리소유

권리소유는 신제품을 개발하여 이를 인정받기 위하여 실시되는 중요한 공업소유권의 절차이다. 이는 가장 상위의 개념으로 특허와, 실용신안, 의장 및 상표를 들 수 있다.

특허는 기술창작으로서 처음 만들어 내는 제품이다. 존속기간은 20년으로 기간 동안 제품개발의 소우를 인정받는다. 실용신안은 형상과 구조의 변경 및 기능의 변화를 들 수 있다. 존속기간은 15년 동안의 권리소유를 인정받는다. 의장은 형상과 색상 및 모양의 변화를 줄 수 있는 제품이다.

존속기간은 10년 동안의 권리소유를 인정받는다.

상표는 문자나 기호 등을 소유하고자 한 것이다. 존속기간은 10년 동안의 권리소유를 인정받고 다시 등록하면 인정받는다.

〈표 6-1〉 권리소유권

권 리 명	내용	존손 기간
특 허	기술창작	20년
실용신안	형상, 구조(기능)변화	15년
의 장	향상, 색상, 모양변화	10년
상 표	기호, 문자 등	10년(재등록 가능)

 연구개발의 상용화 단계

신제품을 개발하여 완성된 제품으로 인증 받기 까지는 아래와 같은 과정을 거친다.

아이디어 창출 기간은 기초 연구부터 시작되어 도입기까지의 기간을 말하고 제품의 개발을 위해서는 아이디어는 1~2의 상품화를 가져온다. 이

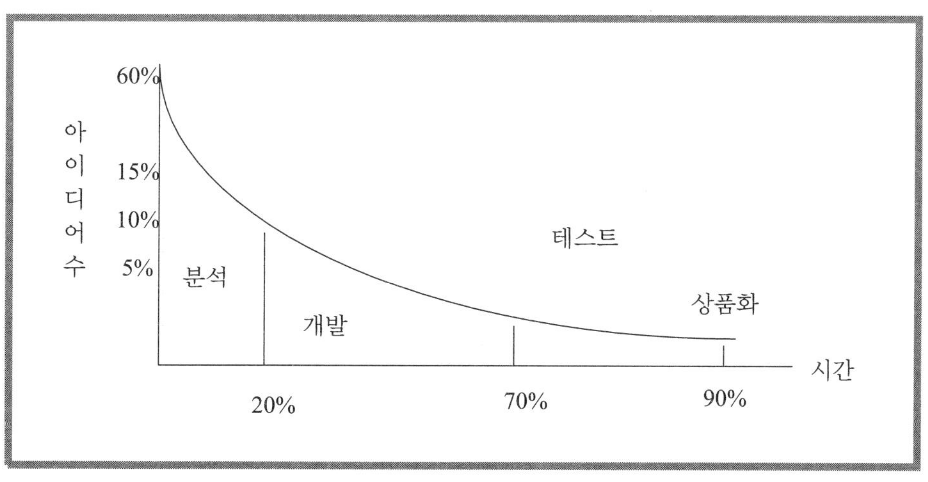

[그림 6-2] 아이디어 창출 활용

아이디어를 도입하여 성장기와 성숙기를 거쳐서 쇠퇴기에 이르고 있다.

제3절 | 가치분석

1 가치분석(VA/VE)의 정의

제품의 기능과 비용을 개선함으로써 얻어지는 가치를 말한다.

1) 가치분석(VA : Value Analysis)

부품의 원가가 제품가격에 적합한가를 분석하여 설계는 그대로 두고 부품변경의 가능성을 찾는 것이다. 1947년 "L.D Miles"가 창안하여 이용한 것으로 특히 구매와 판매에 적용되었다. 이를 경제성 분석이라고도 한다.

2) 가치공학(VE : Value Engineering)

부품의 품질과 신뢰도가 제품설계와 기능에 적합한가를 분석하여 설계변경의 가능성을 찾는 것이다 1950년 미국 국방성에 창안하고 VA를 발전시킨 것이다. 특히 판매에 치중하여 기술적 면을 중시한 것이다. 또한 이를 기술적 분석이라고도 한다.

3) 가치혁명(VI : Value Innovation)

기존 제품에서 기능을 추가하여 가치를 확대시켜 저가격을 얻고자한 것이다.

2 기 능(function)

가치의 척도가 되는 것으로 이는 다음과 같은 기능을 말한다.

1) 사용기능(Use Function)

군수품, 못, 시멘트 등

2) 미용(미관) 기능

그림, 보석 등

3) 주기능

기능의 주요 역할

4) 보조기능

기능의 보조기능의 역할

(1) 가치분석에 중요시되는 경제적 가치

- 희소가치(scarcity value) : 물건의 희소한 가치를 가지고 있어야 한다.
- 교환가치(exchange value) : 시장에서 교환의 가치를 말한다.
- 원가가치(cost value) : 가격에서 가치를 말한다.
- 사용가치(use in value) : 사용을 함으로써 얻어지는 가치를 말한다.

(2) 기능분석의 접근

① ┌ 기능정의 그것은 무엇인가?
 └ 어떤 역할(기능)을 하는가?

② ┌ 기능평가 소요비용은 얼마인가?
 └ 그 가치는 어떤가?

③ ┌ 대체안의 개발(대안제시) 다른 것으로 같은 역할을 하는 것은 없는가?
├ 필요한 기능을 확실히 발휘하는가?
└ 그 비용은 얼마인가?

3 비 용(cost)

가치 측정에서 비용은 가치척도의 원천이 된다.

제품의 가치를 얻기 위하여 여러 가지 비용이 추가로 들어가는 것을 포함하여 가치분석의 실제 비용이다.

4 가치(Value) 측정

가치측정의 공식은 다음과 같다.

$$V = \frac{F}{C} = \frac{FB + FE}{C} \quad \left(V = \frac{Q}{C}\right)$$

$$\text{가치} = \frac{\text{기능}}{\text{원가}} = \frac{\text{주요기능 + 보조기능}}{\text{원가}}$$

5 가치분석 실시 시기

가치분석의 실시 시기는 주로 일본은 생산 전 즉 설계 전에 가치분석을 반영하고, 한국은 주로 생산 후에 가치분석을 실시하는 경향이 있다.

- 생산 전(설계 전) … 일본 등
- 생산 후(설계 후) … 한국 등

또한 제품개발과 가치분석을 비교하여 보면

- 제품개발 ⇒ IDEA 창출 ⇒ 생산과정까지
- VA/VE ⇒ IDEA 창조 ⇒ 제품판매까지

따라서, 생산전과 생산후 모두 가치평가가 필요하다.

제4절 | 모듈러 생산

1 정 의

모듈러(modular)란 표준화된 부품들을 모아서 최대의 제품을 생산하고자 하는 생산방식이다.

특히 전자제품과 자동차 산업의 부품들이 이러한 생산방식을 이용하여 발전을 가져왔다.

2 모듈러(MODULAR) 생산

모듈러의 생산의 예를 들어 설명을 하면 다음과 같다.

예 엔진(2) 기어(2) 색상(5)

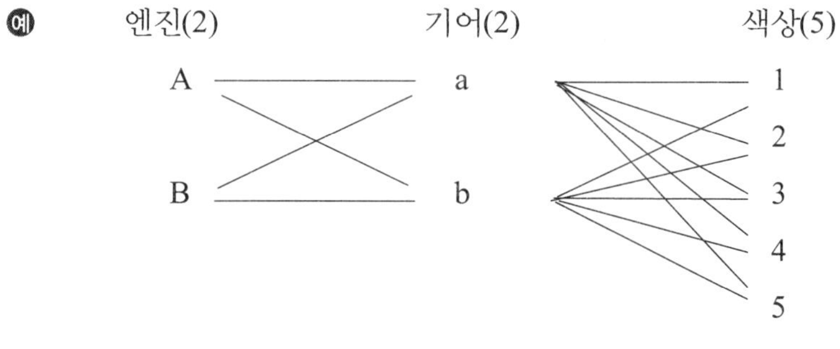

2 × 2 × 5 = 20(완성품)

3 경영상 이용

자동차의 부품이 80년대 생산에는 주로 많은 부속이 사용되어 자동차 범퍼 하나에도 여러 부품으로 구성 되었고, 전자 제품들의 초기에는 많은 부속품이 사용되어 여러 가지 기업의 어려움을 초래하였다. 이러한 문제를 해결할 수 있는 방법은 결국 모듈러의 생산방식이 해결하는 데 도움이 되었다. 기타 TV, 냉장고, 조립주택 등에 이용된다.

 장 · 단점

1) 장점

① 비교적 적은 부품이 사용되므로 결점을 찾아 교정하기 쉬울 뿐만 아니라 불량 module을 제거하고 양호한 module 대체하기 쉽다.
② module의 제조와 조립으로 단순화를 꾀할 수 있다.
③ 부품의 수가 비교적 적기 때문에 구매 및 재무관리가 용이하고, 호환성 개념을 여러 종류의 제품에까지 넓힐 수 있어 경제적 생산을 가능하게 한다.

2) 단점

① 다양성이 줄어 든다
② 제품을 전체적으로 표준화하여 생산하는 경우보다 많은 수량의 부품을 준비해야 한다.
③ 불량부품을 제거하기 위하여 module을 분해할 수 없다.

즉, 전체를 폐기해야 하므로 이로 인한 비용이 높다.

오늘날 생산의 변화는 다품종소량생산으로 모듈러의 기법을 활용하여서 소비자가 요구하는 요구를 만족시키는 데 많은 도움을 준다. 이것도 제품개발의 방법으로 특히 부품생산에서 많이 찾아 볼 수가 있다.

제5절 | 그룹테크놀러지

정 의

부품, 제품, 재료 등의 동질성, 유사성을 가진 것을 그룹화하여 생산량을 증가시키는 것으로 정의를 한다.

과거의 대량생산방식에서 탈피하여 다품종소량생산방식에 적합한 것으로 현재 기업에서 많이 활용하고 이다. 또한 그룹테크놀러지(G.T : Group Technology) 방식은 생산기법과 관리기법을 혼합한 방식이다.

생산기법 + 관리기법 = 그룹테크놀러지

목 적

대량생산방식의 생산성향상을 다품종소량생산에 적용하기 위한 방식이다.

예를 들어서 설명하기로 한다.

예 부품 A → ▲ → ■●▲ → ●↓■↓▲↓◆
부품 B → ■ → ▲◆● → ●↓■↓▲↓◆
부품 C → ◆ → ◆▲■ → ●↓■↓▲↓◆
부품 D → ● → ●■◆ → ●↓■↓▲↓◆
→ 제품

따라서, G.T방식은 A,B,C,D의 표시에서 같은 부품을 끼리 모아서 생산에 도움을 주는 방식을 말한다.

3 장 · 단점

1) 장점

① 공정 내에서 단순화로 재고와 제품흐름을 항상 균형 있는 관리가 가능하다.

② 생산능력을 신규 투자 없이 활용 할 수 있으며, 제품생산 기간이 줄어든다.

③ 생산준비기간을 절감하고 공구의 교체 시간을 절감할 수 있다.

④ 공정과 기계 관리비를 절감할 수 있다

⑤ 생산능력과 수요요건을 잘 동화시켜 납기지체를 방지할 수 있다.

2) 단점

① 많은 비용과 시간이 소요된다.

② G.T를 이용할 수 있는 추가적인 인원이 필요하다.

③ 새로운 관리 System을 개발하고 이에 알맞은 자료를 재정리하는데 많은 비용과 노력이 든다.

④ 설계부문과 제조부문의 협조가 없으면 실시하기가 힘들다.

⑤ 그룹 내의 부서간의 균형이 어려우므로 전체적인 효율이 떨어질 수 있다.

⑥ 최고경영자의 지원과 노동조합의 협조가 없으면 실행하기 어렵다.

⑦ 정확한 자료가 없으면 실시가 어렵다.

제 7 장

생산입지 설계

제1절 | 입지 의사결정(Location decision)

1 의 의

생산을 위해 장소를 결정하는 것으로 정의를 한다. 또한 생산하기 위한 공장을 만드는 장소를 준비하는 것이다.

과거와 현재의 풍습을 살펴보기로 한다.

1) 기간에 따른 입지 결정

- 풍수지리설 → 입지설정 → 과거
- 지가상승요인 → 입지설정 → 현재
- 환경변화요인 → 입지결정 → 미래

위의 내용에서 알 수 있듯이 풍수지리설에 입각하여 입지 선정을 주로 해왔던 시대를 생각할 수 있다. 그러나 현재는 지가상승요인을 가장 고려하여 공장입지를 선정한다고 볼 수 있다.

특히 과거에는 동양에서만 유일하게 풍수지리설에 입각하였던 것으로 알려지지만, 현재는

서양에서도 풍수지리설을 따라서 공장과 집의 입지를 선정하는 기회가

늘고 있다

2) 입지의 방법

- 신설
- 확장
- 기존
- 이전

입지의 방법은 신설과 기존의 것을 확장하든지 이전을 하는 것으로 계획을 수립한다.

2 입지의 중요성

1) 입지결정은 기업의 성패가 달려 있는 결정적 결과를 초래하고 있다.
2) 입지는 수익과 비용이 직접 연결되기 때문에 상당히 중요한 것으로 인식되고 있다.

3 입지 결정의 제약과 비용

입지 결정을 계획하여 실제 결정 단계에 접어들면 여러 가지 제약과 비용을 생각하지 않을 수 없다.

1) 제약

첫째 경제적 제약

경제적 제약으로는 통신시설과 소방시설, 도로의 정비 및 용수 등이 어느 정도 만족할 수 있도록 되어 있는가를 확인하는 것이 좋다.

둘째 사회와 문화적 제약

인구분포로서 인구의 이동과 남여의 분포 및 문화시설을 누가 주관을 하고 있는지 확인하는 것이 좋다.

셋째 정치와 법률적 제약

입지지역의 군사시설과 자연녹지 등으로 제약을 받고 있는 범위인지와 지방의 세제혜택은 어느 정도며 국가의 시책은 어떠한 영향을 줄 것인지 확인하는 것이 좋다.

또한 제약과 함께 발생하는 비용을 생각하지 않을 수 없다.

2) 비용

첫째 투입비용

생산의 기초가 되는 원료, 노동, 기계 및 방법 등의 사용에서 들어가는 비용을 들 수 있다.

둘째 공정비용

원가비용이라고도 하며 생산을 하는데 사용 되는 비용 즉, 공장에서 생

제 약	내 용(요인)
경제적	통신, 소방 도로, 용수 등
사회・문화적	인구분포, 문화수용(기업) 지역사회의 태도(쓰레기매립장, 원자력 핵폐가물 처리 등)
정치・법률적	규제(부동산), 세제(세금관계) 등

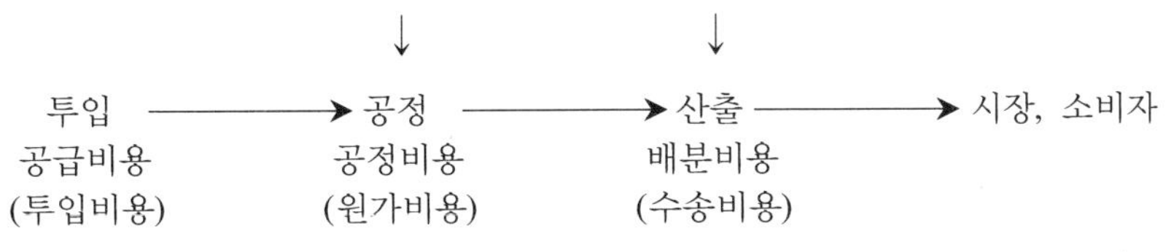

↓ ↓

투입 공급비용 (투입비용) ⟶ 공정 공정비용 (원가비용) ⟶ 산출 배분비용 (수송비용) ⟶ 시장, 소비자

[그림 7-1] 입지의 제약과 비용

산과정의 비용을 말한다.

셋째 배분비용

제품을 만들어서 상품화하여 시장과 소비자 등에게 제공을 하는 과정에서 들어가는 비용으로서 이를 수송비용이라고도 한다. 여기서도 수송비용이 가장 큰 비중을 차지하고 있다고 생각 할 수 있다.

그 내용을 [그림 7-1]에서 자세히 보기로 한다.

 입지결정 단계

입지 결정을 단계별로 보면 다음과 같다.

1) 대상지역의 검토(수송, 노동, 시장 등)

입지가 생산하기에 여러 가지 조건에 맞도록 구성되어 있는지를 검토해야 되며, 여기서 수송비와 노동 및 시장을 고려하여야 된다.

2) 특정지역의 선정

특히 제품의 종류에 따라 지역의 선정이 중요한 역할을 한다. (맥주 ⇒ 물 등)

3) 지역의 평가

자사의 재무구조에 적당한 땅값이 형성되어 있는지를 확인하는 것도 중요한 것이다.

4) 입지 의사결정

위 1), 2), 3)의 조건이 갖추어진 조건이 되면 입지 방법을 검토하고 결정을 내려야 한다.

5 입지론

기업에서 입지가 중요하기 때문에 여러 가지 방법을 생각할 수 있다. 1909년 "A. Weber"의 생산입지론을 살펴보면 다음과 같다.

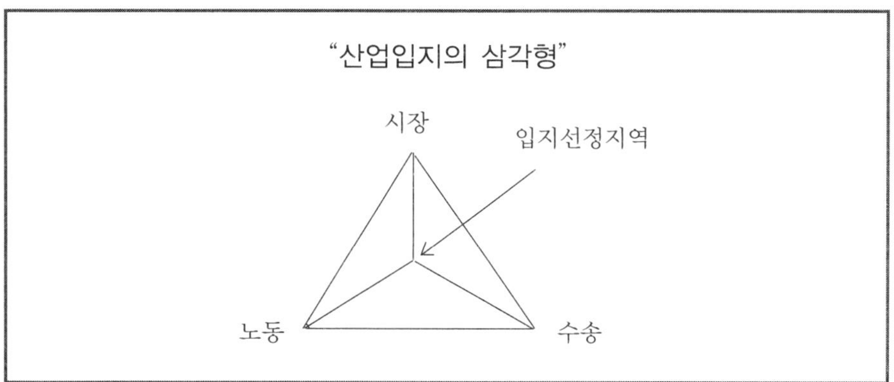

위에서 살펴 본 입지삼각형은

① 수송비 최소의 지점

② 노동 인구 활용이 용이한 지점

③ 시장의 거리 최소의 지점을 선정하여 서로 일치하는 조건이 되며 이중에서 특히 수송비 최저 지역을 선정하는 것이 가장 좋다는 결론이다.

6 해외입지

오늘날 국내기업들은 국내의 임금, 지가상승, 노동력 등이 쉽게 이루어질 수 있는 동남아에 입지를 많이 찾고 있다. 그 중에서도 특히 다음과 같은 것을 생각할 수 있다.

장기적인 투자 효과와 국가의 정치 및 군사 등의 위험 부담이 없는 국가 등이다.

해외입지는 특정국가와 특정제품에 대해 어떤 요인이 있고 무엇을 필요로 하는가를 정확하게 파악하는 것이 중요한 사항이다.

1) 특정국가에 관한 요인

① 시장규모 : 인구, GNP, NNP 등
② 투자환경 : 관세, 정치·사회·경제·문화에 대한 환경
③ 기술수준 : 기술개발, 모방기술 등
④ 수송거리 : 수송비가 적게 드는 국가 등

2) 특정제품에 대한 요인

① 수송비 요인
② 경제적 생산규모
③ 생활필수품을 더 선호하는 국가인지 고급품을 더 선호하는 국가인지 파악

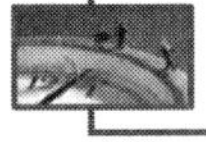

제2절 | 수송해법

1 정 의

입지 선정에서 중요한 요인이 되는 수송해법(계량적 접근법)은 공장에서 시장까지 제품과 서비스를 최소의 비용으로 수송하는 방법을 계량적으로 접근시킨 것이다.

기본해를 구하여 얻는 수송방법과 최적해를 구하는 수송방법이 있다.

기본해를 구하는 수송방법은 다음과 같다.

1) 북서 코너법
2) 보겔 추정법
3) 최소비용법

2 수송 방법

1) 북서 코너법

수송할당이 북쪽 코너에서 가장 먼저 실시되는 배분 방법이다.

북서 코너법의 할당 할 수 있는 칸의 수 결정은 m+n-1의 공식을 적용한다.

〈표 7-1〉 북서 코너법

공장 \ 시장	서 울	광 주	부 산	공급량
인천	[5] 40	[7]	[9]	40
수원	[4] 20	[6] 30	[8] 20	70
성남	[3]	[5]	[10] 30	30
수요량	30	30	50	140

위의 북서 코너법으로 계산을 하면,

$$40 \times 5 + 20 \times 4 + 30 \times 6 + 20 \times 8 + 30 \times 10 = 920$$

따라서 총 수송비는 920이다.

2) 최소 비용법

수송비가 최소가 되는 곳을 배분하는 방법이다.

첫째 단위 수송비가 최소가 되는 곳은 성남 공장에서 서울시장으로 수송되는 비용 중에서 3단위로 30을 먼저 배분한다.

둘째는 수원에서 서울로 4단위이며 30을 배분한다.

셋째는 수원에서 광주로 6단위에서 30을 배분한다.
넷째는 수원에서 부산의 8단위에서 10을 배분한다.
다섯째는 인천에서 부산으로 9단위에서 40을 배분한다.

〈표 7-2〉 최소비용법

공장 \ 시장	서 울	광 주	부 산	공급량
인천	5	7	9 40	40
수원	4 30	6 30	8 10	70
성남	3 30	5	10	30
수요량	60	30	50	140

위의 내용을 계산하면,

$$30 \times 3 + 30 \times 4 + 30 \times 6 + 10 \times 8 + 40 \times 9 = 830$$

총 수송비는 830이 된다.

3) 보겔추정법

보겔추정법은 공장과 시장의 가로와 세로에서 각각 가장 큰 수에서 둘째 큰 수를 차감하여 기회비용을 얻고 그 중에서 가장 큰 것을 선택하는 방법이다.

〈표 7-3〉 보겔추정법

공장 \ 시장	서 울	광 주	부 산	공급량
인천	5	7	9 40	40
수원	4 30	6 30	8 10	70
성남	3 30	5	10	30
수요량	60	30	50	140

기회비용은

첫째, 9 - 7 = 2　5 - 4 = 1
8 - 6 = 2　7 - 6 = 1
10 - 5 = 5　10 - 9 = 1

위에서 산정된 내용에서 가장 큰 기회비용을 5를 선택하고 가장 작은 비용이 소요되는 3단위의 칸을 사용하여 30을 배분한다.

둘째, 9 - 7 = 2　5 - 4 = 1
8 - 6 = 2　7 - 6 = 1
10 - 9 = 1

위에 산정된 내용에서 가장 큰 기회비용 2를 선택하지만, 2개의 수가 있기 때문에 그 중에서 배분의 수가 많은 것을 우선 선택하면 된다.

가장 작은 4단위의 칸을 사용하여 30을 배분한다.

셋째, 9 - 7 = 2　7 - 6 = 1
8 - 6 = 2　10 - 9 = 1

위에서 산정된 내용에서 가장 큰 기회비용 2를 선택하지만, 2개의 수가 있기 때문에 그중에서 배분의 수가 많은 것을 우선 선택하면 된다.

가장 작은 6단위의 칸을 사용하여 30을 배분한다.

넷째, 9 - 7 = 2　5 - 4 = 1

7 - 6 = 1

10 - 9 = 1

위에서 산정된 내용에서 가장 큰 기회비용 2에서 선택의 수가 되기 때문에 그 중에서 배분의 수가 많은 것을 우선 선택하면 된다.

가장 작은 9단위의 칸을 사용하여 40을 배분한다.

다섯째, 마지막 남은 칸은 8단위에서 10을 배분할 수 있다.

이것을 종합하여 총 수송비용을 구하면,

$$30 \times 3 + 30 \times 4 + 30 \times 6 + 40 \times 9 + 10 \times 8 = 830$$

총 수송비용은 830으로 계산된다.

여기서 전체를 생각하여 보기로 하자.

북서 코너법이 920이며, 보겔추정법과 최소비용방법으로 계산한 비용은 830으로 가장 작은 수송방법은 보겔추정법과 최소비용방법이라 이 둘 중에서 선택하게 될 것이다.

최적해를 구하는 방법은 다음과 같다.

① 디딤돌 법(징검다리 법)

② 수정배분법(MODI)

① 디딤돌 법(징검다리 법) : 최적해의 방법은 기본해의 방법으로 할당된 배분이 제대로 되었는지를 확인하여 잘못 되었으면 다시 배분하는 방법을 말한다.

<표 7-4>에서 이미 할당된 보겔추정법을 디딤돌법으로 계산하여 보면,

〈표 7-4〉 보겔추정법

공장 \ 시장	서 울	광 주	부 산	공급량
인천	[3] 30	[5]	[7]	30
수원	[6] 30	[3] 10	[1]	40
성남	[8]	[9] 20	[10] 50	70
수요량	60	30	50	140

C : 공장 전체를 나타낸다.

CA1 : 인천에서 서울시장의 칸, CA2 : 인천에서 광주시장의 칸, CA3 : 인천에서 부산시장의 칸, CB1 : 수원에서 서울의 칸, CB2 : 수원에서 광주시장의 칸, CB3 : 수원에서 부산시장의 칸, CC1 : 성남에서 서울시장의 칸, CC2 : 성남에서 광주시장의 칸, CC3 : 성남에서 부산시장의 칸을 나타낸다.

CA2 = 5 - 3 + 6 - 3 = + 5

CA3 = 7 - 3 + 6 - 3 + 9 - 10 = + 6

CB3 = 1 - 3 + 9 - 10 = -3

CC1 = 8 - 9 + 3 - 6 = -4

위의 계산에서 -가 나오는 칸은 다시 배분이 요구된다.

위에서 우선 -4가 나온 CC1에서 계산하여 다시 배분하자.

〈표 7-5〉 1차수정 보겔추정법

공장 \ 시장	서 울	광 주	부 산	공급량
인천	3 30	5	7	30
수원	30 6 (10)	10 3 (30)	1	40
성남	8 (20)	20 9 (0)	10 50	70
수요량	60	30	50	140

CA2 = 5 - 3 + 6 - 3 = + 5

CA3 = 7 - 3 + 6 - 3 + 9 - 10 = + 6

CB3 = 1 - 3 + 6 + 10 = +6

CC1 = 9 - 3 + 6 - 8 = +4

2차 계산에서는 -가 없으므로 배분에 이상이 없다.

(   )는 다시 배분한 금액을 나타낸다.

총 수송비는 $696 = 30 \times 3 + 10 \times 6 + 30 \times 3 + 20 \times 8 + 50 \times 10$

기본해의 수송방법과 최적해의 수송방법을 적용하여 역시 수송비용이 적게 들어가는 수송방법을 선택하여 기업에 활용하는 것으로 현재 물류의 발전에 따라 수송해법을 활용하여 물류업계에 이 수송방법이 많이 이용되고 있다.

4) 수정배분법

위에서 디딤돌방법을 활용 하여 보았다. 수정배분법도 기본해의 방법을 수정해 가는 수송방법으로 본서에서는 생략하고자 한다.

수송방법이 과거에 계산의 위주가 되어 사용이 기피 되었다가 컴퓨터와 통신 수단의 발전에 따라서 더욱 정확하고 모델화 되어 사용하기가 쉽다.

제3절 | 공급 사슬 관리

1 물류의 변화

21세기에 들어와 기업이 직면하고 있는 큰 문제 중의 하나는 급속한 물류환경의 변화에 어떤 전략으로 살아남아야 하는 것이다. 오늘날의 물류 환경은 과거와 달리 새로운 변화를 주고 있다. 새로운 변화환경을 다음 몇 가지로 생각해 보고자 한다.

1) 고객서비스에 대한 욕구 폭발

시장에서 기업의 경쟁제품들 간에는 기술적 차이를 찾기 어렵게 되고 자동화 기계의 등장에 따라 제품들은 품질 면에서 차이를 보이지 않고 더 이상의 원가절감을 기대할 수 없게 되었기 때문에 고객 서비스에서 차별적인 우위를 확보하지 않으면 경쟁기업을 이길 수 없는 치열한 경쟁 상황에 도달 하였다. 이것은 기업이 정해진 시간에 정해진 장소에 제품을 배송하지 않으면 안 된다는 것을 의미한다. 다시 말해 제품이나 서비스의 사용가치를 증대시키는 것으로 해당 제품에 서비스라는 부가가치를 추가함으로써 차별화를 이룩하는 것이다. 즉 이것은 바로 물류전략을 자기 기업에 아주 유리하게 능수능란하게 활용하여야 한다는 것이다.

2) 리드타임의 단축이 주요 관심사

최근 기술의 발달로 제품의 수명주기는 엄청나게 짧아졌고 고객의 욕구에 따라 다양한 제품이 제조되어야 하고 고객의 욕구가 바뀌기 전에 신속하게 욕구를 충족시키지 않으면 고객은 다른 제품으로 눈을 돌리게 된다. 이것은 제품의 발주에서 완성까지의 리드타임(Lead time)이 짧아지지 않으면 안 된다는 것을 의미하며 동시에 이미 제조된 제품이 빠르게 고객에게 전달되지 않으면 안 된다는 것을 뜻한다. 특히 제품의 라이프사이클(life cycle)은 그 제품을 설계, 조달, 제조 및 유통 까지 걸리는 시간보다 짧아지고 있는 것이 현실이므로 제품의 공급 과정에서 물류에 흐름을 가속 시키고 시장에 유연하게 대처 할 수 있도록 유연성을 더해 주지 않으면 안 되게 되었다.

3) 산업의 글로벌화가 급속하게 이루어지고 있다

글로벌 기업에서는 전 세계에서 자재와 부품을 조달하고 다른 나라에서 주문된 사양에 따라 제조된 제품들을 여러 나라에서 판매하게 된다. 이러한 글로벌화의 추세는 더욱 강력하게 되어 우리가 살고 있는 21세기에 대부분의 시장은 글로벌기업에 의해 지배될 것이라 추정하고 있다.

2 공급사슬 관리의 의의

물류환경의 변화에 따라 등장한 물류관리 방식이 바로 공급사슬관리(SCM : Supply Chain Management)이다. 정보기술의 급속한 발전에 따라 물류활동에서의 경쟁우위가 점차 중요한 과제가 되고 있다. 이미 인터넷은 짧은 역사에 비해 무서운 속도로 확산되어 우리 일상생활에서 일부가 되었다. 인터넷은 시간과 공간을 뛰어넘어 수많은 소비자와 기업들을 연결해줌으로써 기업경쟁의 환경을 송두리째 바꾸어 놓았고 동시에 기업들에게는 무궁무진한 사업기회를 제공하고 있다.

새로이 형성된 이 사이버 공간상에 존재하는 시장을 선점하기 위해 전자상거래 업체들이 너나 할 것 없이 우후죽순으로 생겨나고 기존의 전통적인 오프라인 기업체들도 온라인으로 탈바꿈이 불가피하게 되었다고 볼 수 있다. 기업들은 고객에게 제공되는 가치의 극대화라는 관점에서 인터넷이 지닌 무한한 잠재력을 최대한으로 활용하기 위해 기존의 비즈니스 모델을 개선하거나 새로운 비즈니스 모델을 창출해 내고 있다.

이것은 인터넷 테크놀로지를 기반으로 기존의 비효율적 가치창출의 프로세스를 재편하여 효율적이고 고객중심적인 프로세스를 중심으로 하는 새로운 사업기회를 포착하는 기업경영의 새로운 패러다임으로 등장 하였다. 무한경쟁에서 살아남기 위해서는 정보기술을 효과적으로 이용하고 더 나아가 이를 전략적으로 활용하여야 한다. 인터넷을 활용하여 비즈니스를 하는 것을 e-비즈니스(e-Business)라 한다. 그리고 이러한 경향에 따라 물류전략의 하나로 등장한 것이 바로 공급사슬관리(Supply Chain Management : SCM)이다. SCM은 여러 가지로 정의할 수 있겠으나 일반적으로 "수주에서 납품까지의 공급사슬 전반에 걸친 다양한 사업 활동을 통합하여 상품의 공급 및 물류의 흐름을 보다 효과적으로 관리하는 것"을 의미한다. 다시 말하면 SCM은 불확실성이 높은 시장변화에 대응하여 부품 및 원부자재 조달업체에서 제조업체, 유통업체 및 고객으로 이어지는 공급사슬에 참여한 모든 업체들이 상호 협력하여 자원과 정보의 흐름을 공유함으로써 마치 하나의 기업처럼 경쟁력을 높이도록 하는 관리 방식이라 할 수 있다.

 3 SCM 발전 과정

SCM은 크게 보면 흐름(Flow)과 관계(Relationship)라는 두 분야의 관리로 나누어 생각할 수 있다. SCM에서의 흐름이란 일반적으로 물적 흐름(Physical flow : 이적을 물류라 한다)이란 정보흐름 및 자금흐름을 의미한다. 물적 흐름은 이와 반대로 공급사슬의 하부에서 상부로 이동하며 관리는 재고, 운송, 설비 등과 함께 관련된 의사결정을 요구한다.

그리고 관계의 관리란 공급사슬에서의 관련기업체 간의 관계가 물적 흐름과 정보 및 자금의 흐름이 원활히 신뢰에 기반 하도록 파트너십을 형성하는 것을 뜻한다. 흐름관리와 관계관리가 잘 된다는 것은 정확하고 신뢰할 수 있는 정보를 공유함으로써 공급사슬 전반에 걸쳐 수요와 공급이 동기화 (Synchronization)하여 쉽게 비용을 낮추고 각 단계에서의 거래처리 비용을 크게 낮출 수 있기 때문이다.

4 SCM의 효과

SCM의 개념은 오래 전부터 존재하였지만 정보기술이 집약화한 인터넷의 이용이 SCM 발전에 다음과 같이 크게 결정적인 영향을 주었다.

1) 저렴한 비용

인터넷을 통해 기업은 오프라인 환경 하에서와 전혀 다른 효율적 관리가 이루어지게 되었다. 기업입장에서는 아주 저렴한 비용으로 사슬의 각 단계에 참여한 업체들과 상호 연계를 가능하게 하였고 누구나 활용할 수 있는 표준의 제정이 가능하게 되었다. 이것은 과거에 기업들이 부문 간, 기업 간의 정보공유를 위한 여러 가지 시스템이 표준화되지 않았을 당시 수없이 많은 보완비용의 발생을 막아주는 결과가 되었다.

2) 수직적 가치사슬의 해체

기업들은 예전에는 수직적 가치사슬의 구축을 통해 공급자, 유통채널, 고객 등에 관한 정보를 수집하여 전달하였고 이를 통해 업무 프로세스의 효율성과 고객의 대응능력을 높였었다. 과거에는 개별기업이 가치사슬상의 일부를 소유하지 못하거나 특정 업무만을 담당하거나 그 업무를 폐지하였다. 그러나 인터넷을 통해 정보의 공유화가 이루어지고 있기 때문에 정보 독점자가 없어짐으로써 기존의 수직적 가치체계가 해체되고 수평적인 가치제계로 탈바꿈 되었다. 이러한 전통적 가치사슬의 붕괴는 새로운 사업 모델을 탄생 시키게 된다. 성공한 모델이 바로 그 유명한 아마존이라 할 수 있는데 오프라인 서점 없이 온라인 서점만으로도 대 성공을 거두었다.

3) 웹 사이트 구축

기업들은 인터넷을 통해 고객 및 공급업체와 직접 거래하는 것이 아주

수월하고 용이하게 되었다. 따라서 고객에게 중요정보와 물자흐름을 제공함으로써 폭넓은 선택이 가능하도록 도와줌으로써 가치를 창출하던 중간 유통업자들의 입지가 상대적으로 약화되는 현상이 도래하게 되었다. 그러나 복잡하고 다양한 정보를 고객이 폭넓게 선택 가능하도록 도와주는 새로운 중간업체가 등장하기 시작하였다. 이러한 중간업체들은 고객과 기업간의 상호 정보교환의 효율성을 높여주는 역할을 담당하고 있다. 기업은 이러한 업체들을 적절하게 활용함으로써 거래업체나 고객에 대한 정보를 얻기 위한 비용을 절감할 수 있게 되었고 고객 또한 다양하게 정보를 인지함으로써 효율적인 구매를 가능하게 해주고 있다.

<사례> Dell 사의 공급사슬관리

세계 PC판매 1위인 DELL은 PC 외에 LCD, PDA, 프린터, MP3에 이르기까지 다양한 제품을 생산하고 있는데 창업자인 마이클 델을 우리는 e-business의 창시자라고 부른다.

컴팩이나 IBM이 컴퓨터를 판매할 때 간접판매 방식을 채택하고 있는데 비해, DELL은 직접 판매 방식을 채택하고 있다. 여기서 간접판매 방식이란 제조-유통업자-고객 형태의 모델을 의미하지만, 직접 판매 방식은 생산자와 고객이 인터넷을 활용한 직거래 형태를 통해서 컴퓨터를 판매하는 방식이다. DELL은 Fedex나 UPS 등의 항공택배회사를 통해서 고객에게 직접 배송하는 방식을 채택하고 있다. DELL의 이러한 판매방식을 The Dell Direct Mode(DDM)라 부른다.

DDM은 기존의 판매 방식인 오프라인 유통망을 통해야만 마케팅이 가능하다는 고정관념을 버리고 온라인을 통해 판매를 하는 방식으로 바꾼 것이다.

고객이 인터넷을 통해 제품을 주문하면 그 정보는 국경을 초월하여 고객위치에서 제일 가까운 생산라인을 갖고 있는 공장에 즉시 전달되어 바코드가 부여되고 이어 부품 협력사에 물품주문서가 전달되며 수 시간 내에 생산라인에서는 고객이 주문한 제품의 생산이 시작된다. 모든 작업이 실시간으로 진행되기 때문에 주문에서 선적까지 걸리는 시간이 불과 36시간으로 일반 컴퓨터 제조 회사보다

생산리드타임이 거의 절반으로 단축되고 이에 따라 재고비용도 크게 줄어 재고비용이 다른 업체와 비교하여 1/8수준에 불과하다. 또한 물류 관점에서 항공택배 회사와의 연계관계를 중시하여 생산 정보를 그들과 공유함으로써 신속한 배송을 할 수 있도록 하고 있다. 이러한 노력으로 컴퓨터 주문 리드타임은 6일 정도로 단축 되었다.

또한 DELL은 JIT방식을 채택하여 협력업체(부품공급업체)와 관계의 중요성을 강화하고 공급자들을 DELL사의 공장 근처에 위치하게 하여 필요한 부품을 필요한 시점에 공급할 수 있도록 하고 있으며, 공급자와의 장기적인 계약으로 부품에 대한 품질 및 공급의 정확성을 높이고 있다. DELL은 제조와 판매뿐만 아니라 서비스 기능도 인터넷을 사용하여 통합함으로써 많은 효과를 거두고 있다. DELL은 웹에서 서비스정보 및 문제해결 방안 대화방과 개인별 지원을 위한 커뮤니케이션 기능, 부품 및 소프트웨어 개발업체와의 연계 등 다양한 온라인 서비스를 제품별, 내용별, 개인등록별로 제공하고 있다.

고객들은 웹 사이트에 접속하여 스스로 제품의 서비스 기능을 학습 할 수 있고 이를 통해 주당 3만 건 정도의 파일 로드다운을 통해 주당 1만5천 달러의 비용절감과 주당 2만 여명의 고객으로부터 받게 될 서비스 요청을 콜 센터(call center)가 아닌 온라인으로 소화함으로써 건당 3~5 달러의 비용을 절감하게 되었고 인터넷 고객의 30%가 DELL의 공고를 보지 않고도 구매를 결정하는 등 홍보효과를 얻게 되었다.

DELL은 디지털기술을 활용하여 기존과는 전혀 다른 새로운 공급사슬을 구축함으로써 기존의 가치사슬을 제거하는 데 성공하였고 이를 통해 신속성을 높이고 전반적인 비용절감을 가져오게 되었다.

앞에서 설명한 것과 같은 효과를 얻을 수 있었던 것은 DELL이 SCM 전략을 통해서 유통 단계를 제거하여 정보의 지연 및 왜곡현상을 제거하였고, 유통 단계에서의 재고를 제거하거나 줄임으로써 전반적인 재고를 감축하였으며 고객의 수요에 부응하여 생산을 함으로써 불필요한 생산을 하지 않게 되었고 그로 인해 자금의 효율적인 활용을 할용을 할 수 있게 된 것이다.

어떠한 운송수단을 이용하느냐에 따라 공급사슬의 효율성과 반응성은 큰 차이가 있기때문에 공급사슬의 전략에 적합한 우송수단을 선택해야 할 것이다. 효율성에 비해 신속성이 중시되는 시장을 공략

하기 위해서는 비용이 높더라도 신속하게 원, 부자재를 비행기와 같이 신속하게 운송할 수 있는 수단을 활용해야 한다.

이와 반대로 고객들이 가격을 가장 중요시하는 경우에는 철도나 배와 같이 운송 소요시간이 길더라도 저렴한 운송수단을 선택하는 것이 전략적으로 적절한 결정이라고 할 수 있다. 전통적으로 운송기능은 자체적으로 수행하였으나, 최근에 들어와서 운송을 포함한 전체 물류기능을 제 3자로부터 아웃소싱으로 하는 추세가 두드러지고 있다. 일반적으로 아웃소싱을 택하는 이유는 물류기업의 전문성을 활용함으로써 물류활동의 정확성을 기해 고객서비스 수준을 향상시키고 비용을 절감하는데 있다. 대부분 기업들의 경우에 물류는 지원기능에 해당하기 때문에 물류기능을 아웃소싱 함으로써 자신의 핵심 분야에 자원을 집중시키고 이로 인해 기업의 경쟁력을 강화시킬 수 있다.

제 8 장

프로젝트 관리

제1절 | 프로젝트

1 프로젝트의 정의

공장입지와 공장건설 및 주택건설, 연구개발, 정유공자, 신제품개발 등 일연의 장기적이고 비용이 큰 내용의 업무계획을 수행하게 되는 과정을 프로젝트라고 표현한다.

프로젝트에는 프로젝트 계획과 프로젝트 관리로 구별한다.

1) 프로젝트 계획(Project Plan)

기업(조직)에서 수행하는 장기적인 시간과 비용 그리고 투자효과 등에 개별업무와 수행순서를 결정하는 것이다.

2) 프로젝트 관리(Project management)

기업에서 프로젝트 계획이 실행되었을 때 시간가 비용 및 기술(자원 : 인력, 설비 등)을 통제하는 것이다.

2 프로젝트 특성

프로젝트의 특성은 다음과 같다.

1) 일회용

2) 예측 곤란성(Plan을 변경할 수 없다)

3) 지연으로 인해 비용과 수익의 손실이 크다.

4) 자금의 순서 결정이 중요하다(자금의 우선순위)

5) 통제의 복잡함 또는 어려움이 있다.

6) 어느 하나가 어긋나면 전체가 어려워진다.

3 작업 분할 구분(작업 순서)

프로젝트의 작업순서는 다음과 같이 구별하여 그 순서를 표현하다.

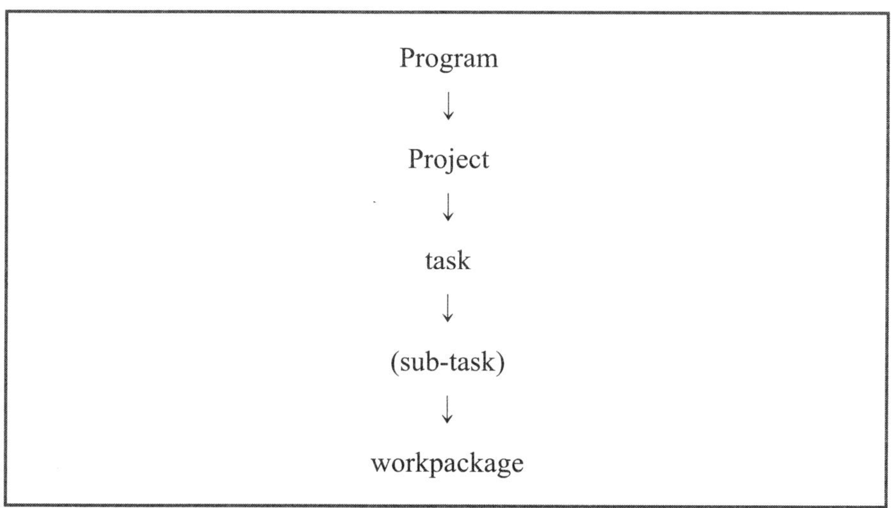

작업순서는 프로그램에서 프로젝트로 이어지고 프로젝트에서 과업으로 연결되어 다시 작업으로 되며 마지막 개인의 업무가 된다.

위에서 가장 상위의 범위를 프로그램으로 표현하고 가장 하위의 개념을 워크패키지로 표현한다.

제2절 | 프로젝트 모형

프로젝트 모형(Project Model)은 Gantt chart, PERT/CPM 및 Computer Model로 구분한다.

1 간트챠트(Gantt chart)

간트에 의해서 1919년에 고안되어 단순한 프로젝트의 계획에 사용되고 있다.

이는 주로 막대그래프로 형성되고, 그 작성 방법은 기호와 chart로 작성되고 있다.

이러한 작성은 주로 시간을 추정하기 위한 내용(간다한 프로젝트)에 활용되고 있다.

그 예를 들면 다음과 간다.

〈표 8-1〉 운동장 정지 작업 Plan

활 용	내 용	시 간	우선순위
(A) 계획	구조	20	
(B) 구입	목재, 모래	10	A
(C) 굴착	포크레인	20	B
(D) 조경	페인트, 식목	5	C

위의 작업 표를 이용하여 막대그래프를 작성하여 보면 다음과 같다.

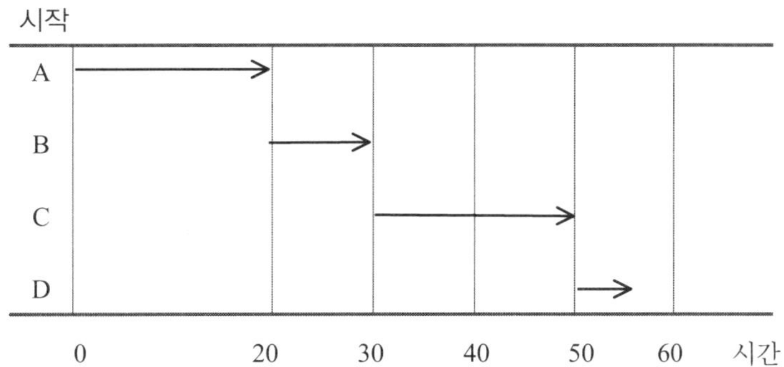

간트챠트는 단순하면서 이해하기가 쉽다. 위에서 총소요시간이 55시간이라는 것을 쉽게 알 수 있다.

 프로젝트 평가 및 검토 기법 (Project Evaluation & Review Technique : PERT)

1958년 미국 해군에서 미사일 개발을 하면서 고안한 것으로 시간과 비용을 고려한 프로젝트 기법이다.

1) 활동시간을 3등분하여 확률적 추정 모형을 작성하고,
2) 시간을 고려한 추정(PERT / Time)
3) 후에 비용 고려한 모형(PERT / Cost)으로,
4) Network 모형을 작성한 것이다.

 주공정 기법(Critical Path Method : CPM)

1957년 듀퐁사에 의해서 개발된 것이다.

1) 활동시간을 추정, 확정적 모형을 만들고,
2) 시간과 비용을 함께 고려한 모형이며,
3) Network 모형을 작성하여 계획을 수립한다.

위의 PERT/CPM은 비슷한 형태이다.

4 PERT/CPM 효과

프로젝트의 효과를 여러 방면으로 생각할 수 있지만 다음과 같이 나타낸다.

1) 문제점을 사전에 예측할 수 있다.
2) 호환성, 연관성이 명확하다.
3) 간결, 명료하게 의사소통 할 수 있다. (계획, 자원 비용)
4) 최저 계획안의 선택이 가능하여 여유시간을 가질 수 있다.

5 PERT/CPM 산정

Project의 최단시간과 주공정의 산정

프로젝트의 최단시간과 주공정을 산정함으로써 모든 프로젝트의 기본이 되기 때문에 이를 우선 산정하고자 한다.

프로젝트를 이해하기 위해서 몇 가지 숙지할 사항을 보면,

1) 활동을 ○으로 표시한다.
2) 활동과 활동의 연결은 →로 표시한다.
3) 활동을 Network로 표현한다.
4) 최단 거리와 주공정을 결정하고 여유시간을 함께 산정한다.

예 다음의 활동이 있다. 이것을 이용하여 프로젝트를 작성하고 최단시간과 여유시간 및 주공정을 산정하여 보자.

〈표 8-2〉 프로젝트 활동표

활 동	시 간	우 선 활 동
A	2	
B	3	A
C	4	B
D	2	B
E	2	C
F	1	D

프로젝트 작성에서 가장 빠른 시간과 가장 늦은 시간 및 여유시간을 구하여 보기로 한다.

① 가장 빠른 시간(TE)

② 가장 늦은 시간(TL)

③ 여유시간(S)

위의 프로젝트에서 우선활동에 대한 네트워을 구성하여 보면 다음과 같다.

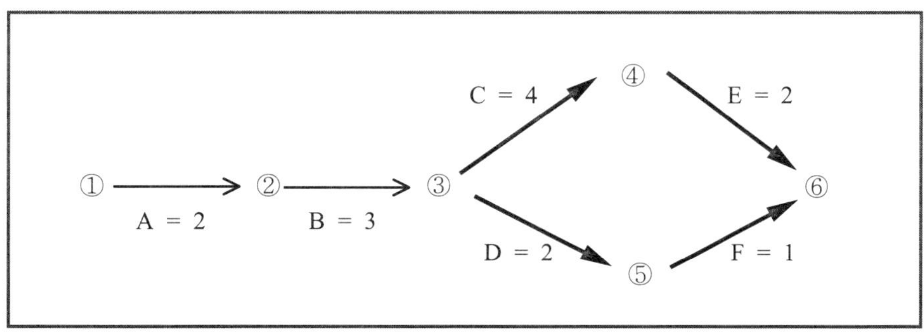

위 네트웍에 대해 문제의 해를 구하여 보자.

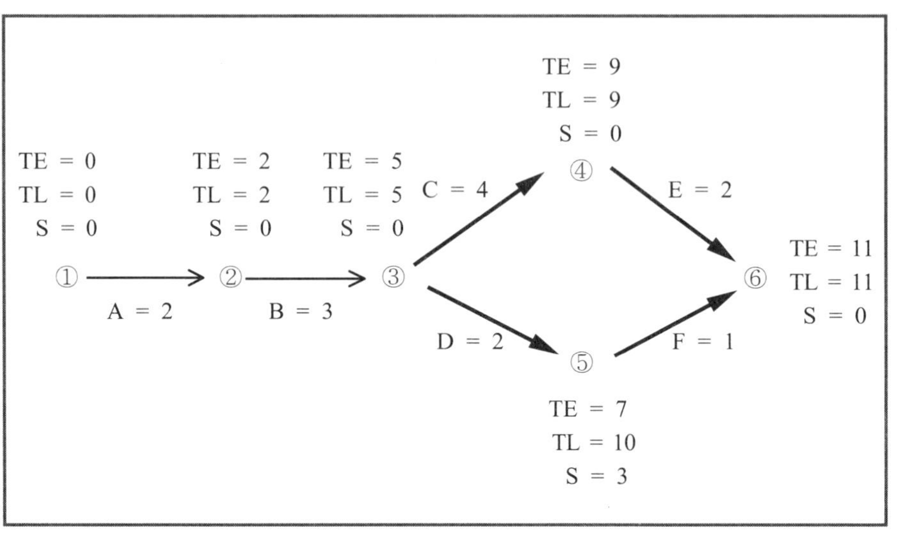

위 문제를 풀면
가장 빠른 시간(TE)은 앞에서 뒤로

① 2 +3 +4 +2 = 11

② 2 +3 +2 +1 = 8

가장 빠른 시간은 큰 숫자 선택을 하여 ①이 된다.
가장 늦은 시간(TL)은 뒤에서 앞으로 계산 한다

① 11 - 1 - 2 - 3 - 2 = 3

② 11 - 2 - 4 - 3- 2 = 2

가장 늦은 시간은 큰 숫자 선택을 하여 ①이 된다.
결론은 치단시간과 주공정을 구하고 여유시간을 얻을 수 있다.

- 최단완료시간(TE) : 11시간
- 주공정 : ① → ② → ③ → ④ → ⑥ (A → B → C → E)
- 여유시간(S)은 TL - TE에서 0이 되는 쪽이다.

제 9 장 생산계획

제1절 | 총괄생산 계획

제품을 예측하고 제품을 설계 한 후에는 당연히 공정에 들어간다. 공정을 설계하기 위해서 다음과 같은 내용을 이해해야 한다.

총괄계획은 제품모형의 구분 없이 기업의 총수요에 대하여 보통 1년 단위로 분기별 혹은 월별 생산을 계획하는데, 예측된 수요를 토대로 하여 생산량, 재고수준, 작업시간, 인력 등에 관하여 총괄적으로 계획을 세운다. 총괄계획이 세워지면 이를 기초로 하여 각 품목별 그리고 단기적으로 분해하여 구체적인 주생산계획을 세운다. 주생산계획의 목적은 월별 또는 주별 단위로 각 품목의 생산량과 생산시기를 정하는 것이다.

다음으로 자재소요계획은 완제품의 주생산계획을 기초로 하여 완제품 생산에 필요한 원자재나 부품의 종류, 주문량, 주문시기 등에 대하여 계획을 세운다. 그리고 일정계획은 대개 일일단위로 작업지시를 내리고 작업량과 작업순서 등을 계획한다.

지금까지 생산계획을 총괄계획, 주생산계획, 자재소요계획, 일정계획으로 나누어 계층별로 구분하면서 설명한다. 사실 일년 단위의 생산계획량은 중기계획으로서 본부에서 세우며, 분기별 계획은 공장장이 세울 것이다. 그리고 그 이하 단위의 계획은 작업현장에서 이루어진다. 실제 기업현장에서는 복잡한 용어를 사용하기보다는 분기별, 월간, 주간, 일일계획과 같이 기간별 이름을 사용하면서, 생산계획 기간에 따라 생산량과 생산

시기를 계획한다. 본장에서는 총괄계획과 주생산계획 및 일정계획을 자세히 설명하기로 한다.

 총괄계획

1) 총괄계획의 의의

총괄계획(aggregate production planning : APP)은 통상 1년 단위로 수요예측에 근거하여 어떤 제품을, 언제, 얼마나 생산할 것인가를 결정한다. 즉, 제품생산에 관련된 생산수준, 고용, 재고 등의 통제 가능한 변수를 조정하는 중기계획이다. 총괄계획에서는 전체수요에 대응하여 다른 기능부서와 사업전략과 활동에 관하여 의사결정을 내린다.

총괄계획은 상위의 수요예측 및 제품계획과 연관을 가지며, 또한 주생산계획의 기초가 된다. 그리고 능력계획과 밀접한 관계를 가진다. 능력계획에서는 수요예측에 근거한 계획생산량의 목표를 달성하기 위하여 생산능력의 수준을 결정한다.

여기에서 다루는 제품은 개별제품 단위가 아니라, 개별제품을 적절한 그룹으로 묶어 그룹제품을 기본단위로 생산계획을 세운다. 제품을 그룹으로 분리하는 기준은 성격이 다른 경우에는 별 분제가 없으나, 성질이 비슷한 경우에는 공통척도를 기준으로 분리한다. 예를 들어, 냉장고와 에어컨을 만드는 가전제품회사는 확연하게 구분되는 제품을 생산하므로 두 그룹으로 나누어 총괄계획을 세우면 된다. 그러나 신발제조회사에서 여러 종류의 제품을 만드는 경우에는 모두 합한 단일품목으로 간주하여 전체적으로 총괄계획을 세운다.

2) 총괄계획의 전략

총괄계획에서 가장 중요한 사항은 수요의 변동을 어떻게 흡수할 것인가이다. 이 계획의 목표는 수요와 공급을 일치시키는 데 있다. 사실 통제 불가능하게 변동하는 수요에 공급량을 정확하게 맞추는 것은 어려운 일이지만, 내부에서 통제 가능한 생산수준, 고용수준, 재고수준 등을 조정하여 나가면 될 것이다.

여기에서 총괄계획의 전략적 차원에서 수요변동에 대응할 수 있는 대안을 제시하는데, 이것은 다음과 같다.

① 고용수준 조정

③ 재고수준 조정

② 생산수준 조정

④ 납기 조정

고용 수준을 수요에 따라 조정하는 경우에는 인원을 증가시키거나 감소시킨다. 고용을 늘리는 경우에는 신규채용에 따르는 모집 비용뿐만이 아니라 각종 기술을 교육·훈련시키는 데에도 비용이 증가하며, 양질의 기능공을 확보하는 것도 쉽지는 않을 것이다. 한편 수요가 없어 해고를 하는 경우에는 퇴직금과 같은 해고비용이 발생하며, 또한 노사문제, 종업원의 불안 증대, 사기저하 등을 가져온다.

생산수준을 조정하는 경우, 수요가 증가할 때에는 잔업이나 하청을 실시한다. 그리고 장기적인 전망이 밝을 때에는 시설투자를 실시한다. 이에 따르는 각각의 추가비용이 발생하지만, 하청의 경우에는 품질과 일정을 관리하는 문제가 뒤따른다. 그리고 수요가 증가하는 경우에 대비하여 재고수준으로 대응하려면, 재고를 확보하면 되나, 여기서 유의할 점은 재고유지비(예를 들어, 창고보관비용, 재고감가상각비, 보험료, 이자비용 등)가 증가한다는 것이다. 그렇다고 해서 과소하게 재고수준을 유지한다면, 초과수요 때문에 납기를 지연시켜서 신용을 잃어버릴 위험이 있다.

이상에서 총괄계획의 전략을 고용, 생산, 재고, 납기 등의 네 가지 차원에서 생각해 보았다. 기업에서는 수요변동에 대처할 때에는 네 가지 중에서 한 가지만을 선택하는 것이 아니며, 실제로는 여러 대안을 혼합하여 선택한다. 다음에서는 이러한 기법에 대하여 설명한다.

3) 총괄계획의 방법

총괄수요에 대응하기 위하여 생산량과 시기를 정하는 총괄계획의 기법에는 다음과 같이 여러 가지가 있다.

(1) 도시법

(2) 수리적 방법

① 수송모형 (transportation model)

② 선형계획모형 (linear programming model)

③ 선형결정규칙모형 (liner decision rule model)

④ 목적계획법 (goal programming)

(3) 휴리스틱 계획모형 (heuristic programming model)

(4) 탐색결정기법 (search decision rule)

이러한 기법을 이용하여 총괄생산을 기술적으로 이용할 수 있다.

제2절 | 주생산 계획

1 주생산계획의 의의

지금까지 설명한 총괄계획은 제품의 성격을 광범위하게 정의하여서 생산능력과 비교하면서 생산수준을 결정하였다. 특히, 이 총괄계획은 제품을 그룹으로 나누어서 제품그룹을 총괄적으로 계획하였다. 총괄계획의 하위개념인 주생산계획(master production schedule : MPS)은 제품그룹을 해제하고 개별적인 제품의 생산시기와 수량을 계획한다. 그리고 주생산계획의 하위개념은 자재소요계획인데, 이것은 완제품에 필요한 부품의 소요량과 소요시기를 알려준다. 자재소요계획은 다음 장에서 다루기로 하며, 여기에서는 주생산계획에 대하여 설명하기로 한다.

 주생산계획의 수립

주생산계획은 보통 1주일단위로 개별최종품목의 일정을 계획한다. 예를 들어, 신발류를 제조하는 회사에 있어 품목을 운동화와 캐주얼화로 나눈다고 하자.

주생산계획을 세우는 데에는 몇 가지 유의할 점이 있다. 첫째, 주생산일정은 총괄계획과 일관성 있게 작성되어야 한다. 총괄계획에서 결정된 생산계획을 이해할 수 있도록 세워져야 한다. 둘째, 주생산계획은 최종완제품에 관한 계획이므로 완제품의 납기와 부품의 조달기간이 고려되어야 한다.

주생산계획에서는 고려할 사항이 많기 고려할 사항이 많기 때문에 생산방식에 따라 계획이 달라진다. 주문생산인 경우에는 생산계획을 미리 세울 수 없으며 주문을 받은 후에야 생산계획을 세울 수 있다. 계획생산에서는 제품이 많지 않고, 사양이 복잡하지 않은 경우에는 개별제품별로 주생산계획을 세운다. 그러나 자동차와 같이 복잡하게 부품을 조립하여야 하는 경우에는 최종제품에 대한 것보다는 엔진, 변속기 등과 같이 주요부품에 대하여 생산계획을 세운다. 승용차의 경우는 엔진의 크기, 에어컨의 유무, 변속기의 자동식 여부 등으로 옵션이 다양하므로, 완제품에 대한 주일정계획은 무리가 따르기 때문이다.

사실, 기업에서 주생산계획을 세우는데 다음과 같은 많은 애로점을 가지고 있다. 구매부서는 공급자가 이달의 기일에 확실하게 맞추어서 선적할 것인지를 확인하지 못하며, 그리고 조달기간 때문에 생산부서의 정확한 일정을 미리 요구한다. 생산부서는 주별로 스케줄을 잡아 놓았으나, 여러 제품에 대하여 기일을 지키지 못하고 있으며, 수 주일이 지나도록 재 스케줄을 못 잡고 있는 경우도 있다. 고객의 제품수요는 매일 일어나지만, 리드타임 때문에 고객수요의 충족은 며칠 후에나 이루어진다. 어느 고객으로부터 한달 후에, 예컨대 500단위의 구매 약속을 받아 놓았지만,

제품이 인도되기 전까지는 확실치 않다. 완성된 제품을 충분히 재고로 보유하고 있어야 고객의 납기에 맞추어서 선적할 수 있다. 이러한 여러 문제를 해결하기 위해서 주생산계획은 제품에 대한 필요한 정보나 시의적절하고 일관성있는 양식의 보고서를 가지고 있어야 한다.

주생산계획은 효과적인 종합 스케줄이어야 한다. 이 시스템은 좋은 고객 서비스를 위하여 고객을 신속·정확하게 다루는 데 필요한 정보를 내포하고 있어야 한다.

이와 같이 MPS는 한눈으로 미래를 보면서 고객에게 효과적인 서비스를 제공할 수 있으며, 그리고 다음 장에서 설명할 MRP(자재소요계획)시스템의 계획과 조달부문을 더욱 세밀하게 운영할 수 있게 해 준다. 요컨대, MPS는 효과적인 재고관리와 고객만족을 성취하도록 생산계획을 운영하게 해 준다.

제3절 | 생산의 적정관리

1 일정계획(scheduling)의 정의

자원을 작업 활동이나 고객에게 시간에 따라 배분하는 것이다. 이는 곧 수요나 자문의 시간적, 수량적 요건을 만족시킬 수 있도록 생산시스템의 능력을 조사해 나가는 계획기능을 의미한다.

의사결정의 단계로 볼 때 일정계획은 실제적인 결과물(output)이 생산되기 전의 마지막 단계이다. 이러한 일련의 과정은 궁극적으로는 생산능력계획(capacity planning)으로부터 시작된다. 생산능력계획에서는 설비시설의 규모와 장비의 구입에 대한 전략적인 결정들이 이루어지며, 총괄계획에서는 생산능력계획의 제약 하에서 시설, 인력, 하청 등에 관한 결정들이 이루어지고 특정작업의 할당이나 작업순서에 관한 결정은 단기결정으로서 일정계획의 내용이 된다. 그리고 일정계획으로 가용능력이나 설비, 작업자, 시간 등의 자원들을 작업이나 활동, 또는 고객에게 배분하게 된다.

일정계획의 목적은 가용능력을 조직의 목표에 적합하고 효과적으로 달성하도록 사용하고자 하는 것이며, 총괄계획의 목적은 일정계획을 위해서 확보해야 할 자원을 결정하는 것이다.

이렇게 구축된 일정계획은 작업인원, 설비, 시설의 효율적인 활용도를 높일 수 있어야 하며, 고객대기시간, 재고, 처리시간을 극소화시킬 수 있어야 한다.

2 생산시스템 형태에 따른 일정계획

일정계획은 작업장(work center)에 작업을 할당하고 운영되는 순서를 결정한다. 그러므로 생산시스템의 형태에 따라 일정계획의 문제도 조금씩 다른 양상을 보인다. 연속적 생산시스템의 경우, 즉 대량생산 시스템의 경우에는 조립공정 균형(line balancing)이 중심적인 문제이고 이를 위한 통제 시스템을 흐름시스템(flow system)이라 한다.

하지만 소량생산 시스템이나 단속적인 생산시스템(job-shop system)같은 경우에는 주문의 부하(負荷)나 순서에 관심을 둔다. 이러한 것에는 문제점을 지적할 수 있다.

첫째, 연속적 생산시스템(대량생산 시스템)

조립공정 균형이 중점적인 문제이며, 이를 위한 통제 시스템을 흐름시스템이라 한다.

둘째, 단속적 생산시스템(소량생산 시스템)

주문의 부하나 순서에 관심을 둔다.

1) 대량생산 시스템에서의 일정계획

대량생산 시스템은 설비와 활동을 표준화시키는 특성을 가지고 있다. 표준화 제품이 대량으로 생산되는 계획생산에서는 작업의 순서가 고정되어 있고 반복적이므로 자재와 부품의 준비가 꼭 필요하다. 예를 들어 자동차, 타자기, 라디오, TV. 스테레오 설비, 장난감, 응용기기, 그리고 생명보험처럼 표준화 된 서비스 등이 포함된다.

각 작업이 하나의 작업자에서 다른 작업장으로 행해진 경로에 따라 흐르는 반복적인 성격을 가지기 때문에 작업의 부하나 순서는 시스템 설계단계에서 고려된다.

흐름시스템의 설계에서 중요한 것은 작업 단계별로 요구되는 작업을 할당하는 데에 연관되는 조립공정의 균형으로, 기술적이며 순차적인 제한에 수긍하고 단기간 동일한 작업시간을 배분하는데 사용된다. 잘 설계된 균형된 시스템은 생산품의 가장 높은 생산율 뿐 아니라 설비와 인력의 활용도를 최대화하기 때문이다. 또한 흐름시스템의 설계자는 노동의 전문화로 인한 작업자들에게 잠재될 수도 있는 불안에 대해 고려해야만 한다. 작업을 지나치게 세분화하여 할당을 하다 보면 생산성 향상은 잠시뿐이고 오히려 단순 노동에 대한 불만을 가지게 되어 문제가 생기기 때문이다.

예를 들어 자동차 회사를 보자. 자동차에는 2-Door, 4-Door 등의 모델이 있고 같은 모델에서도 에어컨이나 에어백, 파워핸들 같은 선택사양에 따라 조립과정이 달라진다. 즉, 모형에 따라 자재와 부품 등 투입물과 작업조건이 달라진다. 그러므로 이런 생산라인이 원활하게 흐르도록 하기 위해서는 투입물, 공정과정, 생산품은 물론, 구매의 일정계획이 필요하다. 흐름시스템의 문제는 시스템의 중단으로 인한 생산 활동의 지연이다. 시스템의 중단은 기계의 고장, 자재의 부족, 작업자의 사고나 결근 등에 의해 발생하는데 흐름시스템은 일정 속도로 움직이도록 고안되었으므로 이러한 불상사로 인한 차이는 생산속도를 저하시킨다. 따라서 이러한 경우는 잔업이나 하청의 방법으로 대처해야 한다.

2) 일괄생산 시스템에서의 일정계획

일괄생산 시스템의 생산품은 대량생산 시스템의 표준화된 형태와 주문생산 시스템의 생산품 사이에 존재하는 형태이다. 대량생산시스템 같은 일괄생산 시스템은 표준형의 생산품을 전형적으로 생산하지만 한 제품만을 계속 생산하기에는 부족한 형태이다.

만일 동일한 생산라인에서 여러 가지 상이한 모형들을 생산하게 되면 각 생산품의 변경에 따라 라인변경이 수반되는데 이런 라인변경의 일정계획 문제는 경제적 롯트(lot)크기와 제품의 생산순서를 결정짓게 한다. 여기서 경제적 롯트(lot)크기의 결정은 준비비와 재고유지비 사이의 균형에 의해 얻어지는데 그 크기가 너무 크거나 작으면 많은 비용을 소모하게 된다.

경제적인 롯트(lot)크기를 구하는 공식은 다음과 같다.

- S : 1회 준비비
- D : 연간 총수요량
- P : 일일 생산률
- μ : 일일 사용율
- H : 연간 단위재고 유지비

$$Q = \sqrt{\frac{2DS}{H} \cdot \frac{P}{P-D}}$$

일괄생산 시스템에서의 일정계획에 많이 쓰이는 기법으로는 재고소진기간을 이용하는 방법을 들 수 있다. 재고소진기간은 현재의 재고가 완전히 소진될 때까지의 기간을 의미하며 아래와 같은 식으로 정의된다. 재고소진기간을 이용하여 일정계획을 수립하기 위해서는 생산준비기간 또는 생산준비비용을 기초로 한 각 품목의 경제적 생산량 및 이에 소요되는 생산기간을 계산해야 한다. 일단 이렇게 경제적 롯트(lot)크기를 구하고 나면 다음에는 라인에서 생산할 각 제품의 순서를 결정해야 하는데, 순서의 결정은 재고소진기간(Run Out Time : ROT)을 계산하는 데 만일 어떤 특정 제품의 재고가 미래수요에 비하여 상대적으로 낮으면, 그 제품은 상대적으로 높은 제품보다 먼저 생산되어야 한다.

• 재고소진기간(Rot : Run out Time) $= \dfrac{\text{생산가능량 + 현재재고}}{\text{수요율}}$

$= \dfrac{\text{제품 a의 현재재고}}{\text{제품 a의 단위기간당 수요량}}$

3) 단속생산에서의 일정계획

단속생산시스템의 일정계획은 앞에서 설명한 두 가지 유형보다 더 복잡해진다. 왜냐하면 단속생산시스템은 다음에 제시한 특성을 지니고 있기 때문이다.

① 서로 다른 흐름의 형태를 갖는 상이한 물품들을 주문 생산한다. 따라서 모든 제품은 생산요구나 사용자재, 생산기간들에 있어 각기 다른 양상을 보이게 된다.

② 사용되는 장비는 여러 가지 주문에 부합하는 범용기기이다.

③ 상이한 주문들이 제각각의 우선순위에 의해 생산된다.

④ 작업주문을 받기 전에 일정계획의 작성이 불가능하다.

이와 같은 특성을 지니고 있으므로 이 시스템의 일정계획은 다음과 같은 내용으로 이루어져야 한다.

① 특정 작업장의 작업을 할당하는 부하(loading)

② 할당된 모든 작업의 우선순위 결정

③ 조건의 번호가 있을 때 우선순위의 수정

④ 작업의 진행관리

 3 생산의 작업 부하

주문계획에 따라 작업이 나누어지고 작업장에 할당된다. 어느 작업장에 어떤 작업을 할당한 것인가를 결정한 과정을 부하라고 하는데, 대개 수행해야 할 작업이 많고, 수행할 수 있는 작업장이 많을 때 흔히 문제가 발생한다. 예를 들어 보자, 두 개 이상의 작업장에서 동일한 작업을 수행할 때 작업장의 선정에 문제가 발생하는데, 이런 작업장의 선정은 생산 및 준비비, 작업자의 기능, 경쟁하는 서로 다른 작업 등에 의존한다. 부하기법의 예로 간트도표(Gantt chart)와 할당법(Assignment), 선형계획법(Linear programming) 등이 있다.

1) 간트챠트(Gantt chart)

간트챠트는 부하와 일정계획에 관련된 다양한 목적들을 도식화한 것이다. 간트도표는 여러 가지 다른 방법으로 사용될 수 있다. 간트도표는 일반적으로 가로는 시간축을 세로는 작업장이나 계획된 자원을 나타내어 시간표에서 자원의 사용에 대해 조직하고 규명하는 것을 목적으로 한다.

2) 할당법(Assignment Problem)

이 모형은 선형계획문제의 특수한 형태로써 기업에서 의사결정을 할 때 발생하는 문제 중의 하나이다. 예를 들어 작업을 기계나 작업장에 할당한다든지, 판매요원을 지역별로 할당 한다든지의 경우에 속한다. 이 모형의 특징은 하나의 작업은 하나의 기계나 작업장에 할당된다는 것이다. 이 할당문제를 푸는 방법에는 헝가리의 수학자 D. Konig에 의해 고안된 헝가리안 방법(Hungarian Method)이 주로 쓰인다.

헝가리안 방법에 대해 설명하면 다음과 같다.

① 행과 열의 개수가 같도록 조정한다.
각 행에서 그 행의 최소값을 찾는다.
각 행에서 0이 적어도 1개 이상 나오도록 한다.

② 각 열에서 그 열의 최소값을 빼서 각 열에 0이 적어도 1개 이상 나오도록 한다.

③ 이 상태에서 최적의 할당이 가능한지를 테스트한다. 이를 위해 수직이나 수평을 그어 모든 0이 지워지도록 하는데 가장 적은 수의 직선으로 모든 0을 지우는 방법을 선택한다.

④ 만일 직선의 수가 행렬의 수와 같지 않다면 남은 행과 열의 요소

중에서 가장 적은 수를 빼고, 그 값을 교차점이 있는 수에 더한다.

⑤ 최적 상태가 되도록 ㉠~㉣을 반복한다.

⑥ 할당한다.

위와 같은 순서를 거쳐 할당이 된다.

3) 작업순서

작업순서는 각 작업장에서 처리할 작업의 우선순위를 말한다. 앞서 제시한 부하(loading)는 특정작업을 처리할 기계나 작업장을 결정할 뿐 작업처리 순서를 결정하지는 않는다. 그러므로 작업처리의 순서를 결정하는데 있어서 적절한 규칙이 요구된다. 작업순서를 결정하기 위한 우선순위 규칙은 주문생산업체에서 주로 사용하는 것으로서 작업의 순위를 결정하여 다음에 수행할 작업을 미리 결정하여 놓는 것이다.

다음은 우선순위 규칙을 이용한 작업순서의 여러 형태를 제시한 것이다.

① First Come, First Service(FCFS) : 순서대로 작업이 처리 된다.

② Shortest Processing Time(SPT) : 가장 빠른 처리시간을 가진 작업의 순서

③ Earliest Due Date(DD) : 납기순서가 가장 빠른 것부터 처리

④ Slack per Operation(S/O) : 작업의 여유시간

이상과 같이 작업순서를 결정하였다면 이를 평가할 기준이 요구되는데 다음과 같다.

① **총 완료시간** : 모든 작업이 완료되는 시간을 말하며 짧을수록 좋다.

② **평균작업완료시간** : 짧을수록 좋다

- 평균지연시간 $= \dfrac{\text{지연일수의 합}}{\text{전체작업수}}$

③ **평균작업수** : 작업장 내에 있는 작업의 수가 많을수록 효율성이 저하되므로 적을수록 좋다.

④ **평균지연시간** : 지연시간은 적을수록 좋다.

$$\text{평균완료시간} = \frac{\text{흐름시간의 합}}{\text{전체작업수}}$$

⑤ **유휴시간** : 유휴시간과 일정계획이 잘못되어 쉬게 되는 시간을 의미한다. 즉, 의도하지 않은 낭비시간을 의미한다. 기계나 작업장, 작업자의 유휴시간은 짧을수록 좋다.

4) 존슨의 규칙(Johnson' s rule)

n개의 작업장이 일정한 순서로 2개의 작업장을 통과하면서 처리될 때에는 존슨(Jhonson)의 규칙이 사용되어 완료시간에 적합한 최적 해를 알아낼 수 있으며, 이 기법은 모든 작업이 두 개의 작업장을 같은 순서로 통과할 때 각 작업장에서의 유휴시간(idle time)을 최소로 한다.

여기에는 몇 가지 가정이 필요하다.

(1) 각 작업장에서 작업시간은 일정한다.

(2) 작업시간은 작업순서에 영향을 받지 않는다.

(3) 모든 작업은 일정한 순서로 작업장을 통과한다.

(4) 모든 작업의 중요도는 같다.

존슨의 규칙을 보면 다음과 같다.

(1) 각 작업장이 작업장에서 필요로 하는 시간을 나열한다.

(2) 가장 짧은 시간을 갖는 작업을 한다.
만일 이 작업이 작업장 (1)에 속하는 것이라면 앞뒤순서에 위치시키고 작업장 (2)의 작업이라면 뒤에 자리 잡는다.

(3) 일단 작업순서가 결정된 것은 더 이상 고려하지 않는다.

(4) 작업이 완료될 때까지 (2)와 (3)을 반복한다

제10장

생산통제

제1절 | 생산통제

1 생산통제의 개념

1) 생산통제의 필요성

생산통제의 의의는 생산계획의 기준에 의한 생산통제와 생산계획 자체의 검토에 있다. 이 기능은 생산활동의 개시를 지시함으로써 수행된다. 생산통제가 추구하는 목적은 계획기준과 그 실행결과를 비교 검토함으로써, 계획의 실행에서 예상되는 비효율성을 평가하여 생산활동의 합리성을 추구하는 데 있다.

생산계획은 정해진 대로 작업이 진행되면 문제가 없으나, 실제로는 다음과 같은 여러 가지 이유에 의해 차이가 생긴다. 이와 같은 현상은 주문생산 및 소량생산의 공장에서 흔히 볼 수 있다. 그러므로 일상관리에서는 작업을 통제하여 차이의 정도를 작게 하고 되도록 예정대로 생산을 행하도록 노력하여야 한다.

① 계획자체의 부정확
② 사고의 발생 … 결근 및 불량 등
③ 전단계에서의 지연
④ 계획(납기)과 설계의 변경
⑤ 수주의 추가

2) 생산통제의 기능

생산통제의 기능은 생산계획의 기능에 대응되는 아래의 내용이 고려된다.

생산통제의 기능은 생산계획에 따라 제조명령이 발령되면 각 부문이 계획대로 생산을 달성하기 위해 생산활동을 시작하게 한다. 제조명령을 실제 생산으로 옮기기 위해서는 첫째, 작업분배(Dispatching)를 행해야 한다. 다음으로 설계변경, 부품납입 지연, 부품정도(部品精度) 불량, 생산계획의 미스, 납기변경 등 생산공정의 장애를 극복하고 제품을 납기 내에 생산하여야 한다. 그리고 생산활동은 물(物)의 흐름, 인간의 움직임이라는 두 가지 측면이 고려되어야 한다.

절차(순서)계획 —	절차관리(작업지도)
공수계획 ————	여력관리(공수관리)
일정계획 ————	진도관리(일정관리)

(1) 물의 흐름 통제

물(物)의 흐름이란 작업의 경과를 뜻하지만 이것을 동적인 측면에서 보면 진도(진행상태)가 되며, 정적인 측면에서 보면 현품의 소재와 수량이 된다. 이것을 관리 기능면에서 보면 전자는 진도관리, 후자는 현품관리인 것이다.

(2) 인간의 움직임 통제

인간의 통제는 양적 및 질적 측면으로 구분된다. 여기서 인간이란 생산주체를 뜻하고 생산수단으로서의 기계설비도 포함된다. 단순한 인수(人數)라든가 기계 대수로 보는 것이 아니고 생산대상인 물(物)에 대비하여 측정하는 것이다. 생산능력으로서의 인간, 기계와 부하로서 대비하고 양자의 양적인 밸런스 상황을 검토하는 것이 통제의 핵심이 된다. 이것은 관리의 기능에서 보면 여력관리라고 할 수 있다. 인간의 능력에 대한 질적 측면은 절차관리로 통제된다.

 작업분배

1) 작업분배의 의의 및 기능

작업분배는 공정표 및 일정계획표에 지시되어 있는 납기와 순서에 따라 지시함으로써 생산활동을 개시시키는 것이며, 소일정계획에 대한 구체적 행동의 표현인 것이다. 작업분배란 실제로 일을 사람이나 기계에 할당하는 것이다. 절차계획에서 결정된 공정절차표와 일정계획에서 수립된 일정표에 따라서 실제의 활동을 착수하도록 하는 것이 작업분배의 역할이다.

작업분배의 주된 기능에는 작업의 준비와 할당이란 두 기능이 있다. 작업의 준비란 작업에 필요한 자재·부품·치공구·도면 등을 작업착수 시기까지 모두 갖출 수 있도록 사전에 점검하여 준비해 두고, 작업자가 작업의 착수에 있어서 작업자 스스로가 전공정에 독촉을 한다든가, 치공구의 수배 등에 필요 없는 시간을 낭비하지 않도록 하는 것이다. 또한 작업할당이란 개개 작업자나 기계에 작업을 할당하는 업무를 말하며, 납기와 작업능률 향상을 고려하여 적절한 작업할당을 행해야 한다.

2) 작업분배의 방법

작업분배의 방법에는 분산식과 집중식의 두가지 종류가 있다. 분산식 작업분배 방식은 다종 수주생산과 같이 중앙에서 공정이나 기계의 여력 및 진보상황을 파악하기 곤란한 경우에 사용된다. 이 방법은 작업지시서나 기타 장부류를 적어도 예정착수일 이전에 작업진행계나 작업조장에게 주어서 그들의 책임하에 작업을 진행시킨다. 물론 각종 변동사항이나 예측하지 못한 사고가 발생했을 경우에는 중앙의 작업진행계에 연락하여 조치를 취해야 한다.

이에 비하여 집중식 작업분배 방식은 기계의 여력과 부하 그리고 작업상황을 중앙에서 충분히 파악하고 있을 경우에 사용되는 방법이다. 집중식 작업분배 방식은 작업분배가 중앙의 작업진행계에서 행해지므로 현장의 작업조장은 단지 지시대로 작업을 진행시키면 된다. 그러나 명확한 이유가 있을 경우에는 그 지시를 파악하고 재작업지시를 요구할 수도 있다.[1)]

〈표 10-1〉 분산식과 집중식 작업분배 방식

분산식 작업분배	집중식 작업분배
• 현장에서의 비능률을 어느 정도 방지할 수 있다.	• 통제를 강화할 수 있다.
• 보고나 통지의 중복을 피할 수 있고 통제가 용이하므로 경제적이다.	• 일정계획 등의 변경을 할 수 있으므로 탄력성이 있다.
• 작업진행계원이 많이 걷게 된다.	• 진행상황을 총괄적으로 파악할 수 있다.

또한 작업분배의 구체적 방법으로 작업분배판이 사용된다. 이것은 작업자별, 공정별(기계별)로 3단의 Box를 제작하여 사용한다. 작업전표를 상단에는 「현재작업 중인 것」, 중단에는 「다음 작업하는 것」, 하단에는 「준비중의 것」에 넣는다. 작업분배판은 현재의 작업상황이나 대기 작업량을 쉽게 알 수 있게 하므로 작업의 준비나 할당을 능률적으로 행할 수 있다.

3) 작업분배를 위한 주요 인가서

공정관리 체계의 필수요소는 작업수행상 소요되는 인원 및 자재의 사용을 인가하는 문서이다. 그리고 작업분배의 첫 임무는 일정계획에 따른 작업개시를 지시하는 것이며, 여기에는 여러 가지 종류의 인가서가 필요하게 된다. 그 종류와 수량은 작업의 양식, 공정, 관리방식 또는 경영상의 특수사정에 따라 상이하며 일반적으로 다음과 같은 것이 필요하다.

(1) 작업지시에 관한 것

작업지시서라고 불리우는 작업지시 양식이 있다. 이는 작업자에게 가공내용, 수량 및 납기 등을 지시함과 동시에 작업에 대한 실제기록도 표시

1) 박대경, "생산계획(Ⅱ)", 「생산관리사 과정」, 한국생산성본부

한다. 이 지시서는 작업분배 기능의 중심이 된다.

(2) 작업시간에 관한 것

공정별로 표준시간을 지정할 필요가 있다. 표준시간표는 지시발행 담당계에서 보관하고 작업자에게는 작업지시서에 기입하여 지시한다.

(3) 작업방법에 관한 것

도면, 공작도면, 특수 사양서, 기술표준 및 작업지도표 등은 작업을 진행하기 위한 기준서류이다. 이와 같은 서류는 제조지시서와 함께 작업자에게 넘겨 준다. 개개의 제조번호가 널리 일반적으로 사용되는 표준서류는 미리 현장에 배포한다. 작업지시서에 관계 표준서류의 번호만을 지시하는 방법이 널리 사용되고 있다.

(4) 자재에 관한 것

여기에는 자재청구서와 자재불출서가 있다. 자재청구서는 현장에서 창고계에 대하여 자재청구 수속을 행할 때 필요한 것이다. 그러나 현장에서 자재청구를 하지 않고, 소일정계획 또는 중일정계획에서 지시된 납기에

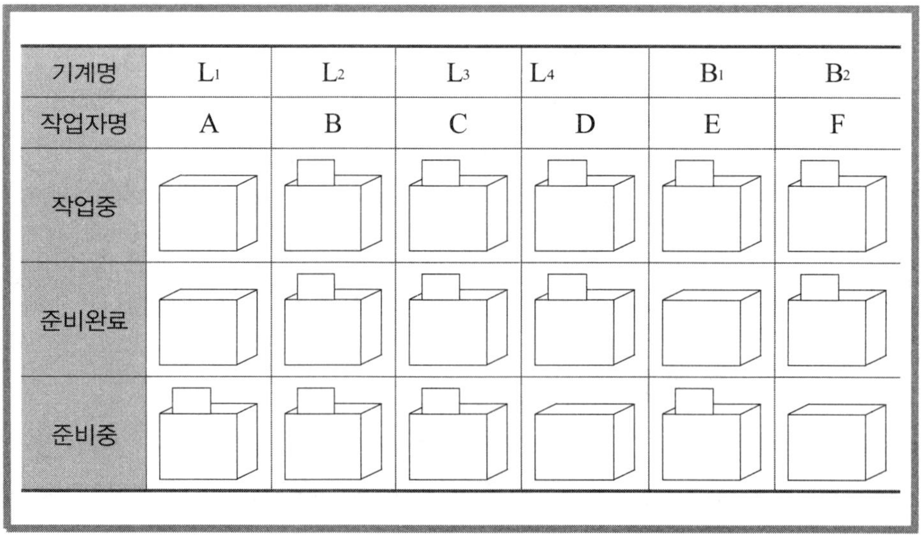

기계명	L_1	L_2	L_3	L_4	B_1	B_2
작업자명	A	B	C	D	E	F
작업중						
준비완료						
준비중						

[그림 10-1] 작업분배판

따라 자동적으로 자재가 현장으로 불출되는 제도를 가지고 있는 곳에서는 자재불출서가 사용된다.

(5) 공정관리에 관한 것

공정관리에 관한 것에는 진도관리표, 현품표 및 검사표 등이 있다. 진도관리표는 공정관리 담당부문이 진도통제를 하기 위하여 미리 주요 관리점을 지정한 작업공정의 작업완료를 보고하기 위한 양식이다. 현품표는 이동표라고도 불리우며 자재가 출고된 후에 항상 현품에 붙어서 각 공정을 경유하며 현품의 실태를 기록하는 것이다.

검사표란 검사부분에 대한 검사의뢰표이며, 여기에는 검사착수와 완료기간이 기재되고 그 결과는 대상부문에 보고된다. 이때 검사결과란 단순히 제품의 합격, 불합격에 대한 보고뿐만 아니라 불합격에 대한 조치에 대해서도 보고를 한다.

 진도관리

1) 진도관리의 의의

진도관리는 진척관리·작업촉진 등으로 불리기도 한다. 진도관리란 수립된 생산일정계획에 따라 작업장별로 작업을 지시하고 정기적으로 생산실적을 수집하여 진도를 파악하며, 이를 해당부서에 통보·조치토록 함으로써 전공장이 일정계획을 지향하도록 관리하는 과정을 말한다. 진도란 무엇인가? 다음의 두 가지 의미를 나타낸다.

- 어디까지 진행되었는가(과정적 진도)
- 얼마나 되었는가(수량적 진도)

진도의 의미는 생산형태에 따라서 달라진다. 즉 개발생산의 경우에는 어느 공정까지 진행되었는가를 의미하는 공정의 진도에 기준을 둔다. 연속생산과 로트생산에서는 몇 개를 생산하였는가의 생산수량을 기준으로 한다. 진도관리는 생산통제 중에서 가장 중요한 기능이다. 그 목적은 납기확보와 생산속도의 향상에 있으며, 진도관리의 업무는 다음의 5단계로 진행된다.

① 진도조사
② 진척판정
③ 지연원인의 조사
④ 지연대책의 결정
⑤ 감독

2) 진도통제의 방식

(1) 간트 차트(Gantt Chart)

미국의 간트(H.L. Gantt)에 의해서 고안된 일정관리용의 도표이다. 간트 차트는 Bar Chart라고도 하며 막대의 길이로 시간의 장단(長短)을 표시한다. 이것은 시간의 차원에서 생산할 양을 작업별·작업자(부서)별·기계별 등의 여러 관점에서 작업의 순위와 할당결과를 계획과 실적을 대비하여 통제할 수 있게 한 기법이다.

① **간트 차트의 장·단점**

(장점)

- 작업의 계획과 실적을 쉽게 지속적으로 파악할 수 있다.
- 작업의 지체 요인을 규명함으로써 다음 작업의 일정을 쉽게 조정한다.
- 실적(성과)을 상호 비교하여 객관적인 평가를 도출한다.
- 관련된 자료를 포괄적으로 유지할 수 있다.

(단점)

- 변동이 생길 때마다 도표를 새롭게 유지하는 데에 인력과 노력이 필요하다.
- 계획 및 여건의 변동 처리에 신축성이 부족하다.
- 일정계획에 대한 확률적 분석이 불가능하다.
- 작업간의 상호관련성을 효율적으로 나타낼 수가 없다.

② **간트 차트의 종류** : 간트 차트는 그 사용용도에 따라 다음과 같은 종

류로 구분된다.

- 기계기록도표(Machine Record Chart) : 작업기계별로 특정기간 동안에 얼마의 계획량을 어느 정도 달성했는가를 나타내는 도표이다.
- 작업자기록도표(Man Record Chart) : 개별 작업자의 작업상황을 나타내는 도표이다.
- 작업할당도표(Layout Chart) : 어떤 특정지점에서 각 작업의 할당 현상을 나타내는 도표이다.
- 기계부하도표(Load Chart) : 기계별로 현 보유능력에 대하여 어느 정도의 작업량이 부하되어 있는가를 나타내는 도표이다.
- 작업진도도표(Progress Chart) : 작업공정별 혹은 제품별로 계획된 작업이 실제로 어떻게 진척되고 있는가를 나타내는 도표이다.

(2) 컴업 시스템(Come-up System)

개별생산형태의 진도통제에 사용되며 전표를 넣을 수 있는 진도상자가 사용된다. 1공정에 1매의 전표를 작성하여 완료예정일을 기입하고 완료예정일의 순서로 정리하여 진도상자에 보관한다. 담당자는 매일 진도상자를 조사하여 납기가 지난 전표를 빼내어서 독촉하고 조치를 취하는 방법이다. 이 방법은 제품수가 많고 공정의 길이가 일정하지 않을 경우에는 매우 편리하다.

4 여력관리

여력관리란 인원 및 기계의 능력과 작업량을 조사하여 대기방지와 진도(進度)의 적정화를 꾀하는 일이다. 공수계획(생산계획)에서는 일단 균형을 유지하고 있어도 매일의 작업에서는 재료지연, 예정변경, 결근, 기계고장 등의 사고가 발생할 수 있다. 따라서 다소의 능력 과부족이 생기게 된다. 이에 대해서 정기적으로 여력(餘力)을 조사하여 작업분배를 변경하든지, 인원을 이동시킨다든지 등의 조정 방안을 강구하지 않으면 안 된다.

부하나 능력 간에 과부족이 발생하였을 때에는 이를 조정하여야 한다.

이때는 단기적 응급조치를 취하고, 인원과 설비배치 등은 변화시키지 않으며 조정을 한다. 조정의 방향은 다음과 같다.

① 부하 과잉(능력부족)시

- 잔업
- 타부서에 지원 및 협조 요청
- 임시 작업자의 활용
- 외주
- 계획변경

② 부하 부족(능력과잉)시

- 다음 달의 계획을 실시하도록 계획 변경
- 간접작업의 실시

 5 현품관리

현품관리란 각 공정을 흐르고 있는 자재·부품·반제품 등의 소재와 수량을 파악하는 일이다. 즉 자재·부품·반제품 등이 어디에, 얼마나 있는가를 확실하게 파악하는 것이다. 현품관리의 필요성은 다음과 같다. 첫째, 수량을 정확하게 파악하여 진도관리의 기초로 삼는다. 둘째, 현품의 분실파손을 방지할 수 있다. 셋째, 효율적인 현품관리를 통하여 재공품의 운반·정리에 대한 작업량을 경감시킨다. 현품관리를 효과적으로 하기 위한 조치는 다음과 같다.

① 기록보고의 확실한 실시 : 전표가 없이 현품을 함부로 이동시키거나 불량, 분실, 유용 등을 방치하는 일이 없도록 한다.

② 보관방법의 확실화 : 현장의 재공품은 일정한 장소에서 가능한 한 용기에 넣어서 책임을 지고 보관한다. 그리고 이동이 잦은 현품은 대장 등에 보관기록을 시킨다.

③ 인수인계 방법의 확실화 : 현장간(공정간)의 인수인계를 확실하게 하기 위하여 일정한 수속을 정하고, 이동표 또는 전표에 수량을 기록한 후 수령인을 받게 한다.

④ 기구의 정비와 표준화 : 용기 및 적치장(積置場)을 정비하여 관리가 용이하고 정확하게 되도록 한다. 또한 운반 및 보관의 편리를 위하여 형식을 표준화시킨다.

6 실적자료관리

1) 자료관리의 목적

자료관리란 각종의 작업전표·작업일보 등에 의하여 매일의 생산실적을 수집하여 자료로 보고하는 것이다. 여기서 자료란 생산실적에 관한 자료를 뜻한다. 생산실적의 자료가 관계 각 부서에 신속 정확하게 제공됨으로써 각 부서는 정확하게 활동한다. 그리고 이러한 종류의 자료는 각 부문별로 작성하는 것보다 이것을 일원화하여 집중 처리하는 것이 합리적이다.

따라서 원시자료의 양식이나 통계처리의 방법을 통일할 필요가 있다. 또한 자료가 보고되는 사무제도, 즉 보고제도의 확립은 생산관리상 중요한 의미를 가진다. 일반적으로 자료관리는 다음과 같은 목적에 사용된다.

① 관리자에게 실정을 보고한다(관리업무의 자료).

② 생산성(능률)을 판정함과 동시에 생산계획의 자료로 활용한다.

③ 현장관리자는 보고자료를 작성하면서 스스로의 관리업무에 참고자료로 삼는다.

④ 생산부문 이외의 다른 부문에 필요한 자료를 제공한다.

- 경리부문 : 원가계산 자료
- 자재부문 : 자재관리 자료
- 판매부문 : 판매관리 자료
- 업무부문 : 자금계산 자료

2) 자료의 수집방법

자료 중에서 공정관리상 중요한 것은 생산수량과 작업시간이며, 그 수집방법은 다음과 같다.

① 작업전표에 직접 기입시키는 방법

② 작업일보(일지)에 기입시키는 방법

③ 기록장치에 의한 기록방법

3) 자료의 보고방식

자료의 보고방식은 각 자료의 성질이나 이용목적에 따라서 다르다. 일반적인 구분에서는 시간적 측면에서 일보, 순보, 월보 등으로 구분한다. 세부적인 생산활동에 관한 데이터는 일보에 기록되지 않으면 안 된다. 자료의 범위는 개별적인 것에서부터 총괄적인 것(개인별 조별 공장전체라든가, 공정별・부품별・제품별・Order별)으로 정리된다.

자료 이용자의 측면에서 보면 감독자는 주로 단기적 세부적인 자료를 이용하고, 관리자 계층은 장기적 총괄적인 것을 이용한다. 따라서 자료의 양식도 이용자와 목적에 따라서 형식이나 내용이 바뀌어져야 한다.

제2절 | 작업측정 및 표준설정

1 작업측정

1) 작업측정의 의의

생산공정이 시작되기 전 작업성과를 평가할 목표가 설정되어 있어야 한다. 목표가 표준이라면 표준이 설정되기 전에 직무가 먼저 분석되어야 한다. 이와 같이 작업측정(Work Measurement)이란 어떤 작업을 작업자가 수행하는 데 필요한 시간을 표준적 측정여건 하에서 결정하는 일련의 절차를 말한다.

작업설계나 방법연구는 작업이 어떻게 수행되어야 하는가 하는 작업방법에 관심이 있다. 반면에 작업측정은 작업방법대로 직무를 수행할 때 소요되는 시간이 어느 정도인가에 중점을 둔다. 작업측정을 실시하는 경우는 다음과 같다.

① 2개 이상의 작업방법을 비교할 경우
② 저생산성이거나 유휴가 많은 기계 및 공정
③ 가공비가 많은 작업
④ 공정관리상 애로가 있는 작업
⑤ 표준시간의 전면적 설정을 할 경우
⑥ 작업방법의 변경에 따라 표준시간의 정정이 필요한 경우
⑦ 기타의 요인으로 분야별 표준시간이 필요한 경우

2) 작업측정의 기법

(1) 시간연구법

시간연구법이란 계측기와 기록장치 등을 이용하여 직접 측정하는 방법이며 가장 보편적으로 쓰이는 방법이다. 측정은 스톱워치나 촬영기로 하게 되며 측정단위에는 공정, 요소작업, 단위작업, 동작요소 등이 있다.

(2) 워크 샘플링법

워크 샘플링은 작업측정에 통계적 수법을 사용하는 것으로 다른 기법보다 적은 비용으로 목적을 달성할 수 있다. 워크 샘플링법을 사용하면 현상의 발생비율을 정확히 알 수 있든지, 사이클이 긴 작업시간이나 집단으로 행해지고 있는 동종 작업의 평균시간을 일괄적으로 구할 수 있다.

(3) PTS법

PTS(Predetermined Time Standards)법이란 기본 동작에 소요되는 시간을 미리 작성된 시간치를 적용하여 개개의 작업시간을 합산하는 방법이

다. 일반적으로 사용하는 방법은 MTM(Method Time Measurement)와 WF (Work Factor)이다.

(4) 실적기록법

일정 기간의 작업에 대한 실적기록 자료를 이용하여 이를 통계적으로 처리하고 임의로 정한 단위작업당 기준시간을 산출한다. 즉 생산에 소요된 작업시간을 생산된 수량으로 나누어 주면 단위당 작업시간을 구할 수 있다.

3) 표준시간 설정

(1) 표준시간의 정의

표준시간이란 작업자가 주어진 작업조건 하에서 보통의 작업속도로 작업을 하고, 정상적인 피로와 지연을 수반하면서 규정된 질과 양의 작업을 규정된 작업방법에 따라 작업을 행하는 데 필요한 시간을 말한다. 표준시간을 정하는 것은 작업조건과 작업방법을 설정하는 것이다.

표준시간이란

① 정해진 환경조건하에서 ─┐
② 정해진 설비・치공구를 사용하여 ─┘ 표준작업조건
③ 정해진 작업방법에 따라 ── 표준작업방법
④ 작업에 대한 적정을 유지 ─┐
⑤ 작업에 대해 기대되는 보통 정도의 훈련을 갖춘 작업자가 ─┘ 표준작업능력
⑥ 정신적・육체적으로도 무리가 없는 양호한
노력으로 1단위의 작업을 완수하는 데 필요한
시간(공수)이며, ── 표준작업속도
⑦ 이 시간에는 필요한 여유가 포함되어 있다.

(2) 표준시간 설정의 목적

표준시간은 여러 가지 의사결정문제나 일상적인 운용상의 문제들에 대한 기본자료로 사용된다. 특히 표준시간은 인건비가 큰 비중을 차지하는

경우 매우 중요하다. 표준시간의 몇 가지 목적은 다음과 같다.

① 제조 대 구매, 장치배치, 공정선택 등과 같은 의사결정문제를 분석하기 위해서 인력부문을 평가할 때

② 기계부하 일정, 납기일 결정, 가격산정 등의 일상적인 작업

③ 노무비 관리 및 장려임금(Incentive Wage)제도의 근거

(3) 표준시간의 구성

표준시간은 정미시간과 여유시간으로 이루어진다. 여유시간은 정미시간에 대한 비율로 산정되고 여유율로 취급하는 경우가 많다. 특수여유에 대해서 최근에는 표준시간에 포함되는 여유시간으로 취급하기보다는 시스템 운용상의 관리계수로 취급한다. 표준시간에는 특수여유를 포함시키지 않는다는 생각이 지배적이다.

표준작업 = 정미시간 + 여유시간 = 정미시간 × (1 + 여유율)

$$여유율 = \frac{\sum(일정기간의\ 여유시간)}{\sum(동기간의\ 정미시간)} \times 100(\%)$$

〈표 10-2〉 표준시간의 구성

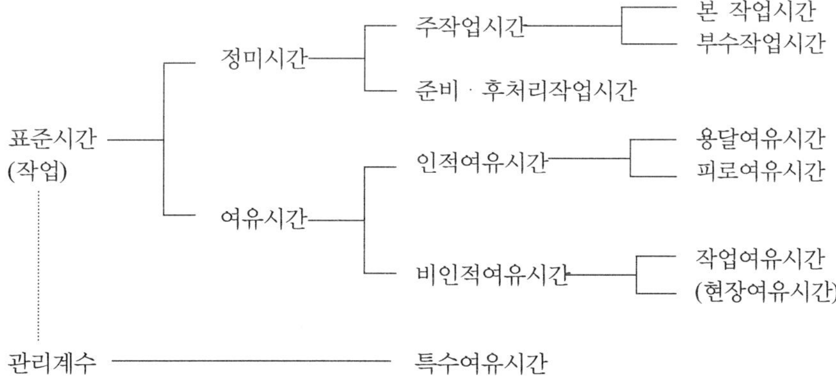

2 시간연구법

작업측정시스템에서 사용되는 작업측정기법 가운데 가장 널리 이용되고 있는 기법은 스톱워치분석법(Stop Watch Time Study)이다. 스톱워치법에서 사용되는 주요 도구는 스톱워치이다. 보편적으로 1/100분 단위의 스톱워치가 사용되는데, 전자식 스톱워치가 개발되어 사용되고 있다.

직접시간관측법인 스톱워치법은 다음의 경우에 적용한다.

- 소수의 작업자로 짧은 작업시간일 경우
- 공정이 안정되어 있지 않았을 경우
- 완전한 기계 및 장비를 갖추기 이전일 경우
- 단순한 측정평가를 요할 경우
- 평가시간 측정을 필요로 하는 분석(Expert Analysis)

1) 표준시간의 설정 절차

스톱워치를 사용하여 표준시간을 예정하는 절차를 간단히 적으면 다음과 같다.

(1) 작업(작업방법 · 작업장소 · 작업도구 등)을 표준화한다.
작업측정을 처음 시도할 경우에는, 이에 앞서 작업 및 작업자에 관한 자료를 수집해야 한다.

(2) 측정할 작업자(대상자)를 선정한다.

(3) 작업자가 수행하는 작업을 요소작업으로 분할한다.

(4) 이들 요소작업별로 실제 소요시간을 관찰 · 기록한다. 아울러 수행도평정(Performance Rating)을 행한다.

(5) 이미 (4)에서 얻어진 샘플 데이터를 토대로 관측회수를 결정한다.

(6) 정상시간을 다음과 같이 산정한다.

$$\text{정상시간} = \text{관측된 실제시간의 평균치} \times \frac{\text{평정계수}}{\text{평정계수}}$$

(참고) 수행도평정계수 $= \frac{\text{실제작업속도}}{\text{정상작업속도}} \times 100$

(7) 작업 중 수반되는 여유를 고려하여 여유율(여유시간)을 결정한다.

(8) 정상시간에 여유시간을 가산하여 표준시간을 산정한다.

$$\begin{aligned} \text{표준시간} &= \text{정상시간} + \text{여유시간} \\ &= \text{정상시간} \times (1 + \text{여유율}) \end{aligned}$$

(참고) 여유율 $= \frac{\text{여유시간}}{\text{정상시간}} \times 100$

2) 관측수의 결정

관측회수의 결정은 시간연구의 정도에 직접적으로 큰 영향을 미치므로 될 수 있는 대로 과학적으로 행할 필요가 있다. 지금까지 여러 가지 종류의 방법이 연구 발표되어 있으나, 그 중에서 주요한 방법을 몇 가지 살펴보면 다음과 같다.

(1) E.L. Grant의 방법

개개의 요소작업을 수행하는 데 필요한 시간치는 사이클마다 다소 다른 것이 보통이다. 예를 들어서 작업자가 동일한 속도로 작업을 실행하였어도 사이클마다 부품의 위치가 다르거나, 관측자의 시계눈금 읽기에 지속(遲速)이 생길 경우도 있으므로 시간치의 변동은 불가피하다. 이 방법은 시간치의 변동이 정규분포할 것이라는 가정하에 통계학의 이론을 응용하여 어떤 신뢰도를 가진 관측회수를 결정하려고 하는 것이다.

통계적인 관점에서 측정결과의 신뢰도는 샘플의 크기, 즉 관측회수에 따라서 좌우된다. 따라서 관측회수의 결정에 앞서 신뢰도(확신수준)와 상대오차가 미리 결정되어야 한다. 흔히 이용되고 있는 신뢰도 95%에 상대오차 5%와 10%인 경우의 공식을 제시하면 다음과 같다.

① 신뢰도 95%, 상대오차 ±5%인 경우

$$N' = \left(\frac{40\sqrt{N\sum X^2 - (\sum X)^2}}{\sum X} \right)^2 \quad ①$$

② 신뢰도 95%, 상대오차 ±10%인 경우

$$N' = \left(\frac{20\sqrt{N\sum X^2 - (\sum X)^2}}{\sum X} \right)^2 \quad ②$$

N′ : 필요한 관측회수
N : 실측한 관측회수(예비관측회수)
X : 각 요소작업에 대하여 측정한 개개의 시간치
ΣX : N개의 시간치 합계

(2) Westinghouse Electric의 방법

Westinghouse에서는 생산수량과 사이클 시간을 고려하여 시간연구원을 위한 표를 작성하여 사용하고 있다.

(3) General Electric의 방법

GE에서는 관측회수를 결정하기 위한 자료로서 테이블을 작성하여 사용하고 있다.

 3 워크 샘플링에 의한 측정

워크 샘플링(WS : Work Sampling)이란 통계적 이론에 근거한 샘플링 조사에 의해 분류된 각 작업의 총시간에 대한 비율(사람이나 기계의 가동률)을 조사하는 작업측정기법이다. 이 방법은 관측대상을 랜덤으로 선정한 시점에서 작업자 내지는 기계의 가동상태를 스톱워치 없이 관측하여 그 상황을 추정하는 방법이다. 적용분야는 비반복적인 업무의 시간측정에 주로 사용된다.

1) 관측수의 결정

워크 샘플링은 확률의 법칙에 기초를 두고 있다. 샘플수를 많이 하면 샘플특성의 분포곡선은 모집단의 분포곡선과 거의 일치한다. 그러나 샘플수를 늘리면 그만큼 조사비용이 증가된다. 그러므로 경제성과 신뢰도를 고려해서 샘플수를 정하지 않으면 안 된다. 그리고 샘플링은 모집단을 구성하고 있는 각 요소에 대해서 추출되는 빈도가 동일하여야 한다. 관측회수인 샘플의 크기와 신뢰도는 서로 상관관계에 있다. 따라서 샘플링에 앞서서 어느 정도의 신뢰도가 필요한가를 우선 결정한다.

2) 관측시각의 결정

(1) 랜덤 샘플링

일단 샘플의 크기가 확정되면 이 수에 해당하는 표본조사를 언제 어느 시각에 실시할 것인가가 문제가 된다. 워크 샘플링은 임의표본을 추출하여 표본조사를 실시하므로 임의성을 이루기 위하여 난수표(Random Table)를 사용한다.

① **1일의 샘플 크기** : 매일의 샘플 크기는 필요 샘플의 크기와 조사시간에 제약을 받는다. 예를 들면 여유율의 조사를 시작해서 3,600개 샘플을 20일 동안에 취해야만 할 때, 하루에

$$\frac{3,600}{20\text{일}} = 180\text{개}/\text{일}$$

의 샘플 크기를 필요로 한다.

② **관측시각의 선택**

- 샘플링은 난수표 등을 사용하고 전체의 시각이 관측시각으로 균등하게 선택되는 기회를 갖도록 한다.
- 무작위성을 높이기 위해 순회의 출발점·경로도 순회때마다 난수표를 사용해서 랜덤으로 선택하면 좋다.
- 순회관측을 하는 경우에는 관측시각이 어느정도 동일하게 나타나

도 실제로는 큰 지장이 없다.

(2) 계통 샘플링

워크 샘플링에 있어서 관측시각이나 관측의 출발지점을 정할 때에 사용할 수 있다. 계산에 의해 원하는 허용오차 내에서 비율을 추정하기 위해서는 1시간에 10회의 관측회수를 필요로 한다는 것을 알았을 때, 60분/10 = 6분이므로 6분마다 0분, 6분, 12분, …에 순회관측을 한다.

(3) 층별 샘플링

모집단이 여러 가지의 이질적인 것을 포함하는 경우에 사용한다(예를 들어서 작업여유율이 오전과 오후가 다를 경우). 즉 모집단을 층별하여(오전과 오후) 각 층별마다 샘플링을 하고 평균치를 추정한 후, 각 층의 평균치를 가중평균 한다.

4 PTS법

앞에서 살펴본 작업측정기법은 유용하면서도 적지 않은 결점도 있다. 이와 같은 현상을 피하기 위하여 작업을 개시하기 전에 동일 목적을 달성하기 위한, 여러 작업방법에 대하여 검토를 한 후 설정한 표준자료가 이용된다. PTS법(Predetermined Time Standard System)은 표준자료를 이용하여 작업측정을 행하는 기정시간표준법(旣定時間標準法)을 뜻한다.

PTS법은 작업이 실제로 수행되기 전에 미리 그 작업방법에서 표준시간을 결정하는 방법이다. 따라서 작업방법을 알게되면 시계 등에 의한 관측 없이 표준시간을 설정할 수 있는 편리한 방법이다.

작업을 구상하는 동작을 몇 개의 기본동작으로 분류하여 각 기본동작의 실적치를 미리 상세히 관측하고, 기본동작을 행하는 데 필요한 표준시간을 표에 정리하여 동작시간 표준표를 작성하여 둔다. 실제로 표준시간을 설정하는 경우에는 그 작업을 기본동작으로 분해하여 각 기본동작의 소요시간표로부터 집계한다. 기본동작의 분류방법은 시간치에 따라 분류

할 수 있다.

PTS법은 표준시간의 설정, 최적작업방법의 결정, 작업개선의 평가 및 작업자 훈련 등에 유효하다. 대표적인 것으로 WF(Work Factor)법과 MTM(Methods Time Measurements)법이 있다. PTS법이 갖는 특징은 다음과 같다.

(1) 작업방법만 알고 있으면 그 작업을 행하기 전에도 실제로 관측을 하지 않고 표준시간을 알 수 있다. 때문에 작업을 실행하기 전에 작업방법을 계획하고 표준시간을 결정할 수 있다.

(2) 작업방법과 작업시간을 분리하여 동시에 연구할 수 있다.

(3) 작업자의 능력이나 노력에 관계없이 객관적으로 시간을 결정할 수 있다. 따라서 레이팅이 필요 없다.

1) MTM법

MTM법은 인간의 모든 작업 또는 작업방법을 그것에 소요되는 기본동작으로 분석하고, 각 기본동작에 대하여 그 기본동작의 특징과 조건에 따라 이미 정해진 시간을 할당시키는 방법이다. MTM법의 기본동작은 다음과 같은 동작으로 나누어서 시간을 구한다.

① 손을 뻗는다(Reach; R)
② 운반(Move; M)
③ 회전(Turn; T)
④ 압력(Apply Presure; AP)
⑤ 잡는다(Grasp; G)
⑥ 정지한다(Position; P)
⑦ 방치(Release; RL)
⑧ 분해(Disengage; D)
⑨ 눈의 이동(Eye Travel; E)
⑩ 신체이동(Body Motion; B)
⑪ 크랭킹 운동(Cranking Motion; C)

MTM법의 시간단위는

$$1\text{TMU(Time Measurement Unit)} = \frac{1}{100,000}\text{시간}$$
$$= 6.0006\text{분} = 0.036\text{초}$$

2) WF법

이 방법은 1936년 미국에서 퀵(J.H. Quick)을 중심으로 쉐(W.J. Shea) 등이 필코 회사에서 표준시간의 설정에 관한 연구를 행한 이래 계속 개방되었으며, 1945년 WF 동작시간표 및 WF 규칙이 완성되었다. WF법은 인간의 모든 동작을 8개의 기본요소로 분해하여 각 요소마다 동작을 수행할 때, 동작의 곤란도에 따라 Work Factor수를 결정하고 Time Table에 의하여 정미시간을 구하는 방법이다.

WF법의 기본원리는 첫째, 모든 작업동작은 제한된 몇 가지 기본요소 동작으로 분해할 수 있으며, 둘째, 각각의 기본동작 요소는 항상 일정한 표준시간치를 가지며, 셋째, 작업동작의 총소요시간은 기본요소 동작들의 표준시간의 합계시간과 같다.

WF법의 시간단위는 1WFU(Work Factor Unit) = $\frac{1}{10,000}$분

(1) 기초동작

사용되고 있는 신체부위에 대한 분류로서 손가락, 손, 팔, 몸통, 발, 다리, 머리 동작 등의 기초동작 요소에 동작거리가 포함된다.

① 손가락 · 손동작

- 손가락 관절을 중심으로 한 모든 손가락의 움직임
- 팔목을 중심으로 한 손의 동작

② 팔동작

- 팔꿈치를 중심으로 한 아래부분 팔의 동작
- 어깨관절을 중심으로 한 모든 팔의 동작
- 아랫팔과 윗팔의 움직임이 결합된 동작

③ 몸동작

- 몸통을 전후·좌우로 움직였을 때의 동작

④ 발동작

- 발의 복숭아 뼈를 축으로 움직임(뒷굼치는 바닥에 밀착)

⑤ 다리운동

- 무릎 관절을 중심으로 아랫다리의 움직임
- 엉덩이 관절을 중심으로 다리전체가 움직임
- 다리가 고정되어 있으면서 무릎이 움직임

⑥ 머리동작

- 고개를 좌우·상하로 움직임
- 대부분 다른 신체부분 동작과 동시에 수행됨

(2) 워크 팩터(Work Factor)

동작의 난이도를 다음과 같이 4가지의 워크 팩터를 사용하여 표시한다.

① 조절(Steer : S)

- 작은 목표를 향하여 제한된 범위안에서 어떤 동작을 인도하는 데 필요로 하는 조절(예 Bolt를 구멍에 운반한다, 초인종을 누르기 위해 손을 뻗는다, 자물쇠 구멍에 열쇠를 가져간다)

② 조심(Precaution : P)

- 인체의 손상 혹은 대상물의 손상을 받지 않기 위해 필요한 주의행위(예 면도를 하기 위해 면도칼을 얼굴에 갖다 댄다, 뚜껑이 열린 용기에 가득찬 물을 운반한다, 주위에 위험물이 있어서 조심스럽게 운반한다, 바늘구멍에 실을 끼운다)

③ 방향전환(Change of Direction : U)

- 장애물이 있어서 동작노선의 방향을 변경하는데 보상해 주는 워크 팩터이다.
- 동작경로가 반원이상으로 급히 꺾이는 경우에 필요
(예 Pen을 잉크병 속으로 운반한다, 깊은 용기속에 부품을 넣는다, 깊은 용기속의 부품을 잡기 위해 손을 뻗침)

④ 명확한 정지(Definit Stop : D)

- 목표장소에 신체부분이 정지하지 않으면 안될 때에 필요로 하는 정지(기초동작을 제외한 모든 이동에 필요)
  (예 담배갑을 잡으려고 손을 뻗는다, 초인종을 누르기 위해 손을 뻗는다, 물건을 일정한 장소에 운반한다)

그리고 WF법에서 사용되는 표준요소로서는 다음의 8가지가 있다.

① 이동(Reach, Move; R 혹은 M)
② 쥠(Grasp; Gr)
③ 놓음(Release; Rl)
④ 위치시킴(Preposition; Pp)
⑤ 결합(Assemble; Asy)
⑥ 분해(Disassemble; Dsy)
⑦ 사용(USE; USE)
⑧ 정신작용(Mental Process; MP)

제3절 | 작업방법의 설계

1 작업관리의 개념과 내용

작업관리는 테일러(F.W. Taylor)가 1881년 미드베일 제강소에서 착수한 시간연구(Time Study)에서 비롯되었다. 시간연구가 널리 보급됨에 따라 일부에서는 작업방법은 깊이 검토하지도 않고, 시간만을 측정하는 과오를 범하고 있었다. 그러나 진정한 시간연구는 작업방법에 관한 연구가 선행되어야 하는 것으로 이의 중요성을 강조한 사람이 길브레스(F.B. Gilbreth)이다. 길브레스는 동작연구의 창시자로서 최선의 작업방법을 구할 수 있도록 작업방법 자체를 면밀하게 연구하는 동작연구(Motion Study)를 주장하였다.

작업관리란 현장에서의 여러 작업방법이나 작업조건 등을 조사·연구하여 무리와 낭비가 없이 작업을 원활히 할 수 있도록 최선의 작업방법을 추구하고, 작업에 나쁜 영향을 미치는 조건들을 개선해서 최적의 작업조건을 이루도록 하는 활동이다. 작업관리의 내용은 작업설계(방법연구), 작업측정 그리고 작업통제로 나눌 수 있으나, 오늘날 작업관리에서 추구하는 주된 내용은 크게 작업설계(방법연구)와 작업측정이다.

작업설계 내지 방법연구(Methods Study)는 동작연구를 중심으로 작업의 진행방법이나 작업상의 여러 조건을 조사·연구·개선하여, 최선의 방법을 찾아내어서 이를 작업표준으로 정하는 것을 내용으로 한다.[2] 한편 작업측정(Work Measurement)은 시간연구를 중심으로 작업방법의 연구결과 개선된 작업내용을 토대로 해서 무효시간의 조사와 제거를 주목적으로 한다. 많은 경우 표준시간 설정 및 그의 유지를 주내용으로 한다.

2 방법연구

작업을 수행하고 있는 작업자는 여러 동작요소의 조합으로 이루어지는 몇 가지의 동작을 행한다. 동작들이 모여서 요소작업을 이루고 요소작업은 다시 단위작업(Task)을 이룬다. 결국 단위작업을 조합하여 공정단위의 작업을 수행하게 된다. 거꾸로 말해서 생산시스템 내지 작업시스템(또는 직무)을 구성하고 있는 작업을 단위가 큰 것부터 배열해서 단위작업·요소작업·동작요소로 세분할 수 있다. 작업시스템이나 작업방법의 설계 내지는 분석·검토·개선 등에 사용되는 기법은 분석대상에 따라 공정분석, 작업분석, 동작분석 등으로 나눌 수 있다.

---

2) 이순용, 전게서, pp. 330~332.

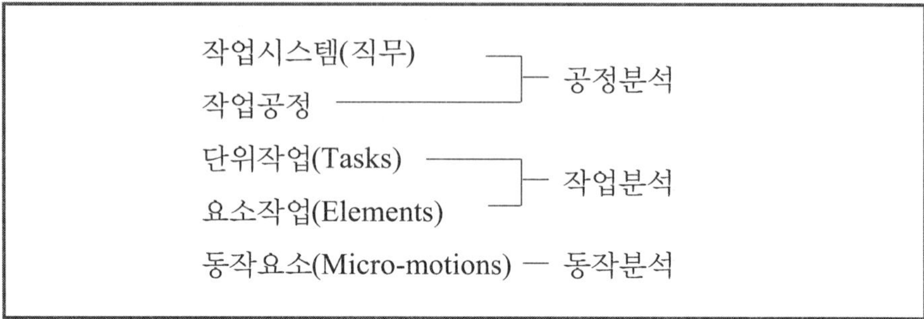

1) 공정분석

(1) 공정분석의 의의와 목적

공정분석이란 작업 대상물이 순차적으로 가공되어서 제품이 완성되기까지의 작업경로 전체를 처리되는 순서에 따라, 가공 운반 검사 정체 저장의 분석단위로 분류하고 각 공정의 조건과 함께 분석하는 현상분석 기법이다. 공정분석의 목적은 다음과 같다.

① 개개의 작업을 전체와의 관련에 의하여 파악하고 개선한다.
② 작업 또는 공정 상호간의 관계를 개선한다.
③ 재료 또는 개개의 공정이 다음 제품에 미치는 영향을 밝힌다.
④ 생산관리의 기초자료를 작성한다.
⑤ 생산계획 및 레이아웃 등의 기초자료를 확보한다.

(2) 기본분석

공정계열의 분석이라고도 한다. 기본분석이란 소재에서 완성품이 되기까지의 전공정계열 또는 문제시 되는 공정계열의 변화과정을 순서로 표시해 가며, 공정의 순서와 물건흐름 등 전체를 파악하는 분석을 말한다. 기본분석에는 단순공정분석과 세밀공정분석이 있다.

단순공정분석은 제품전체의 공정계열이나 상호관계를 표시하고 총체적인 생산방법을 파악하기 위한 분석이다. 그리고 물건 흐름의 개념을 파악하여 문제의 공정과 개선이 가능한 공정을 탐색한다. 세밀공정분석은 생산방법의 개선이나 흐름작업 편성의 자료를 만드는 경우 등에 있어서 세

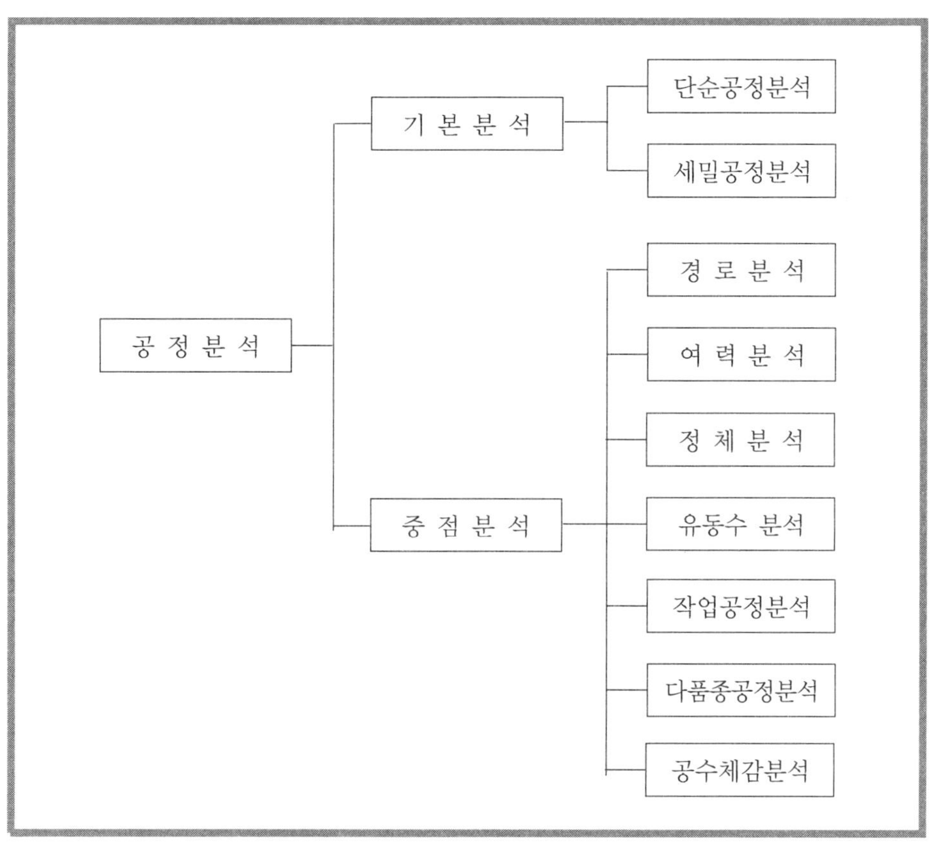

[그림 10-2] 공정분석의 체계

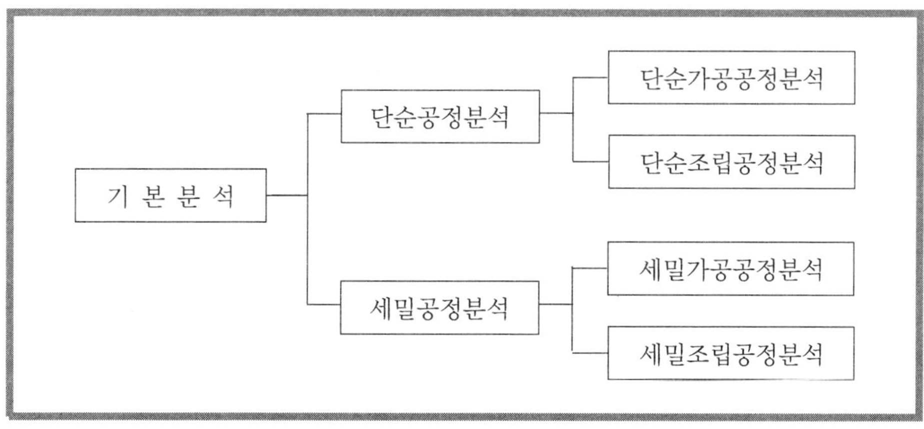

[그림 10-3] 기본분석의 체계

밀한 조사항목까지 조사하는 분석이다.

가공공정분석은 단일제품의 제조공정을 가장 세밀하게 분석할 때 쓰이는 기본적인 분석이며, 조립공정분석은 제품을 조립하는 전 프로세스를 분석한다. 즉 제품의 구성이라는 특징 뿐만 아니라, 직물과 같이 단순히 조립이라는 개념으로 파악하기 힘든 것도 조립공정분석으로 파악한다.

① **공정분석기호** : 공정분석기호는 길브레스에 의하여 창안되었다. 그는 공정의 기본현상(가공, 검사, 운반, 정체)을 토대로 많은 파생기호를 고안하였다. 우리나라는 1967년 7월 14일에 제정을 하고 1970년 7월 25일에 개정한 KSA 3002에 의하여 공정도시기호(Graphical Symbols for Chart)를 도입하였다.

일반 광공업에 있어서 생산공정은 여러 가지 작업의 연속 및 조합으로 구성된다. 이 생산공정에 포함되는 모든 활동을 몇 개의 기본적인 요소로 분류하고 기호화하여, 생산공정의 계획 분석 설계 지도 등을 기술하는 계획도 분석도 지도서 등을 사용하면, 표현이나 이해가 정확하고 간편하여 하나하나의 공정에 대한 다른 공정과의 관계도 명확하게 된다.[3)]

그리고 공정 및 공정계열에 대한 개선수단을 강구할 수도 있다. 따라서 이러한 종류의 기호화는 공정의 계획과 관리를 위해서 광범위하게 활용된다. 다음에 적용범위를 보면 공정분석기호는 일반 광공업에 있어서 생산공정의 계획 및 통제상, 원료나 부분품 또는 제품의 변화과정을 정확하고도 간편하게 표현하기 위해서 사용된다. 이 밖에도 작업 및 기계설비의 가동, 장표, 경로 등의 계획 및 관리에도 이 기호를 준용함으로써 개선에 기여할 수 있다.

② **공정의 분류**

㉮ 작업 혹은 가공(Operation)

- 작업대상물의 물리적 혹은 화학적 특성을 의도적으로 변화시킬 때
- 운반, 검사, 저장 또는 작업을 위해 사전 준비작업을 할 때

3) 이진규, "방법연구 및 분석", 「생산관리사 과정」, 한국생산성본부

• 작업대상물이 분해되거나 조립될 때
• 정보를 주고 받을 때
• 계산을 하거나 계획수립을 할 때

㉯ 검사(Inspection)

• 작업대상물을 확인하거나 그것의 품질 또는 수량을 조사할 때
• 작업과 검사는 다음의 관점에서 서로 다르다. 즉 작업은 완성단계로 접근시키는 것이며, 검사는 단지 작업이 올바르게 시행되었는지를 품질 혹은 수량 면에서 조사하는 것이다.

㉰ 운반(Transport)

• 작업대상물이 한 장소에서 다른 장소로 이전될 때(단 이러한 현상이 가공의 일부분이거나 검사 또는 가공 도중에 작업자에 의하여 작업장소에서 발생되는 경우는 제외된다)

㉱ 정체(Delay)

• 다음 순서의 작업을 즉각 수행할 수 없을 때

㉲ 저장(Storage)

• 작업대상물을 움직이게 할 권한이 있는 사람이 다음 작업지시를 할 때까지 현상태로 그것이 정체되고 있을 때
• 청구서, 메모 혹은 공식적인 어떤 형태에 의해서만 저장된 물건을 움직이게 할 수 있을 때

③ 기본분석의 실시순서

㉮ 예비분석

• 공정분석의 목적 및 대상제품을 확인한다.
• 현물견본, 설계도, 부품도, 취급설명서, 순서표 등의 대상제품에 대한 이론적인 연구를 한다.
• 공장배치도를 보면서 공정관리 담당자의 설명을 듣고 공정의 개요를 파악한다.

㉯ 기본분석

• 공정의 순서에 따라 제품의 움직임을 보면서 각 공정마다 작업

상황을 관찰한다.

- 담당작업자나 직장으로부터 직접 작업방법의 설명을 듣고, 작업내용을 이해해서 분석표에 구분결과와 작업내용, 가공조건을 조사해서 기록한다.

〈표 10-3〉 공정분석 기호

기호	공정명	내 용	부대 및 결합기호	
○	가공공정 (Operation)	① 작업대상물이 물리적 또는 화학적 변형·변질과정 ② 다음공정을 위한 준비상태 표시	△ ▽	원료의 저장 반제품 또는 제품의 저장
⇨ ➡ ○	운반공정 (Transpor- tation)	① 작업대사물의 이동상태 ② ○는 가공공정의 ½ 또는 ⅓로 한다. ③ →표는 반드시 흐름방향을 표시하지 않는다.	◇ ◇(□ 안)	질의 검사 양·질 동시 검사기호
D ▽	정체공정 (Delay) 저장 (Storage)	① 가공·검사되지 않은 채 한 장소에서 정체된 상태 ② 일시적 보관 또는 계획적 저장상태 ③ D기호는 정체와 저장을 구별하고자 할 경우에 사용	□(◇ 안) ○(□ 안)	(질중심) 양과 가공검사기호 (양중심)
□	검사공정 (Inspection)	품질규격의 일치여부(질적)와 제품수량(양적)을 측정하여 그 적부를 판정하는 공정	◇(○ 안) ▽(▽ 안) ✡	가공과 질의 검사공정 공정간 정체 작업중의 정체

보 조 기 호		내 용
⌇	소관구분	소관상의 부문을 구분하고자 할 때 사용하는 기호
⫲	공정도시 생략	공정계열상의 어느 공정을 생략하고자 할 때 사용
⊥ ╳	폐 기	어느 생산공정 중에서 작업대상물이 폐기될 때 사용

㉰ 조사결과의 검토

- 분석표를 정리하면서 현품이나 설계도에 따라 가공방법을 재검토한다.
- 생산량, 작업시간, 불량률을 조사한다.

㉱ 총괄표의 작성

- 분석표를 종합하여 각 공정별로 공정표, 시간, 거리를 부가하고 개선안과 비교 검토를 한다.

(3) 중점분석

중점분석은 공정활동을 필요에 따라 여러 가지 각도(생산대상, 작업분담, 장소적 배치, 시간적 경과 및 운반, 정체, 가공, 검사 등)에서 연구를 깊이 진행시키기 위한 분석이다.

중점분석의 특징은 다음과 같다.

- 중점분석은 기본분석에 이어서 반드시 행해야 하는 것은 아니다.
- 필요에 따라 필요한 분석기법을 선택한다.
- 기본분석과 달리 중점분석에는 명확한 분석루트의 규정이 없다.

① **경로분석** : 경로분석은 가공공정의 추이(推移) 상황을 나타내는 가공경로도를 사용하고, 각종 부품(통상은 주요부품)이 어떤 공정의 순서로 진행되는가를 비교한다. 그리고 개개의 공정별(기계별)로 어떤 종류의 부품이 통과하는가를 조사하며, 가장 흐름빈도가 높은 경로를 발견하는 것이다.

② **여력분석** : 여력분석은 가공공정의 부하, 인원, 기계의 현보유능력을 통합적으로 분석하는 것이다. 작업의 분담 및 분배의 내용을 변경 조정할 수 있다. 또한 인원 및 기계의 보충계획을 수립하는 자료가 된다.

③ **정체분석** : 정체분석은 재료 및 반제품의 정체시간을 단축시키기 위하여 공정관리와 운반관리의 수준을 검토하여, 적당하고 무리가 없는 저장량을 결정하는 것이다.

④ **유동수분석** : 대상부품의 수입, 불출실적 누계에 따라 정체기간을 명

확히 하는 분석이다.

2) 작업분석

(1) 작업분석의 목적

작업분석은 작업자의 동작에서 파악되는 문제점(가동분석, 공정분석 등)을 조금 더 세밀히 분석하고 개선하는 수법이다.

작업분석의 목적은 다음과 같다.

① 작업의 세분화와 누락된 사실이 없는가를 조사한다. 작업을 세분화하고 주의가 가지 않는 작은 로스까지 발견한다.

② 사실의 정량적인 파악에 의해 바르게 현재의 방법을 파악한다. 로스의 추방과 보다 효율적인 작업을 하기 위해서는 현재의 작업을 보다 구체적인 형태에서 발견하고, 그것을 이해할 필요가 있다.

③ 작업 중 로스의 추방과 개선을 달성한다. 요소작업과 그것의 주변(치공구, 설비, 가공조건, 부품 정밀도 등)에서 개선을 도출시킨다.

(2) 작업분석의 순서

① **문제점을 명확히 하는 것** : 대상으로 된 작업장에서 어디가 문제가 되고 있는가를 명확히 한다. 다음에는 그 문제점을 상세히 연구하지 않으면 안되는 목적을 분명히 하여야 한다.

② **작업방법을 해석하여 사실을 포착하는 것** : 대상으로 된 작업이 어떻게 행해지고 있으며 어떤 환경에서 작업되고 있는가 등을 과거와 현재에 걸쳐 상세히 파악하고, 그 다음에는 동작연구의 수법에 따라서 작업방법을 분석해 본다.

③ **개선을 하기 위한 원칙을 적용하여 개선안을 도출** : 현재의 작업방법의 각 단계를 작업개선의 원칙을 적용하여 개선의 힌트를 얻어낸다.

④ **개선안의 선정과 실시** : 몇 가지의 원안이 준비되면 그 가운데서 가장 양호한 개선안을 선택한다. 그리고 현장의 특성, 실시에 따른 절약효과, 신설비의 비용, 인간의 문제 등을 고려하여 선정한다. 이와

같이 결정된 안을 실행에 옮긴다. 이때 실제 행하는 작업자와 실행 상황을 감독하는 직장의 이해를 얻어내는 것이 대단히 필요하다.

⑤ Follow up 실시 : 어느 정도의 효과가 얻어지는가, 문제가 없이 수행되고 있는가 등을 검토한다.

(3) 작업분석표

작업자가 한 장소에서 다른 장소로 옮기면서 작업동작을 일으키는 순서에 따라서 일정한 기호를 사용하여 체계적으로 도시함으로써, 작업점 작업순서 작업동작을 개선하는 기법이다. 작업분석표의 작성으로 작업스탭의 특징, 프로세스, 각 작업간의 상호관계, 이동, 검사, 대기 등의 발생 상황을 이해할 수 있다.

기본적인 활용 포인트는 제품공정분석과 동일하다. 작업분석표는 동작분석과 달리 직접 작업자의 동작을 분석하는 것이 아니고, 일의 흐름 전체의 상태와 그것을 뒷받침하고 있는 제조건을 조사하여 문제점을 발견하고 개선하는 수법이다. 분석단위도 동작분석만큼 세분화할 필요가 없다.

실제로 작업분석표를 작성하면 1개의 큰 공정은 보다 작은 공정으로 분할하는 것이 가능하다. 즉 작업의 흐름이 파악되면 작업 전체로서의 개선 포인트를 발견하는 것이 용이하며, 개선을 효과적으로 실시하는 것이 가능하게 된다. 따라서 작업분석표는 과학적으로 현상을 조사하고 그 결과를 세밀히 분석 연구하지 않으면 안 된다.

일반적으로 공장의 목적은 양품을 편하게, 빨리, 안전하게 만드는 것이다. 이를 위하여 주로 중요시되는 공정은 가공공정이다. 다른 공정은 가공공정의 보조적인 공정으로 보아도 과언이 아니다. 그러므로 가공공정의 개선은 필연적으로 타공정의 개선을 촉진시킨다.

(4) 다중활동분석표

다중활동분석표(Multiactivity Chart)는 작업자와 기계 또는 2인 이상의 복수작업자에 의하여 수행되는 작업에 대해서 분석을 함으로써, 최적 작업조의 편성을 입안하거나 적정소요 기계대수를 결정하기 위한 분석표이다.

〈표 10-4〉 작업분석에 사용되는 기호

공정명	기본 기호	기본기호 설명	응용 기호	응용기호 설명
가공	○	• 작업장소에서 가공작업을 행하고 있다.	P1	부품가공작업 제1공정
			A2	조립작업의 제2공정
			B5	B부품의 제5공정
			3	제3공정
검사	□	• 작업장소에서 검사작업을 행하고 있다.	□	양의 검사
			◇	질의 검사
			◇(□ 안)	복합검사
운반 (이동)	○ ⇨ ➡	• 작업장소를 1보이상, 물건을 들지 않고 이동을 행하고 있든지 또는 물건을 들고 이동을 행하고 있다.	○	물건을 들지않고 이동
			⊖	물건을 들고 이동
정체 (보유)	△	• 물건을 들고 또는 그냥 쉬고 있든지 관계없는 작업을 행하고 있다. • 일정위치에 물건을 위치하고 있다.	▽	휴식
			▽(이중)	물건을 위치

〈표 10-5〉 작업분석표의 작성(예)

기 본 분 석 표

도 표 형 : 작업	부 서 : 66
작업방법 : 개선전	작업자 :
작 업 명 : 핸드 홀 커버 조립	일 시 : 3/4

왼 손	기 호		오 른 손
와셔로 이동한다.	○	○	볼트로 이동한다.
와셔를 잡는다.	◯	◯	볼트를 집는다.
작업역으로 이동한다.	○	○	작업역으로 이동한다.
조립한다.	◯	◯	조립한다.
덮개판으로 이동한다.	○	▽	볼트와 와셔(정체)
덮개판을 집는다.	◯		
조립품으로 이동한다.	○		
조립한다.	◯		
바아로 이동한다.	○		
바아를 집는다.	◯		
조립품으로 이동한다.	○		
바아	▽	◯	바아에다 볼트를 끼워 놓는다.
코터로 이동한다.	○		
코터를 집는다.	◯		
조립품으로 이동한다.	○		
조립한다.	◯		
	▽	○	벤치로 이동한다.
		◯	벤치를 집는다.
		○	조립품으로 이동한다.
		◯	코터를 돌린다.
완성 부품으로	○	○	벤치 역으로 이동한다.
조립품을 놓는다.	◯	◯	벤치를 놓는다.

요약:	왼손	오른손	양손
◯	8	6	14
○	9	5	14
▽	2	2	4

3) 동작분석

동작분석은 작업자의 동작을 분석하여 불필요한 동작을 배제하고 최적의 동작계열을 작성하는 기법이다. 개선수법 중에서 가장 마이크로적인 것이다. 동작분석의 목적은 다음과 같다.

첫째, 현재의 동작계열을 개선한다.

둘째, 새로운 동작계열을 디자인한다.

셋째, Motion Mind를 체득한다.

> **Motion Mind란**
>
> - 작업방법의 로스가 발견되어서 그것이 마음에 걸려 못견디는 감각
> - 로스를 발생시키고 있는 방법을 어떻게 바꾸는 것이 좋은가를 곧바로 생각해 내는 능력
> - 올바른 개선순서에 따라 사고 프로세스가 자동적으로 풀어지는 습관

(1) 서블릭 분석

서블릭 분석은 동작분석시 사용되는 분석기법으로 서블릭 기호를 사용하여 작업자의 작업을 18개의 요소동작으로 나누어 분석표를 작성하고, 이것을 다시 총괄표에 정리해서 작업개선의 착안점을 찾아내는 데 이용한다. 서블릭의 대부분은 손의 동작이고 일부는 운동을 동반하지 않는 동작이거나 심리적·관념적인 부분도 있다.

서블릭 분석에 의해서 작업개선점을 찾으려면, 그 준비단계로서 <표 10-6>에서와 같이 3개의 그룹으로 구분한다. 작업방법을 개선하려면 먼저 C그룹 및 B그룹에 속하는 것을 제거하고, 그 다음으로 A그룹에 속하는 것을 연구·검토하는 것이 바람직하다.

〈표 10-6〉 서블릭 기호

번호	명 칭	서블릭 기호		기호의 설명	작업개선을 위한 그룹별 분류
1	찾는다(Search)	Sh		눈으로 물건을 찾는 모양	B그룹
2	찾아냄(Find)	F		눈으로 물건을 찾아냈을 때의 모양	B그룹
3	선택한다(Select)	ST	➡	목적물을 가리키는 화살표 모양	B그룹
4	쥔다(Grasp)	G		물건을 쥐는 모양	A그룹
5	빈손(Transport Empty)	TE		빈손의 모양	A그룹
6	운반한다 (Transport Loaded)	TL		손바닥에 물건을 놓은 모양	A그룹
7	쥐고 있다(Hold)	H		자석에 물건을 붙인 모양	C그룹
8	놓는다(Release Load)	RL		손바닥을 거꾸로 한 모양	A그룹
9	자리잡는다(Position)	P		하중이 손끝에 있는 모양	B그룹
10	준비하다(Pre-position)	PP		볼링의 나인 핀을 세운 모양	B그룹
11	조사한다(Inspect)	I		렌즈의 모양	B그룹
12	결합한다(Assemble)	A	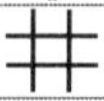 #	결합시킨 모양	A그룹
13	분해한다(Disassemble)	DA		결합시킨 물건에서 일부를 분해한 모양	A그룹
14	사용한다(Use)	U		사용(Use)의 첫글자 모양	A그룹
15	피할 수 없는 지연 (Unavoidable Delay)	UD	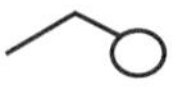	사람이 넘어지는 모양	C그룹
16	피할 수 있는 지연 (Avoidable Delay)	AD	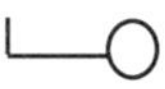	사람이 자고 있는 모양	C그룹
17	생각한다(Plan)	Pn		이마에 손을 대고 생각하는 모양	B그룹
18	쉬고 있다(Rest for over coming fatigue)	R		사람이 의자에 앉아서 쉬는 모양	C그룹

① A그룹에 속하는 서블릭은 대개 작업을 진행시키는 데 필요한 것이다. 합리적인 순서와 조합을 고려해서 보다 쉽고 빨리 작업할 수 있

도록 개선·연구할 필요가 있다.

② B그룹에 속하는 서블릭은 주의나 판단 또는 망설임을 요하는 동작이므로 작업을 지연시킨다. 따라서 가급적 이것들은 '생각하는 동작' 외에는 제거하는 것이 유리하다.

③ C그룹에 속하는 서블릭 동작은 작업수행에 거의 역할을 하지 않는다. 작업개선은 이들 부류를 제거하는 것이 가장 효과적이다.

(2) 동작경제의 원칙(Principle of Motion Economy)

동작경제의 원칙은 동작연구의 창시자인 길브레스가 처음으로 사용하였다. 동작경제의 원칙은 일반적인 작업동작의 개선을 위한 착안점이라 할 수 있다. 따라서 이러한 원칙은 부분작업 내지 요소작업의 단계까지 분석함으로써 그 적용이 가능하게 된다.

동작경제의 원칙은 22개의 항목으로 구분되어 있는데, 이는 어떠한 종류의 작업에도 적용될 수 있다. 비록 모든 작업에의 적용은 불가능해도 인적인 작업에 대해서 만큼은 작업자의 피로를 경감시켜 주며, 능률제고를 위한 기본원리 또는 지침이 될 수 있다.

① 인체사용에 관한 동작경제의 원칙

- 두손은 동시에 동작하기 시작하여 동시에 그 동작을 완수해야 한다.
- 휴식시간 중이 아니면 두손을 동시에 쉬어서는 안된다.
- 두팔의 동작들은 반대방향에서 대칭적으로, 그리고 동시에 이루어져야 한다.
- 손과 신체의 동작들은 작업을 만족스럽게 수행할 수 있는 최저한의 분류가 되어야 한다. 손과 신체의 동작들을 최저한으로 분류하면 일반적으로 다음의 다섯 가지가 된다.
  - 손가락 동작
  - 손가락 및 손목의 동작
  - 손가락 손목 및 팔꿈치 아랫부분의 동작
  - 손가락 손목, 팔, 팔꿈치 아랫부분 및 팔꿈치 윗부분 등의 동작

- 손가락, 손목, 팔, 어깨의 동작

• 가능한 한 작업자에게 유리하도록 정력(精力)을 이용해야 한다. 그러나 그것이 근육에 의하여 제어되고 있을 경우에는 최소한으로 절감시키지 않으면 안된다.

• 부드러운 연속곡선동작은 돌발적이며 급격한 방향전환을 가지는 직선운동과 비교해 볼 때 효과적이다.

• 발격동작(發擊動作)은 구속되거나 제한된 동작보다 더 빠르고 용이하며 정확하다.

• 가급적이면 용이하게 그리고 자연스러운 리듬을 타고 수행될 수 있도록 정리되어야 한다.

• 눈동자의 고착은 가능한 적어야 되며 함께 감아야 한다.

② 작업장에 관한 동작경제의 원칙

• 모든 공구 및 재료는 정위치에 배치해야 한다.

• 공구, 재료 및 조정기(Controls)는 사용하기 편리한 곳에, 즉 작업자의 주변 가까이에 두어야 한다.

• 중력공급상자 및 용기는 재료를 사용장소에 가깝게 보내기 위해 사용되어야 한다.

• 낙하투입송출장치(Drop Deliveries)는 어느 곳에서나 이용될 수 있어야 한다.

• 재료와 공구들은 최선의 동작이 연속될 수 있도록 배치되어야 한다.

• 준비는 관측하는 데 적합한 조건이 되도록 해야 한다. 양호한 조명은 목시적 지각(目視的 知覺)을 만족시켜 주는 첫번째 요건이다.

• 작업대와 의자의 높이는 잘 조정되어서 작업중에 앉거나 서 있기에 모두 용이해야 한다.

• 좋은 자세를 갖도록 해주는 형태와 높이의 의자를 모든 작업자에게 제공해야 한다.

③ 공구 및 설비의 설계에 관한 동작경제의 원칙

• 치공구, 정착시설 또는 발로 조정하는 장치에 의해서 더욱더 유리

하게 수행할 수 있는 작업에는 손의 부담을 덜어주어야 된다.
- 둘 또는 그 이상의 공구는 될 수 있는대로 결합해서 사용해야 한다.
- 어느 손가락에 대해서도 고유의 동작능력에 따라서 부하가 주어지도록 해야 한다.
- 레버(Levers), 핸들, 다른 조정기를 작업자가 몸의 위치를 변경하지 않고서도 최대한으로 신속하고 편리하게 조작할 수 있는 위치에 배치해야 한다.

(3) 동작분석의 기법

① **목시동작분석법**(目視動作分析法) : 목시동작분석이란 작업자가 수행하고 있는 동작을 목시하여 관측용지에 서블릭 기호를 이용해서 분석 기록하는 기법이다. 이 기법을 충분히 익히게 되면 경제적·실용적으로 활용할 수 있다. 따라서 작업연구원은 동작을 철저하게 분석한다고 하는 의미에서도 채택 적용할 필요가 있다.

② **필름분석법** : 이것은 인간의 눈 대신에 촬영기나 영사기를 사용하여 필름을 통해 분석을 한다. 관측한 동작을 몇 회에 걸쳐서 재현시킬 수 있는 장점이 있다.

③ **기타 분석기법** : 특히 숙련을 요구하는 작업의 동작경로를 분석하기 위한 수단으로 길브레스는 사이클 그래프 기법(Cycle Graph Method)과 크로노 사이클 그래프 기법(Chronocycle Graph Method)을 고안해 냈다. 그 밖에도 스트로보(Strobo) 사진분석법과 아이 카메라(Eye Camera) 분석법 등이 있다.

> **동작분석의 창시자 : 길브레스 이야기**
>
> 동작연구를 처음으로 실용화하여 빛나는 업적을 남긴 길브레스는 1968년 미국 메인주 페어필드에서 태어났다. 길브레스의 전기는 그의 자녀에 의해 저술된 「타스 라면 싸게 된다(Cheaper by the Dozen)」라는 책에 소개되어 있다.

그의 아버지는 중산층이었으나 길브레스가 태어난지 몇 해 안되어 돌아가셨다. 그 후는 빈곤하면서도 엄격한 어머니 밑에서 자랐다. 그는 소년시절 건축기사를 동경하였으나 집안이 가난해서 학업을 포기하고, 17세의 나이에 벽돌공으로 취직하여 1900년대 초에 독자적으로 건축업을 경영하였다.

그는 건축회사에 입사할 무렵부터 개개의 작업자가 모두 독자적인 방식으로 작업을 하고 있어, 같은 방법으로 작업을 하고 있는 사람은 한 사람도 없다는 것을 알게 되었다. 또한 1인의 작업자에 관해 볼 때도 언제나 같은 동작으로 작업을 하고 있지 않다는 것을 알았다.

예를 들면, 작업이 빠르다가 느리게 하기도 하고, 사람에게 가르치는 방법도 달랐다. 그래서 길브레스는 그 작업에 있어서 「최선의 방법」을 발견하고자 조사를 시작했다. 그 결과는 매우 혁신적이어서 그때까지 벽돌을 1개 쌓는데 18개 동작이 소요되던 것이 겨우 5개의 동작으로 충분하게 되었다. 그는 동작연구에 열중해서 드디어 건축일을 제쳐두고 이에 몰두하게 되었다.

그래서 길브레스는 중요한 동작분석의 요령을 발견하게 되었다. 그는 지금까지의 방법보다도 더욱 단시간에 그것도 편리하게 하는 방법을 쉽게 발견했다. 그는 작업중인 사람에 대한 사진을 찍어 이를 연구했다.

예를 들면, 높이의 조절을 간단히 할 수 있는 발판을 만들어서 작업면의 높이가 언제나 맞도록 하고, 또 벽돌과 모르타르를 올려놓을 선반을 알맞는 높이로 만들어서 작업자가 매번 발밑에서 벽돌을 잡아올릴 필요를 없게 하였다.

전에는 벽돌이 발판위에 난잡하게 쌓여 있어서 작업자는 벽돌의 제일 좋은 면이 겉으로 오게끔 하기 위하여 벽돌을 들어서 뒤집어 보았다. 길브레스는 벽돌을 대차에서 내릴 때 비숙련자에게 벽돌의 좋은 면을 위로 하여 나무틀에 진열하게 하고, 발판 위에서는 작업자가 벽돌을 곧바로 가져가서 쌓도록 하였다.

또 전에는 발밑에서 벽돌을 집어올릴 때 한쪽 손이 쉬고 있었는데, 모르타르가 들어 있는 것과 벽돌이 들어 있는 나무틀을 잘 배치하여 양쪽을 동시에 쓸 수 있도록 하였다. 이러한 개선에 의해 이제까지의 18가지 동작에서 5가지 동작으로 단축했다. 그래서 어떤 경우에는 이제까지 1시간에 120개의 벽돌을 쌓던 것을 350개나 쌓을 수 있게 되었다.

길브레스는 영화를 동작연구에 응용할 것을 1912년 ASME (American Society of Mechanical Engineering)에 발표했다. 동작연구는 필연적으로 세세한 요소작업의 연구로 발전했다. 드디어 1924년 17개 요소를 선정하고, 모든 동작은 17개 요소의 조합으로 설명할 수 있도록 하였다.

그 외에 길브레스가 개발한 동작연구의 기법은 사이클 그래프 (Cycle Graph)와 크로노 사이클 그래프(Chrono Cycle Graph)가 있다. 사이클 그래프는 작은 전구를 손끝이나 손 기타 연구를 하려는 신체의 부분에 붙이면서 작업을 하게하고, 이를 보통사진으로 촬영하여 그 신체부분의 경로가 광선으로 나타나게 한 것이다. 이에 의해 동작경로 현상을 확인할 수 있었다.

만약 전구를 일정시간 간격으로 점멸시키면 사진상으로는 점선이 나타나게 되어, 그 점의 밀도로 동작속도의 대소도 볼 수 있으며 동작속도나 가속상태를 알 수가 있다. 이것이 크로노 사이클 그래프이다. 최근 개발된 TV 영상에서 야구공이나 골프공의 움직임이 점에서 나타나게 되는 것과 매우 비슷하다는 점에서 흥미가 있다.

제4절 | 설비관리

1 설비관리의 개요

1) 설비관리의 의의

설비관리(Plant Engineering)란 설비의 조사・연구・설계・제작・설치부터 운전 이후의 성능 유지를 비롯 폐기될 때까지의 전기간에 걸쳐, 기업의 생산성을 향상시키는 데에 있어서 설비를 설계・활용하는 것이라고 할 수 있다. 설비관리는 설비의 계획에서부터 보전에 이르기까지 종합적 관리로서 위치를 정할 경우 광의의 설비관리라고 하며, 종래부터 내려오던

설비보전관리를 협의의 설비관리라고 한다.

따라서 설비를 기업의 생산성향상에 투자하기 위해서는 설비의 조사 설계에서 보전에 이르기까지 설비의 전생애를 관리하는 광의의 설비관리가 중요하다. 설비관리의 목표는 다음과 같다. 첫째, 설비의 고장을 방지한다(신뢰성의 향상). 둘째, 고장에 의한 휴지시간을 단축한다(보전성의 향상). 셋째, 가능한 한 비용을 절감한다(경제성 제고).

설비관리의 특성이란 이와 같은 신뢰성, 보전성, 경제성을 의미한다. 설비관리의 특성을 종합적으로 향상시키기 위해서는 설비의 특성을 이해하고 대응하여야 한다.[4)]

2) 설비의 분류

설비는 자본의 투입을 한 유형고정자산의 총칭으로 다음과 같은 종류가 있다.

(1) 형태에 의한 분류

① 토지 ② 건물 ③ 구축물 ④ 기계 및 장치 ⑤ 차량, 운반구 ⑥ 선박 ⑦ 공구 및 비품 등

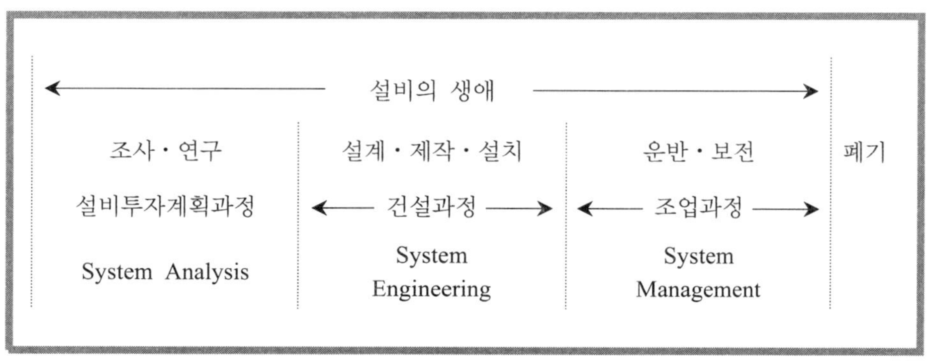

[그림 10-4] 설비의 생애

4) 장융남・최성운, 전게서, pp.267～269.

(2) 사용목적에 의한 분류

① 생산설비 : 직접 생산활동에 투입되는 기계 및 운반장치, 전기장치, 배관, 계기, 배선, 조명, 온도 등의 제설비와 그 설비에 직접 관계하는 건물, 구조물 등

② 유틸리티 설비 : 증기 발생설비 및 배관설비, 발전설비, 공업용수설비, 연료저장 수송설비, 배수 및 폐기물 처리설비 등

③ 연구개발설비 : 기초연구를 중심으로 한 연구설비, 응용연구를 중심으로 한 연구설비, 공업화 연구를 중심으로 한 개발설비, 기업합리화를 중심으로 한 공장연수설비 등

④ 수송설비 : 인입선설비, 도로, 항만설비, 육상하역설비, 저장설비 등

⑤ 판매설비 : 개솔린 스탠드, 서비스 스테이션 등

⑥ 관리설비 : 본사・지점・영업소의 건물, 공장의 관리 및 보조설비, 복리후생설비 등

3) 설비의 열화(劣化) 현상

(1) 물리적 열화(Physical Depreciation)

물리적 열화는 기계설비가 시간의 경과와 함께 물리적으로 서서히 노후화하여 열화되는 유형을 말한다. 훌륭한 보전방침으로 이를 방지할 수도 있고 그 속도를 원만하게 할 수도 있다. 일반적으로 이와 같은 열화를 방지하기 위해서는 수선을 계속적으로 하여야 하며 보다 많은 비용이 요구된다.

(2) 기능적 열화(Functional Depreciation)

기능적 열화는 기능적으로 시간의 경과와 함께 점차로 저하되는 유형이다. 전형적으로 수율(收率), 정확도와 같은 성능이나 효율이 서서히 떨어지게 되어 조업의 정지 없이 이러한 상태가 계속적으로 지속되는 기능저하형이 있다. 그리고 기능적 저하가 별로 없이 조업이 정지되는 기능정지형이 있다.

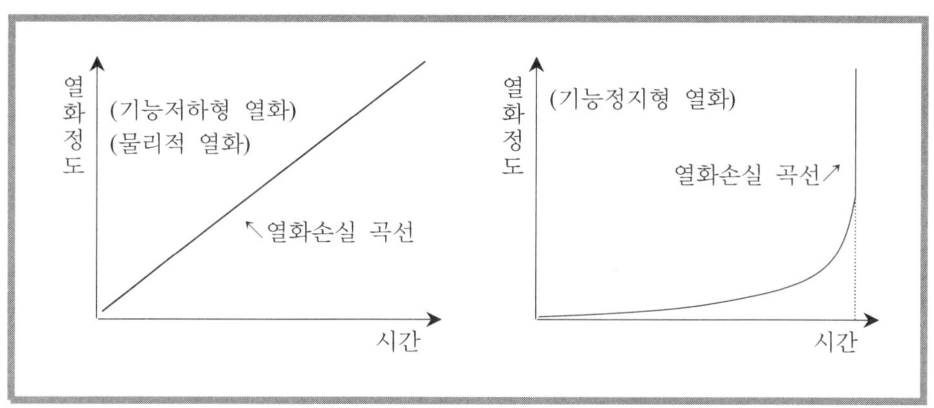

[그림 10-5] 물리적 열화와 기능적 열화

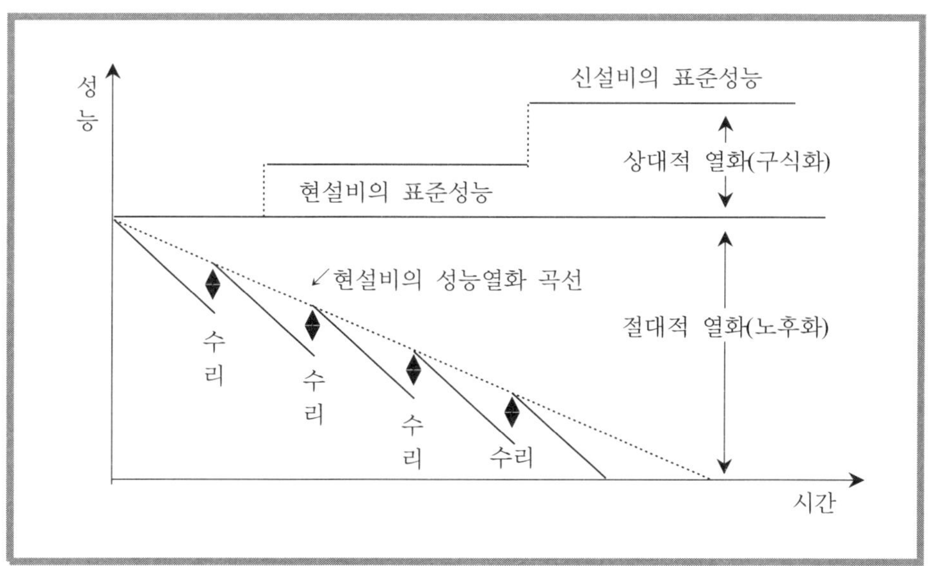

[그림 10-6] 기술적 열화

(3) 기술적 열화(Technological Depreciation)

기술적 열화는 보다 새롭고 발전된 기계설비가 출현됨에 따라서 현재 보유하고 있는 기계설비가 구식화되어 있는 상대적 열화와 설비가 노후화하여 갱신이 요구되는 절대적 열화로 분류된다.

(4) 화폐적 열화(Monetary Depreciation)

신설비를 구매할 때 구설비의 매각으로부터 보상되는 금액은 항상 충분하지 못하다. 따라서 신설비를 위해서는 신규투자가 어느 정도 요구된다. 그러나 시간의 경과와 함께 현재 보유하고 있는 설비로부터 회수되는 금액은 매년 점차로 감소되는데, 이와 같은 유형의 열화가 화폐적 열화이다.

2 설비보전

1) 설비보전의 의의

설비보전이란 검사제도를 확립하여 설비의 열화현상을 조사하고 어느 설비의 어느 부분을 수리할 것인가를 예측하며, 이에 필요한 자재와 인원을 준비하여 계획적인 보수를 행하는 것을 말한다. 원래 보전(Maintenance)이란 정비 또는 보수를 의미하는 것으로 현재의 설비를 계속적으로 활용할 수 있도록 그 성능을 유지시키는 것이다.

따라서 설비보전이란 설비의 설계에서부터 설치, 운전, 수리 및 처분에 이르기까지의 제비용을 최소화하여 설비가 가장 경제적으로 유효하게 함을 뜻한다. 초기에는 설비보전이 예방보전이란 의미로 사용되었으나, 1954년 미국의 GE에서 생산보전을 제창하면서부터 보전을 생산보전이라는 적극적인 의미로 사용하게 되었다.

설비보전의 목적은 설비를 가장 유효하게 활용함으로써 기업의 생산성을 향상시키는 데에 있다. 생산성을 제고하기 위해서는 다음의 요소에 대해 항상 현상을 파악하고 개선에 노력하지 않으면 안 된다.

(1) 생산량(P ; Products)

고장정지나 성능저하를 없애고 생산목표를 달성한다.

(2) 품질(Q ; Quality)

설비에 기인하는 품질불량을 없앤다.

(3) 코스트(C ; Cost)

설비열화에 의한 수익률 저하와 에너지 손실을 없앤다.

(4) 납기(D ; Delivery)

고장에 의한 납기지연을 없앤다.

(5) 안전(S ; Safety)

종업원의 안전을 확보한다.

(6) 사기(M ; Morale)

환경을 좋게 하여 작업자의 작업의욕을 높인다.

기업생존의 기초 : 5S

(1) 1S : 정리(Seiri)

정리란 「필요한 것과 필요하지 않은 것을 분명히 나누어, 필요하지 않은 것을 버리는 것」이다.

(2) 2S : 정돈(Seition)

정돈이란 「필요한 것을 사용하기 쉽게 제자리에 놓아, 누구나 알 수 있도록 명시하는 것」이다.

(3) 3S : 청소(Seiso)

청소란 「항상 쓸고 닦아서, 깨끗이 하는 것」이다.

(4) 4S : 청결(Seiketsu)

청결이란 「정리・정돈・청소의 3S를 유지하는 것」이다.

청결이란 지금까지의 3S인 정리, 정돈, 청소와 조금 다른 면이 있다. 지금까지의 3S는 모두 「~한다」라는 "동작"의 상태를 나타낸 것이다. 그러나 「청결」은 동작의 상태를 표현하는 것이 아니다. 청결은 어디까지나 "어느 시점"이나 "결과"를 나타내는 말이다.

(5) 5S : 마음가짐(Shitsuke)

마음가짐은 4S만이 아니라 생산전체의 요점이라고도 할 수 있다. 마음가짐이란 「결정된 것을 항상 바르게 지키는 습관을 지니는 것」이다.

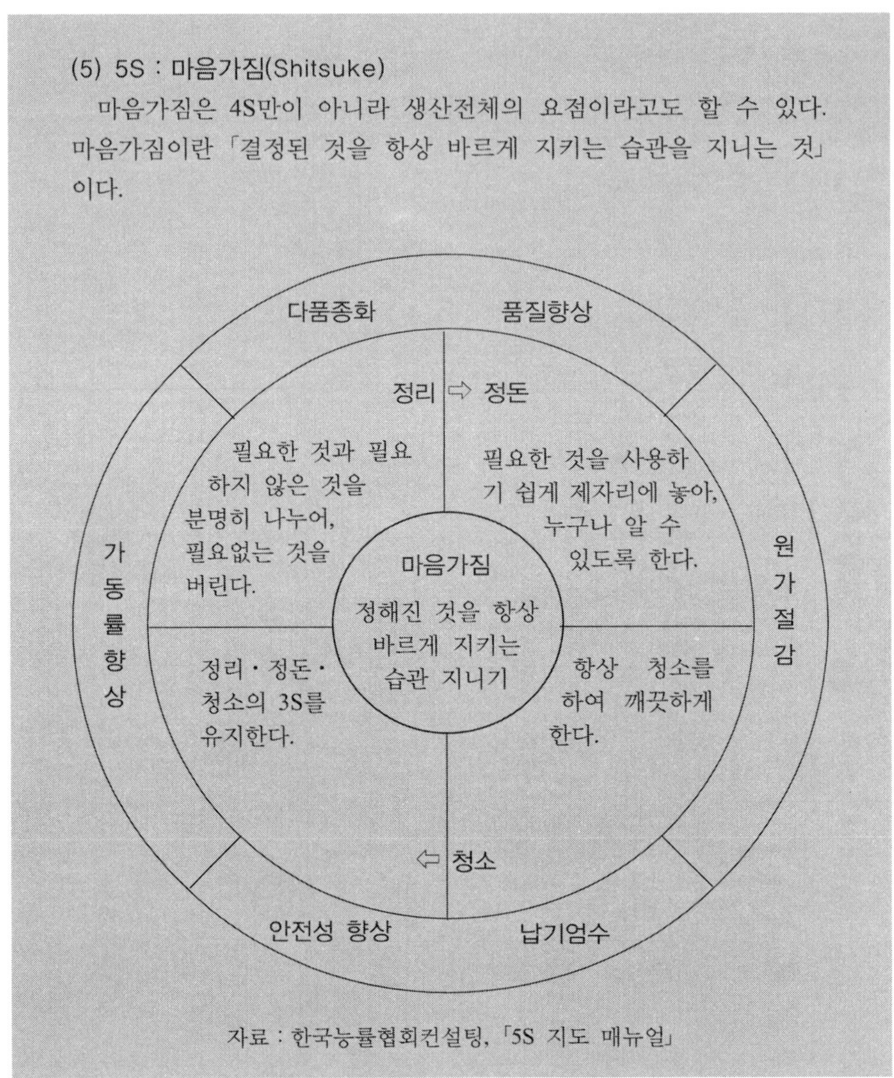

자료 : 한국능률협회컨설팅, 「5S 지도 매뉴얼」

2) 설비보전의 내용

설비보전 방식에는 일반적으로 생산보전, 예방보전, 사후보전, 개량보전, 보전예방 등의 방법이 있다. 이것은 설비관리의 수법으로 생산공장에서 좋은 것을 싸게 생산하고 가장 경제적으로 설비의 보전을 추구하는 것이다. 즉 생산정지시간의 감소, 보전비의 감소, 불량품의 감소, 예비재고량의 감소, 제조원가의 절감, 안전작업 등의 효과로 생산성향상을 기대하는 것이다.

생산보전(PM : Production Maintenance)이란 설비보전과 동일한 것으로 예방보전을 포함하여 생산의 경제성을 높여 주는 보전을 총칭하는 것이다. 따라서 생산보전이란 개념은 설비의 일생을 통하여 설비의 운전과 유지에 드는 일체의 비용과 설비의 열화에 의한 손실과의 합을 저하시킴으로써 생산성을 높이자는 것이다. 생산보전에는 보전예방(MP : Maintenance Prevention), 예방보전(PM : Preventive Maintenance), 개량보전(CM : Corrective Maintenance), 사후보전(BM : Breakdown Maintenance)이 있다.

(1) 보전예방

보전예방(MP)은 설비의 설계 및 설치시에 고장이 적은 설비를 선택해서 설비의 신뢰성과 보전성을 향상시키는 기법이다.

(2) 예방보전

예방보전(PM)은 설비를 사용하는 중에 사후보전을 하는 것보다 비용이 적게 드는 설비에 대해서, 정기적인 점검 및 검사와 조기수리를 행함으로써 생산활동 중에 기계고장을 방지하는 기법이다.

다시 말해서 설비의 예방보전이란 예정한 시기에 검사・급유・조정・분해정비・계획적 수리 및 부분품 교체 등을 행하며, 설비성능의 저하와 고장 및 사고를 미연에 방지하고 설비의 성능을 표준 이상으로 유지하는 보전활동이다. 예방보전이 효율적으로 수행될 경우에는 다음과 같은 효과를 가져온다. 설비보전의 중점은 예방보전에 있다고 할 수 있으며 연속생산시스템의 경우 더욱 중요하다.

① 생산 시스템의 정지시간이 줄어들게 되며 유휴손실이 감소된다.

② 대규모 내지는 반복적인 수리작업의 회수가 줄어들게 되므로 기계수리비용이 감소된다.

③ 납기지연으로 인한 고객의 불만이 없어짐은 물론 구매기회를 신장시킬 수 있다.

④ 예비기계를 보유할 필요성이 없게 된다.

⑤ 현장에서는 작업자가 보다 안전하게 작업할 수 있다.

⑥ 결국 생산시스템의 신뢰도가 향상되고 제조원가는 절감될 수 있다.

(3) 개량보전

개량보전(CM)은 고장원인을 분석하여 보전비용이 적게 들도록 설비의 기능 일부를 개량해서 설비의 체질을 개선하는 기법이다.

(4) 사후보전

사후보전(BM)은 고장이 난 후에 보전비용이 적게 드는 설비에 적용하는 방식으로 설비의 열화정도가 수리 한계를 지난 경우에 사용되는 기법이다.

〈표 10-7〉 설비의 관리특성과 그 향상 수단

구 분	설비계획 설치시	설비 사용중	고장이 났을 때 원인분석	비 고
신뢰성의 향상	Test, 수입 검사 이행	운전, 조작 Miss 배제	설비자체의 체질검사	신뢰성공학
보전성 향상	용이하게 보전수리가 되는 설비선택	예방보전검사 재료의 선택	검사 · 수리가 쉽게 설비자체 의 체질검사	보전성공학
	↓ MP (Maintenance Prevention) 보전예방	↓ PM (Preventive Maintenance) 예방보전	↓ CM (Corrective Maintenance) 개량보전	
		↓ 생산보전 (Production Maintenance)		

3) 보전조직의 형태

설비 보전조직이란 설비보전의 목적을 효율적으로 달성하기 위하여 설비보전에 관계되는 권한과 활동의 상호관계를 체계적으로 확립한 것이다. 1962년 H.F. Bottcher는 설비보전 조직을 집중보전, 지역보전, 부문보전,

절충보전의 기본형태로 구분하였다. 조직의 설계시 고려하여야 될 사항은 다음과 같다.

- 제품의 특성
- 생산형태
- 설비의 특징
- 지리적 조건
- 공장의 규모
- 기술 및 관리의 수준
- 인간관계
- 외주이용도

(1) 집중보전

조직 및 배치 면에서 보전요원이 집중되는 형태이다. 보전업무가 1인의 보전책임자에 의하여 조직화되고 지도・감독을 받는 유형이다.

① 장점

- 기동성
- 인원배치의 유연성
- 노동력의 유효이용
- 보전용 설비공구의 활용
- 보전원 기술향상
- 보전기술의 축적
- 보전비 통제의 확실성
- 보전책임의 명확화

② 단점

- 운전과의 일체감 결여성
- 현장감독의 곤란성
- 현장 왕복시간의 낭비
- 작업일정 조정의 곤란성
- 특정설비에 대한 미숙지

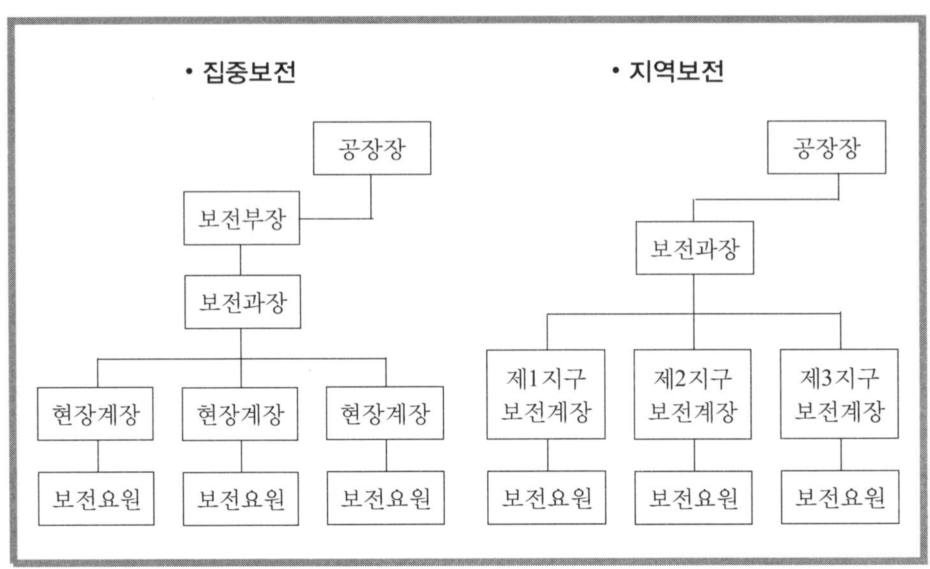

[그림 10-7] 집중보전과 지역보전

(2) 지역보전

조직상은 집중보전과 동일하나 각 지역에 분산된 유형으로 보전요원은 제품별, 공정별, 업종별로 분류되는 형태이다.

① 장점

- 운전과의 일체감
- 현장감독의 용이성
- 현장 왕복시간의 단축
- 작업일정의 조정 용이
- 특정설비에 대한 숙지성

② 단점

- 노동력의 유효이용 곤란
- 인원배치의 유연성 제약
- 보전용 설비공구의 중복

3) 부문보전

보전요원을 각 제조부문에 분산 배치하여 각각의 부문장이 지휘 감독을 한다.

① 장점

- 지역보전의 장점과 비슷하다.

② 단점

- 생산우선에 의하여 보전을 경시
- 책임소재가 불명확
- 보전기술의 향상이 곤란

(4) 절충보전

상기의 조직형태 중 장점을 살리고 단점을 보완한 형태이다.

① 장점

- 집중 Group의 기동성
- 지역 Group의 운전과의 일체감

② 단점

- 집중 Group의 왕복 Loss
- 지역 Group의 노동효율 저하

3 설비투자

설비투자는 많은 자금이 필요하며 때로는 기업의 운명을 결정짓는 경우도 있다. 따라서 신중히 계획을 입안하고 설비투자에 대한 채산성의 검토가 필히 요구된다. 즉 다음의 사항을 명백히 하고 경영자와 관리자가 적합한 의사결정을 하여야 한다.

- 현재의 계획(방안)은 어느 정도 유리한가
- 대체안을 정량적으로 비교 분석하고 있는가
- 기대이익의 획득이 가능한가

• 예정한 기간내에 상각이 될 수 있는가

1) 설비투자의 종류와 성격

설비투자는 적극적 투자와 소극적 투자로 구분된다. 적극적 투자란 주로 신규 생산에 관한 것으로 현재 제품의 대폭적인 증산 또는 신제품의 생산에 목적을 두고 있다. 따라서 공장의 증설 혹은 신설이 행해진다. 소극적 투자란 현상유지를 위하여 행해지는 것으로 대체적 투자를 의미한다. 그 목적은 품질의 향상, 원가의 절감, 성력화에 있다.

경제계산의 방식으로 보면 소극적 투자는 가장 단순하고 계산도 정확하게 된다. 반면에 적극적 투자 중에서도 현재 제품의 증산인 경우에는 소극적 투자의 계산 외에, 증산분에 대한 이익 및 투하자본을 계산하므로 약간 복잡하게 된다. 설비투자는 보통 다음 네 가지의 종류로 대별된다.

(1) 갱신투자(更新投資)

현재의 보유설비를 대체하는 데 관련한 설비투자로 현재의 보유설비와 같은 기능을 갖는 신설비에 대한 투자이다. 이것은 노후화에 대한 것과 진부화에 대한 갱신투자가 있다. 이 투자목적은 설비합리화에 의한 원가절감에 있다.

(2) 확대투자

현재의 생산능력 및 판매능력을 증대시키기 위한 투자로 설비를 증설해 생산량을 증대시키기 위한 설비투자이다. 확대투자에는 현 보유제품과 신제품을 위한 투자가 있다. 이 투자목적은 투자에 의한 수익의 증대이다.

(3) 근대화 투자

보유설비를 근대화하기 위한 설비개선 투자이다. 갱신투자와 같이 설비의 증설은 없고 생산량이나 원가 면에서 불변이지만 설비의 기능이 향상된다. 이 투자목적은 제품품질의 향상 및 생력화이다.

(4) 전략적 투자

설비는 증설하지만 생산량은 증대되지 않는 설비투자이다. 전략적 투자는 직접적이고 급속하게 투자효과가 나타나지 않고 예측도 곤란한 점에서 다른 설비투자와 다르다. 전략적 투자는 연구개발・신제품개발・공해방지 등을 위한 투자이다.

제5절 | 생산운영 관리자

1 관리자의 위상

감독이란 단어를 사전에서 찾아보면 '보살펴 잘못이 없도록 시키는 것, 또는 그 사람'이라고 설명되어 있다. 기업실무와 감독의 성립조건을 고려한 정의를 살펴보면 다음과 같다. 즉 감독권을 가진 관리감독자가 감독을 받아야 할 작업자에 대해서 특정한 임무를 부여하고, 그 부여한 일이 그대로 실시되도록 하는 일련의 행위를 말한다.

관리감독자의 기본직무란 부여된 작업단위의 책임자로서 작업계획에 의거하여 관련부서와 협의하고, 작업준비와 작업실시요령을 결정하며 부하를 감독하여 작업을 수행하도록 한다. 그리고 작업 중 발생하는 문제를 협의・조정・절충 등을 통해서 해결하고, 계획의 수행을 추진하며 적정인원의 확보와 양호한 인간관계의 유지에 노력하고, 부하의 사기진작과 안전에 유의한다. 또한 작업여력의 활용, 작업방법의 개선, 원재료 및 설비의 효과적인 활용으로 능률 및 품질향상과 원가절감을 위하여 노력한다.

관리감독자의 직무란 계획수행을 위한 유지관리와 현재의 관리감독 수준을 높이기 위한 향상관리가 기능상 포함되어 있다. 기업의 관리감독 활동은 이 2가지의 기능을 효율적으로 발휘시켜서 관리수준과 생산성을 향상시킨다.

기업의 조직을 계층별로 분류하면 경영층, 중간관리층, 관리감독층, 일반 종업원으로 구분할 수 있다. 관리감독층은 경영층의 경영방침에 따라서 구체적인 계획의 입안 및 운영방법, 규칙을 작성하고 이에 관련된 간접적인 통제업무를 맡고 있다.

관리감독층은 명령에 따라서 직접적으로 생산업무를 지휘·감독하고 있으며, 일반 종업원은 관리감독자의 관리감독에 따라 실제의 생산활동에 임하고 있다. 이와 같은 관점에서 볼 때 관리감독자는 관리층과 동일하게 경영을 담당하는 경영담당자라고 할 수 있다. 그러나 관리감독자는 관리자와는 다르게 간접적 통제를 맡고 있는 것이 아니라, 직접 부하를 개별적으로 지휘 감독함으로써 작업성과와 직결시킨다.

관리감독자의 위상에서 본 훌륭한 감독이란 다음과 같다. 즉 기업·공장의 방침·계획·절차·상사의 지시를 따르고, 동료 및 타부서와 협력하여 기계·설비·건물·작업장소·자재·원료·시간 등을 능률적 경제적으로 다루고, 부하를 지도하고 기술을 향상시키며 직장의 사기를 높여서 좋은 품질의 제품을 싸고 안전하게 납기에 맞추어 생산해 내는 일이다.

〈표 10-8〉 관리감독자와 작업자의 차이

작업자의 작업	관리감독자의 업무
• 계획에 따라 일한다. • 직접 작업에 임한다. • 자기가 하고 있는 작업에 대해서만 책임을 진다. • 규정된 반복적 작업에 종사한다. • 지시를 받고 작업한다. • 설비, 기계, 재료, 공구를 다룬다.	• 작업자의 노력을 통해서 생산을 하고 자기의 책임을 완수한다. 따라서 작업자를 격려하고 훈련도 실시한다. • 작업자의 작업에 대해서도 책임을 진다. • 예외적인 작업도 취급한다. • 지시를 한다. 지시를 하기 위하여 어떻게 하면 좋은지를 판단하여 결정한다. • 규율, 위생, 안전, 작업환경도 다룬다.

2 관리자의 업무와 관리

1) 업무와 관리의 본질

현장의 업무는 복잡하고 관리감독이 매우 어렵다. 관리감독자는 생산현장에서 성과를 올리고 생산현장에서의 품질・코스트・납기의 책임을 수행해야만 한다. 현장은 제1선 관리감독자의 직책수행 능력을 발휘하는 곳이기도 하다. 현장의 업무에 정통하고 관리의 본질을 규명하면서 적극적으로 업무에 대처하는 모습은 제1선 관리감독자로서 매우 바람직한 모습이다.

관리감독자는 작업현장에서 발생하는 문제의 하나하나를 부하와 협력하고 혹은 상사의 지도를 받아 문제를 해결해야만 한다. 문제라는 것은 발생할 때마다 다른 형태로 나타나는 것으로 비슷한 문제가 있어도 동일하다고는 볼 수 없다. 따라서 어떠한 문제라 하더라도 대응할 수 있는 문제해결능력을 높인다는 것은 관리감독자로서 당연한 책무이다.

현재 생산현장에서의 공동 과제는 품질향상과 코스트 다운(원가절감)의 실현이다. 그것은 현장의 어떤 일이라도 코스트의 발생원이기 때문이다. 따라서 코스트 의식을 높이고 업무를 재검토하는 자세가 필요하다. 업무란 문제해결능력을 시도하는 대상이며 관리는 그러기 위한 도구의 하나인 것이다.

2) 업무흐름의 저해

현장의 업무에는 3가지 특징이 있다. 첫째, 인간・기계・설비・재료・기타의 모든 생산요소가 집약되고 있으며 종합적인 관리감독이 요구된다. 둘째, 품질향상과 원가절감을 현장에서 실현하기 위해서는 시시각각으로 변화하는 생산조건 및 요인에 대한 관리감독이 필요하다. 셋째, 생산의 결과는 정확하게 또한 구체적으로 나타난다. 이와 같은 업무의 특징으로 인하여 현장의 업무흐름은 다음과 같이 저해되는 경우가 발생한다.[5)]

① 업무의 흐름과 리듬이 불규칙하여 업무가 예정대로 수행되지 못한다.
② 생산요소와 생산조건의 관리가 불충분하여 일의 흐름이 정체된다.
③ 일의 흐름에 대한 정체는 품질・코스트・납기에 영향을 미친다.

---

5) 한국생산성본부, 「생산성향상 활동 추진요령」

3 관리감독자의 책무

1) 관리감독자의 역할

관리감독자의 역할은 전향적인 것이며 능동적인 개념으로 인식되고 있다. 역할이란 주어지는 것이 아니라 스스로 만드는 것이다. 다시 말해서 관리감독자의 역할은 자신의 자각에 따라서는 커지기도 하고 작아지기도 한다는 것이다.

관리감독자는 위치와 업무의 성격으로 보면 부하에 대해서는 경영자의 대표자이면서 동시에 경영자에 대해서는 부하의 대표이다. 말하자면 관리감독자란 이중적인 입장에 있으면서 또한 양면의 역할을 수행해야 하는 위상이다. 그러므로 관리감독자는 역할수행에 있어서 항상 뚜렷한 주체성을 확립하여 경영자와 부하의 어느 측에 대해서도 중재자가 되어야 한다. 또한 역할이란 시대의 변화에 따라서 변화하는 시대의 요청에 부합되어야 한다. 관리감독자에게 요구되는 필수적이고 기본적인 역할은 다음과 같다.

(1) 생산목표의 달성

관리감독자의 역할은 무엇보다도 생산목표를 달성하는 일이다. 즉 현장에 할당된 목표의 달성을 위하여 3가지 조건인 품질, 코스트, 납기를 동시에 만족시켜야 한다. 이는 곧 생산목표 달성을 위해 관리의 순서를 올바르게 밟는 것이다.

① 업무의 계획을 세운다.
② 계획대로 실행한다.
③ 실행한 결과를 점검한다.
④ 결과를 보고 계획을 수정한다.

그러나 무엇보다도 생산요소나 생산조건의 변화에 따라 신속하게 대책을 세울 필요가 있다. 이렇게 함으로써 「보다 좋은 품질, 보다 싼 코스트로 보다 빠른 납기」의 실현이 가능하게 된다.

(2) 작업방법의 개선

적은 비용으로 좀더 좋은 제품을 만들기 위하여 감독자는 작업을 끊임없이 개선해 가야 한다. 작업방법의 개선은 현재 실시되고 있는 작업방법을 분해하여 비경제적 요소를 제거하고 간소화함으로써 생산을 제고시키는 데 그 목적이 있다.

(3) 노사관계의 개선과 협조

노사관계에 바람직하다고 생각되는 태도·행동의 형성에 노력한다. 회사에 대한 신뢰를 높이고 노사관계에 악영향을 끼치는 문제의 발생을 예방하고 사전에 문제해결에 뛰어든다. 그리고 적극적인 관리감독으로 임한다.

(4) 부여된 목표 이상의 성과 달성

현상유지의 근무태도와 사고방식은 생산현장에서 경계해야 할 자만이다. 현상타파를 통한 창의력 발휘로 업적향상에 직결시켜야 한다.

(5) 직장규율의 유지

직장규율은 '조직구성원이 기업내의 행동에 관하여 실행해야 할 규율의 총체이다'라고 해석할 수 있다. 직장규율의 적극적 활용은 목적을 달성하고 매력 있는 직장을 만들기 위해서는 어떻게 행동하는 것이 바람직한지를 행동기준으로 삼고, 관리감독의 개선을 추진하는 데 있다.

(6) 좋은 작업환경의 조성

소음, 조명, 안전과 같은 생리적·물리적 측면의 환경은 직접적으로 생산에 영향을 미친다. 관리감독자는 이와 같은 작업환경뿐만 아니라 부하의 안전과 위생, 육체적 피로, 직업병과 같은 문제에도 관심을 가져야 한다.

(7) 업무의 관리

목표의 달성을 위하여 실행계획을 세우고 부하에게 업무를 할당한다.

업무의 진행상태를 파악하여 검토한 후 필요한 조치를 취한다.

(8) 정보관리

업무에 관한 정보를 수집·정리·활용한다. 관련부서와 정보교환을 하며 상사에게 정보를 제공한다.

(9) 부하의 사기앙양과 팀웍 향상

부하의 사기앙양과 팀웍을 향상시키려면 관리감독자는 자발적으로 부하가 그런 기분이 일어날 수 있는 조건을 만드는 데 주력하여야 한다. 부하가 일을 하고 싶도록 하는 조건은 첫째, 직장의 인간관계를 좋게 하고, 둘째, 일하는 보람을 찾을 수 있는 조건을 만드는 것이다.

(10) 부하의 지도육성

부하의 지도육성은 미래의 인재육성과 고도의 생산성을 유지하기 위한 부하의 능력개발과 현장적응의 교육이다. 그러므로 작업지도를 통한 기능훈련 이외에 부하의 인간적 성장까지도 지원해야 할 것이다.

2) 관리감독자의 책무

관리감독자의 직무와 책임의 내용을 구체적으로 예시하면 다음과 같다.

(1) 작업을 계획한다

- 생산계획에 맞추어 작업계획을 수립한다.
- 부하에게 작업을 할당한다.
- 자재, 원료를 수배한다.
- 작업시간, 근무예정표를 작성한다.
- 작업방법을 결정한다.
- 작업준비를 한다.
- 작업기준을 작성한다.

(2) 작업을 실행한다

- 작업지시를 한다.
- 작업의 진행상황을 점검한다.
- 부하의 작업태도를 살펴 본다.
- 품질을 관리한다.
- 계획에 빗나간 일에 대해 다시 조치를 취한다.
- 자재, 원료를 점검한다.
- 폐품을 처리한다.
- 기계를 살펴 본다.
- 작업일지에 기입한다.
- 업무를 보고한다.

(3) 작업을 개선한다

- 작업의 흐름을 개선한다.
- 작업방법을 개선한다.
- 부하의 개선에 대한 제안을 받아들인다.
- 기계설비의 개선을 제안한다.
- 개선의 제안을 한다.

(4) 안전위생, 정리정돈을 한다

- 안전설비를 한다.
- 안전에 대한 훈련을 한다.
- 사고보고를 한다.
- 위생의 개선을 한다.
- 정리정돈을 한다.

(5) 부하를 훈련한다

- 훈련예정표를 작성한다.
- 작업분해표를 가지고 훈련한다.

- 훈련의 결과를 평가한다.
- 사후지도를 한다.
- 신입사원을 훈련시킨다.

(6) 부하의 근무를 관리한다

- 적재적소에 배치한다.
- 작업성과를 평가한다.
- 지각, 조퇴를 단속한다.
- 결근 · 휴가를 허가한다.
- 규율을 유지한다.
- 질책을 한다.
- 칭찬한다.

(7) 의욕적인 직장을 만들도록 노력한다

- 사내외의 정보를 부하에게 전달한다.
- 부하의 의견을 상사에게 전달한다.
- 부하의 불평불만을 처리한다.
- 부하와 면담한다.
- 현장회의를 주관한다.
- 상사에게 상신한다.
- 상사와 면담한다.
- 부하를 이해하고 개선점을 파악하도록 노력한다.

 4 관리감독자의 자격요건

관리감독자의 지위는 과거처럼 영속적이고 안정적인 것이라고 볼 수 없다. 기업은 경영혁신의 도입과 경쟁력제고를 통한 기업체질의 강화로 기업변신을 추진하고 있다. 관리감독자에 대한 임기제도의 도입, 연수성적의 고과반영, 연공보다는 능력중시, 경험보다는 실적 우대, 신인사고과

제도의 실시, 승진상의 학력 철폐, 성차별의 무시 등은 관리감독자의 실력주의시대를 예고하였다. 관리감독자에게 필요한 기능과 조건을 살펴보면 다음과 같다.

1) 관리감독자의 요구기능

관리감독자는 부여된 직무를 효과적으로 수행하기 위해서 일정한 능력과 다음과 같은 기능이 필요하다.

(1) 기술적 기능

방법, 절차, 기법 등을 포함하는 특정의 업무활동에 관한 기술적 기능에 대하여 숙련되어 있고 이해하고 있는 정도를 의미한다. 즉 전문적 지식, 분석능력, 기계의 다듬질능력, 도구사용의 숙련, 작업지도능력, 부하의 문제해결능력, 훈련된 기술 등을 말한다.

(2) 대인기능

대인기능은 사람에 대해서 작용하는 것이다. 관리감독자가 조직구성원의 일원으로서 또한 책임자로서 필요한 기능이며 부하로부터 자발적인 협력을 구축하는 기능이다. 명랑하고 즐거운 분위기의 조성, 부하의 이해능력, 부하에 대한 상담자로서의 역할, 의견의 청취와 수용능력 등을 뜻한다.

(3) 판단기능

기업전체를 통찰하는 기능이다. 조직의 여러 가지 기능이 다른 부문에 어떻게 영향을 미치고 있고, 어떤 부문의 변화가 어떻게 영향을 미치는지를 이해하는 능력이다.

2) 관리감독자에게 필요한 조건

관리감독자가 자신이 맡고 있는 직장의 일을 순조롭고 확실하게 수행하여 그 직책을 완수하려면 경험상 다음의 다섯 가지 자격조건을 잘 갖출 필요가 있다.

(1) 작업에 대한 지식

이것은 각자가 맡고 있는 직무에 고유하고 특유한 것으로서 일을 바르게 수행하기 위하여 필요한 지식이다. 예컨대 작업표준, 기준에 따른 설비, 자재, 기계, 기구 등을 정확하게 사용하는 데 필요한 기술·기능과 관련된 지식인 것이다.

일정한 작업을 맡아서 반복적으로 하고 있을지라도 기술혁신의 시대에 뒤지지 않으려면 날마다 새로운 지식을 축적할 필요가 있다. 또한 새로운 일이 시작될 때나 새로운 제품을 취급하게 되면, 새로운 일에 대한 지식을 습득해야만 한다.

(2) 직책에 대한 지식

관리감독자로서 필요한 책임과 권한에 관한 지식으로서 회사의 방침, 취업규칙, 작업기준, 안전규칙, 직제, 업무계획, 노사간의 결의사항 등에 따라 일을 수행하기 위한 지식을 말한다. 직책에 대한 지식은 기업, 업종, 라인에 따라 다르기 때문에 그에 관한 지식도 당연히 다른 것이 필요하게 된다. 관리감독자는 직장에서 일을 하고 있는 한 그 직장에서 정해진, 또는 정한 바에 따라 직무를 수행해야 한다. 그러기 위해서는 관리감독자에게 주어진 책임과 그에 따른 권한을 충분히 이해하고 있을 필요가 있다.

(3) 가르치는 기능

작업자를 잘 훈련하여 훌륭한 일을 할 수 있도록 하기 위한 기능이다. 이 기능을 완전히 몸에 익히면 낭비, 실패, 재작업과 재손질을 적게 하고 재해감소, 도구설비의 손모, 마모, 파손감소를 기할 수 있게 된다. 아무리 일에 관한 지식이나 기능을 가지고 있다 하더라도 가르치는 기능이 없으면 그것을 다른 사람에게 잘 전달할 수가 없다. 일을 적절하고도 손쉽게 가르쳤다 해도 상대방이 일을 바르게 이해하지 못하였으면 반드시 다시 가르쳐야 한다.

바르게 일을 수행하지 못하기 때문에 생긴 불량품의 뒷손질이나 기계의 수리, 부상의 치료 등과 같은 달갑지 않은 번거로움에 관리감독자 본연의 업무가 뒤로 밀려나기 때문이다. 그러므로 잘 가르칠 수 있는 기능, 즉 작업지도기법을 몸에 익힐 필요가 요구된다.

(4) 개선하는 기능

작업의 내용을 세분해서 연구하고, 그것을 간소화하거나 짜임새 있게 순서를 정하거나 재배열하는 기능이다. 이 기능이 있으면 자재, 기계, 설비, 노동력 등을 현재보다도 더욱 유효하게 활용하는 데 도움이 된다.

(5) 부하를 다루는 기능

작업자 상호간의 인간관계를 원활하게 하고, 부하로부터 기꺼이 자진해서 협력을 받는데 도움이 되는 기능이다. 관리감독자가 이 기능을 매일 활용하게 되면 부하와의 관계를 원활히 하고, 직장에서 인간관계에 관한 갈등이 일어나는 것을 미연에 방지할 수 있다. 그리고 갈등이 일어났다 하더라도 잘 처리할 수가 있다. 이것은 개인을 이해하고 정황(情況)을 잘 생각함으로써 작업자와 더불어 유쾌하게 일을 할 수 있는 기능인 것이다.

제6절 | 작업지도

1 작업지도의 원리

1) 작업지도의 중요성

관리감독자의 임무와 역할은 양질의 제품을 낮은 원가로 생산하여 고객의 신뢰를 얻는 것이다. 그러나 이러한 소신과 일념에도 불구하고 현장에서는 나쁜 영향을 미치는 문제가 수없이 발생한다. 문제가 생기는 원인을 살펴보면 작업자가 일을 모른다든가(지식의 부족), 일을 잘하지 못한다(기능의 부족)는 것이다. 관리감독자가 올바른 지도방법으로 일의 수행방법을 가르쳐 주기만 하면 문제의 대부분은 제거될 수 있다.

작업지도의 대상은 현재의 작업에 임하고 있는 작업자와 신규 작업자로 구분할 수 있다. 현재 작업에 임하고 있는 작업자는 현실적으로 생산상의 문제가 발생하였을 경우 이외에도, 예컨대 다음과 같은 경우에 작업지도 및 훈련의 필요성이 제기된다. 첫째, 승진과 배치이동 등에 따라 직무가 변경되었을 때, 둘째, 작업방법 등이 변경된 경우, 셋째, 생산이나 업무계획이 변경되었을 때, 넷째, 안전작업의 철저를 기하고자 할 경우이다.

부하에게 무엇을 가르치려고 할 때 일방적으로 설명하고 주입하면 다 되는 것으로 생각하는 경향이 많다. 그러나 부하의 의욕이 부족하거나 가르치는 방법이 나쁘면 소기의 성과를 거둘 수 없을 것이다. 부하의 작업지도와 훈련에서 관리감독자들이 범하기 쉬운 실수 중 중요한 것을 열거해 보면 다음과 같다.

첫째, 동기유발을 등한시 한다.

둘째, 한 번에 너무 많게 그리고 빠른 속도로 가르치려고 한다.

셋째, 불분명하거나 난해한 용어를 구사한다.

넷째, 오관(五官)을 최대한 활용하지 않는다.

다섯째, 부하의 입장이나 능력을 고려하지 않는다.

여섯째, 사전준비를 소홀히 한다.

2) 동기유발

작업지도에서 쉽게 활용할 수 있는 동기유발의 주요한 방법을 소개하면 다음과 같다.

(1) 인정의 욕구충족

인간은 자신을 인정받고 싶어하는 욕구가 있다. 작업지도시 부하가 인정을 받으려는 욕구를 충족시켜 준다면 그 작업을 배우려는 강한 의욕이 생기게 된다. 부하의 장점, 특기, 경험, 칭찬을 강조하면 배우려는 강한 동기가 유발될 것이다.

(2) 흥미

현대인은 시간에 쫓기고 자신의 반복적인 생활 속에서 권태를 느끼게 된다. 작업지도시 작업과 관련된 감독자의 유머나 위트는 동기를 유발할 수 있다.

(3) 상과 벌

인간은 상을 받고 벌을 피하는 강한 의욕이 있다. 부하에게는 대체로 벌보다는 칭찬을 자주 하는 것이 효과적이다.

(4) 경쟁심과 협동심

인간은 경쟁에서 승리하려고 하는 의욕이 있으므로 경쟁심을 자극하면 동기가 유발된다. 그러나 경쟁심의 자극보다는 동료나 다른 부서와의 협동의식을 고취시키는 것이 바람직하다.

(5) 피드백

작업지도의 과정이나 마지막 단계에서는 그 결과를 반드시 알려준다.

2 작업지도의 사전준비

작업을 효과적으로 지도하기 위해서는 사전에 작업지도에 필요한 준비를 반드시 하여야 한다. 사전준비를 게을리 하면 효과적인 지도를 할 수 없으며, 관리감독자가 자기의 의무를 다 했다고 할 수 없다. 작업지도를 위한 사전준비에는 다음 세 가지를 들 수 있는데, 작업분해표의 작성이 가장 중요하다.

- 작업분해표 작성
- 훈련예정표 작성
- 공구·재료 등의 준비와 작업장의 정리

1) 작업분해표

작업분해는 가르칠 작업을 가르치기 쉽게 주요단계와 급소로 정리하는 것을 말하며, 이것을 일정한 양식에 기입해 놓은 것을 '작업분해표'라고 한다. 작업분해는 작업자에게 보이기 위한 것이 아니고 관리감독자 자신을 위한 기록이므로 간단히 작성하며, 상세히 작성하면 오히려 복잡해서 혼란을 가져온다.

작업분해표는 관리감독자가 자신의 생각을 명확히 하고 순서 있게 정리하여 자기 자신이 지도할 때 참고하기 위한 것이다. 작업분해표가 잘 작성되어 있으면 작업을 지도할 때 다음과 같은 효과를 거둘 수 있다.

① 주요단계와 급소를 구분하여 지도할 수 있다.
② 순서대로 가르칠 수 있다.
③ 급소를 강조할 수 있다.
④ 정확한 표현과 용어를 사용할 수 있다.
⑤ 작업표준대로 가르칠 수 있다.
⑥ 불필요한 설명을 하지 않게 된다.
⑦ 자신감을 가지고 가르칠 수 있다.
⑧ 부하에게 신뢰감을 줄 수 있다.

(1) 주요단계

주요단계란 작업을 진척시키는 '주된 작업순서'이며, 작업을 진척시키는 것과 주된 작업순서를 뜻한다.

① 설정 요령

- 실제로 작업을 진척시키면서 정한다.
- 주요한 것만을 주요단계로 한다.
- 정신적 활동(확인, 계산, 검사)도 주요단계로 본다.
- 주요단계의 크기는 부하(負荷)와 작업의 특징에 따라 다르게 한다.
- 주요단계의 크기는 되도록 균등하게 한다.
- 준비 · 본 · 마무리 작업부분을 각각 구분한다.

② 표현방법

- '무엇을 한다'는 동사적 표현에 근거하여 '○○을 △△한다'라는 문구로 작성한다.
- 되도록 동작과 방법을 정확하게 표현하는 문구로 작성한다.
- 가급적 구체적인 행동적 문구로 작성한다.
- 작업명에서 사용된 동작에 관한 문구를 피한다.
- 무리하게 문구를 분할하지 않는다.

(2) 급소

급소란 주요단계의 작업을 성공적으로 할 수 있는 요령을 말하며 다음의 세 가지를 의미한다.

- 주요단계의 작업을 성공적으로 하는데 열쇠가 되는 점
- 주요단계의 작업을 쉽게 할 수 있는 요령
- 안전에 관한 사항

① 찾는 요령

- 어렵고 중요한 점이 무엇인지 생각해 본다.
- 동작의 순서대로 찾는다.
- 과거의 경험에서 생각한다.
- 작업표준 및 안전수칙과 관련하여 생각한다.

② 표현방법

- '어떻게, 왜'에 해당하는 부사구로 하고, 주요단계의 동사구와 표현을 부드러우면서 완전한 문장이 되도록 한다.
- 부정이나 금지의 문구는 피한다.
- 추상적인 표현은 사용하지 않는다.
- 문구의 표현이 힘든 부분은 동작으로 표현할 내용으로 작성한다.

〈표 10-9〉 작업분해표의 작성요령

작 업 : 작업대 위의 무거운 물건을 어깨에 메고 운반하는 작업
부 품 :
재료와 도구 : 무게 약 30kg 포장물 등 중량물

주 요 단 계	급소(단계에 대하여 다음에 해당하는 것)
일의 진행을 위한 주요순서	1) 일을 잘되게 혹은 잘못되게 좌우하는 것 2) 위험 : 작업자가 다칠 우려가 있는 것 3) 요령, 비결 등 : 일을 하기 쉽게 하는 것
① 물건이 있는 곳에 웅크리고 앉는다.	• 양발을 벌리고 • 허리를 낮추고 • 등은 되도록 곧바로 펴고
② 손으로 물건을 잡는다.	• 물건의 아래쪽을 양손으로 잡고 • 짊어 질 어깨쪽의 손을 발가까이에 두고
③ 무릎 높이까지 들어올린다.	• 온몸으로 감싸듯이
④ 일어서는 것과 동시에 어깨에 멘다. ⑤ 물건을 운반한다.	• 올리는 탄력을 이용하여 • 밀어올리며 • 손끝의 힘으로 하지 않도록
⑥ 물건을 내려 놓는다.	• 힘을 주어 천천히 • 조용히 • 순서는 들어올릴 때의 반대 순서로

2) 훈련예정표

작업자의 지도는 사전에 좋은 계획이 수립되어야 좋은 성과를 기대할 수 있다. 그러므로 관리감독자는 최근의 현장상황을 중심으로 훈련예정표를 작성하여 비치하고, 감독 · 지도업무에 만전을 기하여야 한다. 훈련예정표를 작성하면 다음과 같은 이점이 있다.

① 현장의 실제현상을 확실하게 파악할 수 있다.
② 시급히 훈련시킬 과제가 분명해진다.
③ 부하의 개인별 작업능력을 일목요연하게 파악할 수 있다.
④ 누구에게, 무슨 작업을, 언제까지 훈련시켜야 되는지를 알 수 있다.

3) 공구 · 재료 등의 준비와 작업장의 정리

관리감독자는 가르치기 전에 필요한 모든 것을 준비하여야만 한다. 설비나 공구는 규정된 것을 준비함은 물론, 재료나 소모품 등도 충분히 준비해서 가르치는 도중에 모자라지 않도록 한다. 그리고 지도자가 나쁜 시범을 보이면 작업자에게 나쁜 습관이 붙기 때문에 지도자는 배우는 사람에 대해서 항상 올바르게 시범을 보여야 한다.

직장의 정리정돈은 작업안전의 제1보이다. 또한 설비기계, 도구류의 점검, 정비도 작업안전을 위한 불가결의 요소인 것이다. 따라서 관리감독자는 가르치기 전에 그것들을 충분히 정비하고 바로 모범을 보이도록 노력한다. 왜냐하면 지도자가 스스로 모범을 보인다는 것은 배우는 사람에게 크게 영향을 미치기 때문이다.

3 작업지도기법

작업자에게 작업을 지도하는 경우에 일반적으로 「말로 설명하는 방법」과 「시범을 보이는 방법」이 있다. 말로 작업지도를 설명하는 방법은 적절히 하기만 하면 좋은 방법이 될 수도 있으나, 이 방법에는 여러 단점을 노출시킨다. 즉 가르친 내용을 작업자가 쉽게 잊어버리거나 작업 실패를 야기한다. 그리고 사물이나 동작을 말로만 듣게 되면 복잡하게 느껴지며, 적절한 용어만을 사용하기가 어렵고 설명하고 있는 것을 작업자가 납득하였는지 확인이 곤란하다.

시범을 보이는 방법도 작업자에게 작업을 지도할 때 일반적으로 많이 사용되고 있으나, 여기에도 한계가 있기 마련이다. 따라서 관리감독자는 상대방(작업자)이 모르는 것은 자신이 가르치지 않았기 때문이라고 생각하여야 한다. 그리고 확실하게 신뢰할 수 있는 지도방법으로 작업지도기법의 4단계를 활용하는 것이 요구된다.

가르치기 전에 사전준비가 충분히 되었으면 그 다음에는 4단계 기법에 따라 부하에게 지도하면 된다. 작업지도기법의 4단계는 일을 정확하게, 안전하게, 양심적으로 할 수 있도록 빨리 습득시키는 방법이다. 확실하고 신뢰할 수 있는 기법의 4단계는 다음과 같다.

- 제1단계 : 학습할 준비를 시킨다.
- 제2단계 : 작업을 설명한다.
- 제3단계 : 작업을 시켜 본다.
- 제4단계 : 가르친 뒤를 살펴본다.

1) 제1단계 — 학습할 준비를 시킨다

준비단계는 작업자에게 작업을 배울 마음의 준비를 하게 하는 단계이다. 준비의 좋고 나쁨이 성부(成否)의 반 이상을 좌우한다고 한다. 작업을 가르치는 경우에도 미리 준비한다는 것은 매우 중요하다.

- 마음을 안정시킨다.
- 작업명을 알려 준다.
- 작업에 대하여 알고 있는 정도를 확인한다.
- 배우고 싶은 의욕을 갖게 한다.
- 정확한 위치에 자리를 잡게 한다.

2) 제2단계 — 작업을 설명한다

제시단계는 관리감독자가 작업을 가르쳐 주는 단계이다. 작업을 가르칠 때는 한 번에 한 동작씩 천천히 시범을 해 보여야 한다.

- 주요단계를 하나씩 설명하면서 시범을 보이고 그려 보인다.
- 급소를 강조한다.
- 확실하게, 빠짐없이, 끈기 있게 지도한다.
- 이해할 수 있는 능력 이상으로 강요하지 않는다.

3) 제3단계 — 작업을 시켜본다

시범이 끝난 뒤 작업자에게 실습하게 하는 단계이다. 알고 있다는 것과

할 수 있다는 것은 별개의 경우가 많다. 그러므로 설명이 끝나면 작업자를 직접 시켜보고 체험으로 습득시킬 필요가 있다.

- 작업을 시켜보고 잘못을 고쳐 준다.
- 작업을 시키면서 설명하게 한다.
- 다시 한번 시키면서 급소를 말하게 한다.
- 만족스러울 때까지 반복시킨다.

4) 제4단계 — 가르친 뒤를 살펴 본다

시범과 실습만으로 실수가 없을 것으로 보장할 수는 없다. 또한 작업환경의 변화와 시간의 경과에 따라서 작업을 잘 못할 가능성도 있으므로 사후지도를 할 필요가 있다.

- 일에 임하도록 한다.
- 모르는 것이 있을 때는 물어볼 사람을 정해 준다.
- 처음에는 자주 확인한다.
- 질문을 하도록 분위기를 조성한다.
- 점차 지도회수를 줄여 간다.

 4 신입작업자의 지도

1) 중요성

새로운 환경에 대하여 순응하도록 지도하는 것은 누구에게나 중요한 것이다. 관리감독자는 부하를 지도할 때 감수성이 예민한 신입기간을 절호의 기회로 간주하여야 한다. 특히 이 기간을 유효하게 사용한다면 부하와의 인간관계를 원만하게 유지하게 된다.

그리고 부하에게는 직장에 대한 좋은 첫인상과 조직풍토의 수용 등을 통하여 확실한 인식을 주고 올바른 직장생활의 출발을 유도할 수 있다. 신입작업자를 맞아들인다는 것은 관리감독자가 자기의 부하를 잘 알게 되고, 신입작업자가 자기의 집처럼 포근함을 느끼게 만드는 것이다. 관리감독자가 신입작업자의 지도에 성공하느냐, 실패하느냐는 어느 정도 열정을 쏟느냐에 좌우된다.

2) 지도방법

신입작업자가 현장에 배속되면 관리감독자는 즉시 올바른 지도를 하여야 한다. 처음 맞이할 때부터 시작해서 작업자가 제대로 작업과 임무를 수행할 수 있을 때까지 충분히 지도해야 한다.

(1) 최초의 대면을 한다

신입작업자에 대한 관리감독자의 최초의 대면태도는 관리감독자와 회사에 대한 신입작업자의 태도에 크게 영향을 미친다. 관리감독자는 오해를 하거나 잘 못보는 일이 없도록 언동을 조심해야 한다. 그리고 처음에 보여준 인상과 언동대로 좋은 관계를 유지하도록 힘쓰고, 관리감독자는 대면할 때 다음의 사항을 유념해야 할 것이다.

- 관리감독자는 신입작업자의 입장에서 마음가짐을 가지며 좋은 인상을 가지도록 한다.
- 가장 좋은 상태에서 서로 인사하고 편안한 마음으로 대면한다.
- 상호간의 공통점을 발견하고 관심사를 굳건하게 한다.
- 자연스럽게 회사의 입장에 서서 이야기를 이끌어 간다.
- 대면이 끝날 때에는 언제든지 관리감독자에게 와서 물어도 좋다는 인상을 남긴다.

(2) 상황설명

관리감독자는 입사가 결정되고 나서 신입작업자를 자주 만나며, 신입작업자가 회사방침과 긍지를 가지고 자신의 위치와 할 일을 인식하도록 한다. 그리고 회사의 조직에 대하여 알려 준다. 또한 회사의 계획과 목적을 신입작업자의 위치설정과 함께 설명하여 본인에게 이익이 된다는 것을 강조한다.

(3) 업무설명

업무에 대한 상황의 설명목적은 예비지식을 주어 신입작업자를 조기에 적응시키는 데 있다. 이해하기 쉬운 용어의 사용에 유의하고 잘 모를 때에는 질문을 통하여 잘 알 수 있도록 한다.

(4) 동료와의 융화

동료와 처음부터 좋은 관계를 유지해 나가느냐 하는 것은 전적으로 신입작업자 자신에게 달려 있다. 그러나 그 사이에서 관리감독자의 역할은 매우 중요하다. 관리감독자는 상호 조화시키는 것을 임무로 간주하고 영속적이 되도록 노력한다.

 5 훈련에 의한 지도

현재 일을 하고 있는 작업자도 훈련의 필요성이 생기게 된다. 왜냐하면 승진·배치변경에 따른 직무의 변경, 방법의 변경, 생산과 계획의 변경, 안전작업의 철저 때문 등이다.

신규작업자도 앞에서 살펴보았지만 지도와 지속적인 훈련으로 마땅히 적응시켜야 한다. 그리고 관리감독자가 생산상의 여러 문제를 해결할 때 사람의 문제로서 그 원인이 기능, 지식의 부족, 태도와 습관의 미숙에 해당하는 것이라면 훈련에 의해 해결할 수밖에 없다.

작업자의 적극적인 활동이 있어야만 훈련의 성과는 높아질 수 있다. 지도나 훈련은 배우게 하기 위한 지원활동이다. 관리감독자가 작업자를 효과적으로 훈련을 지도하는 방법은 다음과 같다.

1) 개별지도를 한다

작업자의 능력에 따라서 지도하지 않으면 작업을 원만하게 수행할 수 없는 결과가 생긴다. 그러므로 확실히 알았다고 할 때까지 확인하는 인내가 필요하다.

2) 해보고 싶다는 마음을 갖게 한다

평상시에 작업자의 흥미와 관심을 파악하여 그것을 자극하거나, 장래를 함께 생각하는 관리감독자의 자세에서 하고 싶은 마음이 생겨나는 것이다. 잘 훈련시키는 감독자는 부하의 해보고 싶다는 마음에 부응하고자 꾸준히 노력을 한다.

3) 체험시킨다

실제로 해 보이게 함으로써 습득하게 한다.

4) 반복한다

훈련된 것의 습득은 몸에 체득되기 위해서 몇 번이고 반복하는 것이다. 반복은 상호간에 괴로운 것이다. 부하가 중도에 포기하고 싶은 마음을 가지려고 할 때 포기하지 않게 하는 것이 관리감독자의 의무이다.

5) 한 번에 한 가지의 작업을 시킨다

한 번에 한 가지의 작업을 가르친다는 것은 무리하게 주입시키지 말라는 것이다. 훈련을 실시할 때 욕심이 생겨서 부하의 지식 · 기능 · 경험을 생각하지 않고 실시한다면 효과는 없을 수밖에 없다. 가르치기 전에 작업분해를 해 놓고 작업분해에 따라 가르치도록 한다.

6) 두 가지 이상의 감각기능을 이용한다

5감의 기능을 활용하여 체험교육을 실시하는 것이다. 인간의 5가지 감각의 수용비율은 일반적으로 시각 60%, 청각 20%, 촉각 15%, 후각 3%, 미각 2%이다. 말로만 설명할 것이 아니라 현상을 보이고 실제로 만져보게 함으로써 훈련효과를 높일 수 있다.

7) 잘 되는 체험을 반복하게 한다

성공의 연속을 경험시킴으로써 자신감이 넘치게 한다.

8) 결과를 알린다

부하가 잘못된 작업방법을 하고 있을 때에는 그 자리에서 잘못을 지적하고 올바른 방법을 지도하여야 한다.

제7절 | 작업개선

1 작업개선의 의의

1) 비효율적 작업과 낭비

모든 작업과 시간이 가치의 창출에 필요한 것은 아니다. 비효율적인 작업은 낭비를 낳는 작업이다. 낭비의 원인은 여러 가지가 있다. 작업자에게 원인이 있는 것, 기계 고장에 의한 것, 작업방법이 나빠서 발생하는 것, 계획수립 방법이 미흡하기 때문인 것 등 여러 가지가 있다.

작업자가 특히 주의하지 않으면 안될 것은 보이지 않는 낭비이다. 보이는 낭비는 그것을 곧 알게 되지만, 보이지 않는 낭비는 낭비가 발생하고 있어도 작업은 순조롭게 진행되고 있는 것처럼 보인다. 그리고 보이지 않는 낭비는 다른 직장과 비교하거나, 새로운 작업방법이나 기계를 설치한 후에 비로소 낭비였다는 것을 알 수 있다.

보이지 않는 낭비가 발생하는 주된 원인은 기술 생산방법 기계 등이 개발되어 보다 효율적인 생산이 가능하게 되었는 데도 불구하고, 낡은 방법이나 현상을 고집하려고 해서 다른 기업보다도 비효율적인 작업을 계속하고 있는 데 있다. 또한 개선할 수 있는 조그마한 낭비를 경시하고 방치하기 때문이다. 개선의 노력을 하기 전에 우리들의 능력으로는 불가능하다고 미리 생각하고 낭비를 제거하지 않는 데도 원인이 있다. 낭비는 다음과 같이 분류된다.

(1) 보기만 해도 곧 알 수 있는 낭비

• 아무것도 하지 않으면서 다음 일을 기다린다.
• 기계가 필요 없이 움직이고 있다(공운전).
• 기계 · 공구 등의 고장으로 작업을 할 수 없다.
• 작업자가 고의로 작업을 하지 않거나 작업을 고의적으로 지연시키고 있다.

(2) 보이지 않는 낭비

• 작업방법이 나쁘다.
• 요구된 품질의 수준을 달성하지 못한다.
• 기계 · 공구가 구식이기 때문에 작업이 늦어진다.

2) 작업개선의 특징

작업개선이란 생산활동에 있어서 가치를 발생시키지 않거나 가치를 조금밖에 증가시키지 않는 작업을 제거하고 효율적인 작업을 설계하는 일이다. 다시 말해서 직장 안에 있는 3가지 낭비요소(낭비, 무리, 흠)를 제거하는 일이다. 낭비요소의 제거를 위한 작업개선은 다음과 같은 자세로 임하지 않으면 효과가 나타나지 않게 된다.

(1) 종래의 작업방법에 의문을 가져본다

낭비가 있는 데도 없다고 생각한다면 개선은 할 수 없다. 특히 현상유지의 기분은 버려야 할 것이다.

(2) 작업개선은 끝없이 계속된다

작업개선은 아무리 진척되어도 종착역은 없다. 왜냐하면 새로운 기술, 기계, 관리방법 등이 끊임없이 개발되거나 진보하고 있기 때문이다. 따라서 현재 하고 있는 작업이 능률적이라고 생각되더라도 항상 무슨 낭비, 흠, 무리가 없는가를 의심해 볼 필요가 있다.

(3) 어떤 작은 낭비도 놓치지 않는다

곧 제거할 수 있는 낭비를 얕보고 개선하지 않는 경우가 많다. 이러한 낭비개선의 효과는 크다.

(4) 실행력이 필요하다

개선하려는 의욕과 능력을 몸에 익히고 개선 아이디어의 안(案)을 적극적으로 실시하는 것이 중요하다. 말로나 문서만 작성하고 실행을 하지 않으면 아무 효과도 없다.

 2 관리감독자의 책임

관리감독자는 부하와 더불어 작업개선을 추진할 때 다음과 같은 책임의식과 역할을 수행하여야 한다.

1) 부하에게 문제의식을 가지게 한다

관리감독자가 작업의 상황과 결과를 분석하여 언제나 문제의식을 지니고 있다는 것은 매우 중요한 일이다. 부하가 현장의 습관과 타성에 젖어 문제의식을 갖지 않은 채 작업방법에 대해서 조금도 의문을 가지지 않고, 하루하루를 막연히 보내고 있다면 생산성향상은 기대할 수 없게 된다. "우리 직장에는 문제가 없지요, 만사가 순조롭지요!"라고 이야기하는 것을 들어본 적이 있는가? 관리감독자는 언제나 문제의식을 가지면서 부하에게도 문제의식을 고취시켜야 한다.

2) 개선에 대한 지도 · 원조로 의욕을 불태운다

관리감독자는 부하의 개선의욕과 관련하여 언행을 지극히 자제하여야 한다. "내가 말하는 것을 이해하지 못하는가?", "너희들은 무리야.", "실패는 용서하지 않는다.", "쓸데없는 짓 하지 마.", "이것만큼은 알아 둬.", "이번에 실수하면 해고야!", "그러니까…뭐야?", "그런 것은 상식이야!", "부장이 그렇게 말했어도…", "그것은 너와 상관없어!", "무엇을 말하고 싶은 거야?", "이 실패는 누가 책임을 질거야?" 등은 부하의 의욕을 저하시키는 말투라고 할 수 있다.

3) 장해를 배제하여야 한다

개선을 현장에서 촉진시키기 위해서는 장해를 최대한으로 배제시켜야 한다. 대체로 부하의 의욕을 저해하는 요인을 정리하면 다음과 같다. 장해 중에는 부하 자신에게 귀속되는 것도 많지만, 관리감독자 자신에게 관계되는 원인도 적지 않다.

- 부하가 개선은 특정인만 할 수 있는 것으로 생각한다.
- 부하가 "너무 바빠 내게는 그런 일을 생각할 여유가 없다."고 생각한다.
- 적극성이 없고 하고자 하는 의욕이 없다.
- 부하의 시야가 너무 좁다.
- 사고방식이 무사안일주의이다.
- 관리감독자가 부하의 제안을 자신의 체면과 연계시킨다.
- 부하에게 복종을 강요한다.
- 제안을 비판적으로 생각하며 트집만 잡는다.

4) 개선의욕을 존중한다

자신의 작업에 대해서 문제의식을 가지고 연구하고 있는 부하를 소중히 생각하며 존중하여야 한다. 부하의 개선의욕을 높이기 위한 관리감독자의 자세는 다음과 같다.

- 독선자가 되지 않는다.
- 제안을 건설적으로 수용한다.
- 개선안 작성에 협력을 아끼지 않는다.
- 제안에 대해서 납득할 때까지 대화를 한다.

- 부하의 창의성과 연구력을 기르는 훈련을 한다.
- 부하의 제안노력에 보답하여 준다.

개선 필요요점의 착안

문제가 될 듯한 작업(개선 필요점)에 대해 다음과 같은 여러 가지 관점에서 검토하면 문제의 소재·범위 등을 파악할 수 있다. 또한 개선해야 할 작업으로 선택해야 할 것인지 여부를 확인하는 데 힌트를 얻게 된다.

- 원가 : 노동시간, 제품불량, 비능률 때문에 높은 원가가 나오는 작업
- 작업의 양 : 생산량이 표준 이하이거나 납기에 마칠 수 없는 작업
- 작업의 질 : 불량 고치기(재손질)가 많은 작업, 고도의 품질이 요구되어 숙련도가 높은 작업
- 다품종소량생산 : 많은 품종을 소량 생산함으로써 작업 스케줄이 자주 바뀌는 작업
- 작업인원 : 다수의 작업자가 종사하고 있는 작업
- 숙련도 : 고도의 숙련을 필요로 하는 작업
- 낭비 : 노력, 자재, 시간, 방법 등에 낭비가 많은 작업
- 안전성 : 사고가 발생하거나 사고가 발생하기 쉬운 작업
- 피로도 : 육체적 정신적으로 피로하기 쉽고 휴식을 가끔 필요로 하는 작업
- 환경 : 먼지, 소음, 악취, 온 습도 등이 나빠서 작업을 싫어하는 일
- 배치 및 운반 : 공정순서대로 배치되어 있지 않는 기계, 작업순으로 배열되어 있지 않은 치공구, 중량물 운반, 원거리 운반의 작업

3 작업개선의 장해

인간은 사물을 개선하고 진보를 도모하는 심리가 강한 반면에 때로는 제동을 걸고 싶은 심리를 가질 때가 있다. 이와 같이 방해하는 심리가 작용해서 모처럼의 좋은 개선안의 효과가 어긋나거나 개선 그 자체가 좌절

될 때가 많다. 개선을 방해하는 심리의 몇 가지는 다음과 같다.

1) 타성 · 습관

타성은 불안이나 위험에서 도피하고 안정된 행동을 취하고자 하는 인간의 기본적인 욕구의 상징이다. 동물은 위험에서 도피할 수 있는 안전한 보금자리를 발견하면 그 보금자리에서 안주한다. 또한 그 보금자리로부터 일정한 행동의 반경 속에 있는 지역에서만 활동하며, 그 이상 밖으로 나오는데 대해서는 본능적인 위험을 예지하고 하나의 행동양식을 만들어서 그 속에 타성적으로 갇히고 만다. 작업방법도 이러한 타성의 심리가 작용해서 개선에 대한 장해가 된다.

2) 사고방식의 틀

현재의 작업방법에는 그에 상당한 의미와 경과가 있다. 지적해서 나쁜 데는 없지 않은가 하는 식의 사고방식, 이것도 개선을 방해하는 심리의 하나인 것이다. 또한 사고방식의 틀은 자기의 직위나 권리를 지키고자 하는 심리에서 생긴다.

3) 감정

사람은 누구나 자신의 감정을 떼어놓고 생각하며 행동할 수는 없다. 타인이 좋은 안을 내놓으면 질투의 감정에서 정당하게 평가하고자 하지 않고, 대수롭지 않다던가 보잘 것 없는 안이라고 하면서 남을 얕잡아 보게 된다. 그로 인하여 감정중심의 관점이 진보 개선의 효과를 저해하고 있을 때가 많다.

〈표 10-10〉 장해의 종류

심리적인 것	제도적인 것
• 구태의연하게 현상에 만족하고 있다. • 숙련된 기술의 진부화에서 발생하는 저항 • 개선을 도입하려는 의식이 없다. • 개선 담당자·제안자에 대해 주위의 사람들로부터 저항이 있다. • 새로운 방법에 익숙하지 못하다, 이해하지 못한다, 배우기 어렵다, 가르쳐주지 않는다 등의 저항	• 개선을 추진할 예산이 없다. • 생산기술·판매가 수반되지 않는다. • 조직 체계가 수용할 상태가 되지 못했다. • 이를 수용할 내외의 환경이 성숙되지 못했다. • 상부의 이해를 얻을 수 없다.

4 작업개선의 원칙

효과적인 개선활동을 하기 위한 착상중 중요한 요점은 다음과 같다.

1) 생략

그 일, 그 작업은 없어도 좋은지에 대한 물음으로 불필요한 것은 하지 않도록 한다. 이것을 실천하면 가장 큰 개선효과를 창출할 수 있게 된다. 그러므로 '생략'을 생각하는 것은 모든 개선에 선행하는 것이 필요하다.

- 불필요한 일, 작업, 절차, 동작은 되도록 생략한다.
- 물건을 잡고 있는 용도로 손의 사용을 제거한다.
- 이상한 동작을 피한다.
- 고정된 자세를 유지하는 데 근육을 사용하지 않는다.
- 힘든 일을 생략한다.
- 관습을 억지로 저지시키는 것은 피한다.
- 위험한 일을 제거한다.

2) 조합

생략할 수 없는 일과 작업을 어떤 방법으로 하면 좋은지를 생각한다. 그리고 기존의 개념과 편견에 집착하지 않고 검토하여 간단한 방법으로 재편성하는 것이 조합이다.

- 짧은 동작을 조합하여 연결된 긴 동작으로 구성한다.
- 기계의 사이클을 조합하여 그 사이클 내에서 최대의 일이 진행되도록 한다.
- 공구를 조합한다.
- 제어장치를 조합한다.
- 동작을 조합한다.

3) 재편성

- 작업을 양손에 균등히 배분한다.
- 일의 순서를 간결하게 한다.

4) 간소화

- 눈의 이동을 감소시키고 주시하는 지점의 수를 감소시킨다.
- 작업을 정상 작업역에서 하도록 한다.
- 동작거리를 단축시킨다.
- 핸들, 레버, 페달, 버튼 등은 큰 근육조직으로 한다.
- 근육의 힘을 가하는 장소에 에너지가 집중되도록 관성을 이용한다.
- 간단한 서브릭의 조합을 사용한다.

5 작업개선의 효과와 표준화

1) 작업개선의 효과

작업개선의 주된 효과는 작업이나 직장의 개선 → 작업이 하기 쉽다 → 생산량의 증가 → 유형고정자산 회전율 향상과 관계가 있다. 작업개선의 효과는 다음과 같다.

- 가치를 낳는 작업이 증가한다.
- 생산량이 증대된다.

- 작업의 안전성이 높아진다.
- 생산성이 향상된다.
- 품질이 안정된다.
- 작업이 하기 쉽게 된다.
- 원가절감을 할 수 있다.
- 작업의 부담이 적당해진다.
- 작업을 연구·개선함으로써 작업에 대한 흥미를 갖게 된다.
- 노동시간의 단축이 가능해진다.
- 임금인상의 계기가 된다.

2) 표준화

표준화란 방법과 시간의 표준을 설정해서 그 표준을 지키는 것이다. 표준은 작업의 교본이다. 표준화는 작업개선을 추진하는 데 중요한 수단이며, 작업개선이란 표준을 작성하거나 개선하는 일이라고도 할 수 있다.

표준을 만드는 데 있어서도 작업자의 인간성을 중시하지 않으면 안 된다. 그러기 위해서는 다음의 사항을 유의해야 한다. 첫째, 하루의 작업 중에 변화를 갖게 해서 작업이 단조롭지 않게 한다. 둘째, 하루의 작업분담을 세분하지 않고 어느 정도 작업내용을 풍부하게 한다. 셋째, 한사람 보다는 여러 사람이 하나의 작업을 한다. 넷째, 작업의 속도를 기계에 맞추지 말고 작업자의 작업속도에 맞추는 것을 연구할 필요가 있다.

표준화의 결점은 지나치면 작업자가 자기 의사대로 결정하거나 연구할 여지가 없어져서, 인간이 작업만을 하는 기계로 되고 마는 가능성이 있다는 사실이다. 그리고 예외적인 사태가 일어났을 경우에 대응을 못하는 경우가 생긴다. 예를 들어서 작업표준 등을 작성하여 운영을 엄하게 하면 부작용이 발생된다. 표준화의 장점에는 다음과 같은 것이 있다.

① 작업계획을 세우기 쉽다.

② 교육훈련을 하기 쉽다.

③ 품질이 안정된다.

④ 작업의 진도를 알 수 있다.

⑤ 개선의 실마리를 찾을 수 있다.

6 작업개선기법

작업개선기법은 현재의 인력·기계·재료를 가장 유효하게 사용하여 단시간에 우수한 품질의 제품을 다량으로 생산하는 데 도움이 되는 실제적인 방법이다. 이 기법은 작업분해에 의하여 있는 그대로의 작업현황을 파악한 후, 분해·자문을 해서 개선을 진행시킨다. 작업개선기법은 4단계 기법의 요령과 절차를 통하여 실시한다.

- 제1단계 : 작업을 분해한다.
- 제2단계 : 모든 세목을 자문한다.
- 제3단계 : 새로운 방법으로 전개한다.
- 제4단계 : 새로운 방법을 실천한다.

1) 제1단계 — 작업을 분해한다

현재 실시하고 있는 작업의 실태를 정확히 파악하기 위해서는 현행의 작업방법을 세밀하게 분석할 필요가 있다. 작업분해를 실시함으로써 개선의 필요성과 개선할 곳, 개선의 방법을 찾아 낼 수 있는 구체적인 자료를 얻을 수 있다. 작업개선을 위한 작업분해에서는 불필요한 작업을 제거하는 것이 주요 목적이기 때문에 작은 동작을 포함한 모든 동작을 밝힐 필요가 있다.

(1) 세목

세목이란 단위작업의 작업과정을 몇 개의 편리한 동작으로 나누어 놓은 것으로, 작업자나 작업의 대상이 되는 물건을 한 상태로부터 다른 상태로 변동시키는 한 단위를 말한다. 세목의 크기를 어느 정도로 할 것인지는 작업의 성질, 범위 등에 의하여 결정된다. 세목을 표현할 때에는 가급적 동작 그대로의 표현을 사용하여 구체적으로 작성하되 간결한 문구로 한다.

(2) 작업분해의 주의사항

작업분해는 현장에서 실시하는 것이 좋다. 작업을 하고 있는 부하에게 협조를 구하여 실시한다. 그렇지 않으면 자기를 평가하는 것으로 오해할 염려가 있다. 작업분해의 범위는 작게 잡는 것이 좋다. 넓게 잡으면 세목과 적요를 세밀하게 검토하지 못하고 대충 넘어갈 경우가 생긴다.

2) 제2단계 — 모든 세목을 자문한다

작업개선을 성공하려면 의문을 품고 그 의문을 해결하려는 노력이 필요하다. 제1단계에서 세분된 작업을 각 세목마다 의문을 가지고 자문해 보면 작업개선을 위한 착상을 얻을 수 있다.

- 다음과 같이 5W1H에 따라서 자문을 한다.
  - 왜 그것이 필요한가?
  - 그 목적은 무엇인가?
  - 어디에서 하는 것이 좋은가?
  - 언제 하는 것이 좋은가?
  - 누가 하는 것이 좋은가?
  - 어떠한 방법이 가장 좋은가?
- 재료, 기계, 공구, 설계, 배치, 동작, 작업장소, 안전, 정리정돈 등과 관련하여 구체적으로 자문한다.

3) 제3단계 — 새로운 방법으로 전개한다

자문자답으로 얻은 착상에 대하여 종합적으로 연구하여 새로운 방법을 창작하는 것이 제3단계의 목적이다. '전개한다' 라는 말의 뜻은 불필요한 세목을 제거하거나, 2개 이상의 세목을 결합하여 적은 수의 세목으로 줄이거나, 간소화된 새로운 방법으로 발전시키는 것이다.

- 불필요한 세목을 제거한다.
- 가능하면 세목을 결합한다.

- 세목을 좋은 순서로 재배열한다.
- 필요한 세목은 가급적 간소화한다.
  - 작업을 좀더 쉽고 안전하게 하도록 한다.
  - 재료, 공구, 설비를 적당한 동작 범위내의 가장 좋은 위치에 둔다.
  - 두 손을 유효하게 쓴다.
  - 손대신 치구나 고정장치를 이용한다.
- 다른 사람의 협조를 구한다.
- 개선된 새로운 방법을 기록한다.

4) 제4단계 — 새로운 방법을 실천한다

제3단계에서 연구한 작업개선안은 관리감독자 자신의 착상이므로 이를 시행하기 위해서는 수속절차를 밟고, 작업자를 설득시켜서 작업으로 옮겨야 된다.

- 새로운 방법을 상사에게 납득시킨다.
- 새로운 방법을 부하에게 설명하여 준다.
- 안전, 품질, 생산량, 원가의 관계자에게 최후의 승인을 얻는다.
- 새로운 작업을 실제작업에 사용한다.
- 타인의 공적을 인정한다.

제8절 | 관리감독자의 자기변신

1 미래의 관리감독자에게 요구되는 능력

과거에는 훌륭한 관리감독자가 되고자 할 때 과거의 경험에 기초하여 건전하고 직관적인 판단을 할 수 있는 능력이 요구되었다. 그리고 과학적 관리방법을 동원하여 실행상의 효율성에 초점을 맞추고, 이를 위하여 다양한 관리감독기법이 적용되는 실천적 관리감독에 중점을 두게 되었다.

그러나 미래를 주도하는 관리감독자의 상은 과거의 진부한 관리감독 활동에서 과감히 탈피하여 새로운 기회를 발굴해 내며, 혁신적인 변화를 통하여 날로 가속화되는 기술혁신과 사회·경제적 변화에 보조를 맞추어서 관리감독 기능을 강화하고 현장을 이끌어가는 모습으로 재조명되고 있다.

관리감독자는 효율보다는 효과에 의한 관리감독을 강조해야 한다. 효과적인 관리가 선행되지 않는다면 하지 않아도 될 일은 아무리 효율적으로 한다 해도, 그것은 쓸모없는 일에 조직의 노력과 자원을 낭비한 결과를 가져오게 된다. 오늘날의 관리감독은 과거보다 한층 어려워지고 있으며, 미래의 관리감독은 오늘의 관리감독보다 더욱 복잡해지고 까다로워질 것으로 예견되고 있다.

앞으로의 기업환경 변화는 매우 빠른 속도로 급변할 것이며 저성장 시대로의 이행에 따라 수반되는 경제구조의 변화, 성장저해 요인의 대두, 가치관의 다양화, 국내외 정세의 복잡성 등은 기업발전에 적지 않은 부담이 되고 있다. 기업내부에 있어서도 사원의 고령화, 고학력화, 세대차, 업무에 대한 인식변화 등으로 조직의 관리감독도 점점 어려워지고 있다. 이러한 환경변화 속에서 관리감독자는 다음과 같은 능력을 지니고 있어야 할 것이다.

1) 목표설정 능력

- 일에 쫓기면서 수동적으로 되지 않는다.
- "당신 부문의 문제는?"이라고 누가 물으면, 즉각 명쾌하게 답할 수 있다.
- 문제를 파악했을 뿐만 아니라 이미 해결에 착수하고 있다.
- 언제나 스스로 자신에게 과제를 부과한다.
- 현장을 '언제까지', '어떠한 상태로 한다' 라고 스스로 결심하고 있다.
- 목표는 대체로 의욕적인 것이며 상당한 각오가 없으면 달성할 수 없

는 것이다.

- 목표는 입으로만 말하는 것이 아니라 꼭 실현시킨다.
- 목표를 달성하는 데는 어디에 장애가 있으며, 무엇을 해결하면 성공하는지를 알고 있다.
- 목표를 달성하면 즉각 다음 목표를 수립하여 다음 단계를 지향한다.

2) 계획 능력

- "바빠서 생각할 틈이 없다"라는 말을 하지 않는다.
- "그건 안 된다", "불가능해"라는 등의 말은 하지 않고, 먼저 어떤 방법이 있는지를 연구해 본다.
- 문제해결을 위하여 과거와 다른 방법은 없는지 탐색한다.
- 100%는 안 되더라도 시간을 들여서 해결하고 만다.
- 자기 혼자의 힘으로 곤란하면 타부문이나 타사와 협력해서 달성할 것을 연구한다.
- "무언가 좋은 방법은 없는가" 라는 생각이 언제나 머리 한 구석에 남아 있다.
- 다른 분야의 사람과 접촉하거나 항상 책을 읽는다.
- 여러 가지 현상에서 해결방법의 착안점을 생각해낼 수 있다.
- 체면에는 신경을 쓰지 않고 누구한테나 지혜를 빌린다.
- 여러 사람들이 나에게 의견이나 아이디어를 주기 때문에 지혜가 저절로 생긴다.

3) 조직화 능력

- 부하 개개인의 장점과 단점을 파악한다.
- 업무에는 어떤 성격이 중요한지를 개별적으로 파악한다.
- 업무를 누구에게 시키면 어떤 일이 일어날 것인지를 생각하고 있다.
- 단기적인 안목에서 숙련자를 오랫동안 같은 업무의 담당자로 두지 않는다.

• 부하에게 맡겨버리지 않고 과업(도달해야 할 목표)을 부여한다.
• 함부로 간섭하지 않는다.
• 부하가 하기 어려운 점을 알고 있으며, 근무하기 쉽도록 언제나 신경을 쓰고 있다.
• 부하가 좌절하기 전에 격려·지도하고 있으며, 실망하게 한 때는 없다.
• 부하끼리 또는 부하와 타부문 담당자 간에 팀웍을 호전시키는 일을 잘한다.

4) 커뮤니케이션 능력

• 자기 생각을 부하에게 잘 주지시키고 있으며, 필요하면 반드시 설득시킬 수 있다.
• 스피치가 능숙하다.
• 상사를 설득하여 움직일 수가 있다.
• 회의에서는 자기담당 업무에 대하여 일반적으로 주도권을 잡는다.
• 상·하·좌·우의 커뮤니케이션은 원활하며 커뮤니케이션 때문에 실패했던 일은 별로 없다.
• 전달방법이 서툴러서 실패한 일은 드물다.
• 필요한 경우에 짧게 그리고 정확히 전달할 수 있다.
• 외부의 이해관계자와 교섭을 잘 하며, 먼저 나의 의도대로 끌어들일 수 있다.
• 커뮤니케이션 결과에 대한 반응을 언제나 피드백 하고 있다.

5) 동기부여 능력

• 밝고 뒤끝이 없는 성격이다.
• "한번 해 보자." 라고 부하에게 권유한다.
• 부하 개개인의 사정을 잘 알고 있다.
• 의기소침한 사람의 사정을 알고 있다.
• 대화로 의욕을 일으키게 하는 일을 잘 한다.

- 모두가 지향할 목표를 명백히 하고 있다.
- 실패를 겁내지 않는 사풍을 만들도록 언제나 노력하고 있다.
- 권위주의적이기 때문에 부하가 위축되는 경향은 없다.
- 모두가 자유롭게 의견을 말하고 부하들의 지적사항에 대해서도 수용한다.
- 부하의 용기를 잘 이해하고 낙심시키지 않는다.

6) 지도육성 능력

- 한 사람 한 사람의 장점과 결점을 분명히 말한다.
- 나무랄 일은 주저 없이 나무라며 주의를 시킨다.
- 개개인에 대하여 어떤 일이 중요한 단계이며, 다음은 어떤 일을 지도하겠다는 프로그램을 생각하고 있다.
- 부하에 대해서 기대하는 수준이 높다.
- 부하가 도달해야 할 결과를 제시하고, 방법은 본인에게 맡겨서 되도록 자력으로 성공하도록 한다.
- 부하가 다소 잘못된 방향으로 나아가도 필요 이상으로 간섭하지 않는다.
- 질문을 하면 조언한다.
- 부하에게 모범을 보이도록 힘쓰고 있다.
- 매너리즘에 빠지기 전에 새로운 업무를 부과하여 언제나 자기계발을 하도록 지도하고 있다.
- 유능한 부하가 옮겨가는 것을 두려워하지 않는다.

7) 자기변신 능력

- 관리감독자로서의 약점을 잘 알고 있다.
- 생각대로 잘 안될 때, 부하나 최고경영자의 탓으로 돌리지 않고 원인이 내가 아닌지를 반성한다.
- 약점이 그대로 업무에 반영되지 않도록 신경을 쓰고 있다.
- 부하나 동료가 솔직하게 결점을 지적하여 주는 것에 대하여 기뻐한다.

- 사양 없이 말해 주는 부하가 있다.
- 현재의 위치에서 어떤 능력을 개발하여야 될 것인지를 의식하고 있다.
- 항상 자기의 시야를 넓히려고 노력하고 있다.
- 자기관리를 중시하며 무리하게 과욕하거나 조바심내지 않는다.
- 자신은 조금씩이라도 변화할 수 있다고 생각한다.
- 자기능력을 키우는 것은 자신밖에 없다고 생각하여 능력개발에 노력하고 있다.

2 자기변화의 추진

1) 풍부한 인간성

관리감독자는 기업조직의 리더로서 좋은 인간관계를 유지시키고, 부하의 사기와 조직의 능력을 높임으로써 생산목표를 달성시킨다는 중요한 임무를 지니게 된다. 그러므로 부하가 갖고 있는 능력을 최대한 발휘시키고 그 능력을 목표달성에 충분히 활용하는 것이 관리감독자이다. 그러기 위해서는 부하를 엄격하게 관리감독하고 질타와 격려에 힘쓰는 것도 한 가지 방법일지도 모른다.

그러나 마치 양치기가 양을 몰듯이 단순히 관리감독자와 부하라는 상하관계에서 생기는 권위를 바탕으로 한 질타와 격려만으로는 부하가 따라오지 않는다. 거기에는 상사와 부하와의 사이에 인간으로서의 공감, 즉 부하가 리더로서의 상사에 대하여 느끼는 인간적인 매력이 있어야만 된다.

조직구성원의 인생관, 직업관, 인간관, 가치관이 매우 다양화되고 있는 시대이다. 과거에는 명령과 목표에 순종하고 주어진 일을 열심히 하는 부하가 많았다. 그러나 지금은 직장에서의 보람 못지않게 개인생활을 누리는데 중점을 두는 세대, 즉 '무감각한 세대'가 늘어가고 있는 시대이다. 더욱이 이러한 세대의 특징은 주어진 일의 의미나 가치가 충분히 납득이 가지 않으면 움직이지 않는다.

일반적으로 부하는 일보다는 사람을 따른다고 한다. 그러나 상사가 무

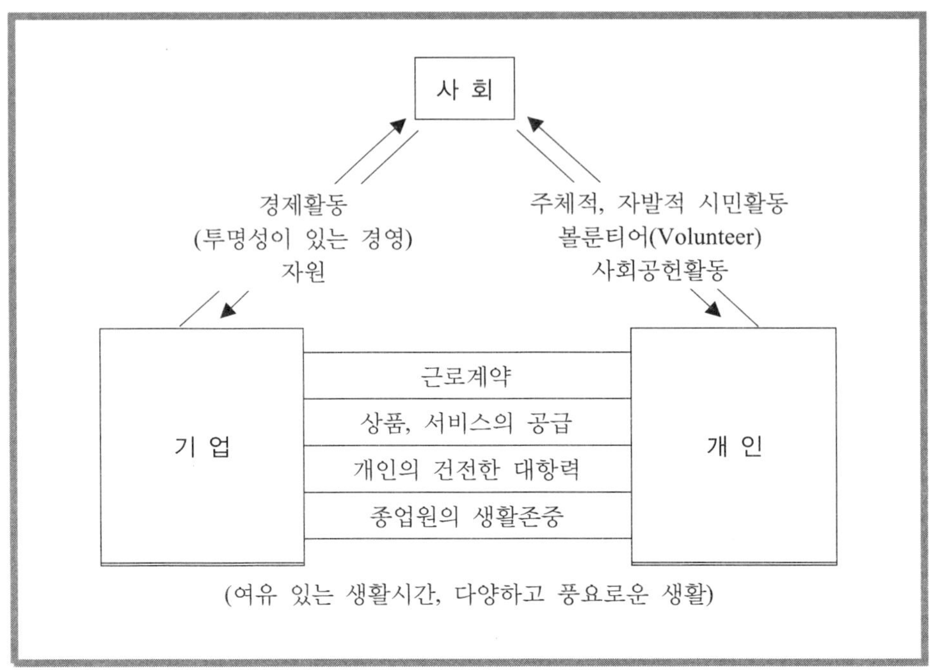

[그림 10-8] 향후 개인 · 기업 · 사회의 관계

슨 특별한 일을 할 수 있기 때문이라는 이유에서 부하가 상사를 따른다는 것은 별로 기대할 수 없다. 상사의 몸에 밴 인간적인 매력이 있거나 인격이 고결하면서 품위가 뛰어난 상사에 대하여 인간성의 풍부함을 느끼지 않는 한, 부하는 잘 따라오지 않는다.

그러면 인간성이란 무엇인가? 인간미와 상대방의 마음에 전해지는 인간으로서의 감정을 의미한다. 부하를 움직이는 것은 단순한 상사의 명령과 질타, 격려가 아니라 거기에 포함된 상사의 마음과 성의와 애정이다. 풍부한 인간성을 갖추는 데 필요한 실천사항을 정리하면 다음과 같다.

① 성실하며 상하를 막론하고 모든 사람들이 탁 털어 놓고 이야기하고 싶은 인품을 지닌다.

② 건강하고 활력이 있으면서 언동에 위협적인 점이 없고 천천히 설명한다.

③ 항상 몸이 청결하고 상대방에게 상쾌한 느낌을 준다.

④ 태도가 당당하고 비굴함이 없다.
⑤ 상대에게 불쾌감을 주지 않고 건설적인 방향으로 반대의견을 표현할 수 있다.
⑥ 자기계발을 통하여 부하에게도 자극을 준다.
⑦ 직장에서 일하는 보람과 사는 보람을 느끼고 있다.
⑧ 사생활에 있어서도 성실한 가족의 일원이다.
⑨ 인생에 대한 사고방식은 항상 적극적인 낙관론을 기초로 하고 있다.

2) 적극적 사고

인간이 이룩하는 실적(업적)은 의욕과 능력의 함수관계에서 비롯된다. 능력이 없기 때문에 실패하는 사람보다는 일에 대한 의욕이 부족하여 실패하는 사람을 주변에서 많이 볼 수 있다. 결국 현재의 능력보다는 하려는 적극적인 정신자세에 따라 엄청난 결과를 초래한다는 것이다.

인생의 목표달성도 자신의 소극적 사고로부터 전환된 적극적이고 올바른 사고로 철저히 임해야 될 것이다. 적극적 사고의 함양을 위한 일상생활에서의 실천사항은 다음과 같다.

① 뚜렷한 목표를 설정한 후 강렬한 의욕을 가진다.
② 모든 일에 긍정적이고 낙관적으로 임한다.
③ 적극성을 지닌 사람과 인간관계를 심화시킨다.
④ 자기분석을 명확히 하고 업무수행 자세를 냉정하게 갖춘다.
⑤ 실패에서 오는 경험을 중시한다.
⑥ 보통사람보다 빨리 걷고 자진해서 말을 하도록 한다.
⑦ 성공감을 만끽하고 동기부여 요소를 활용한다.

3) 마음의 관리

인생에서 성공하려면 적극적이고 긍정적인 자기 이미지를 그려보고 자기선언을 하는 것이다. 이미지를 그려봄으로써 자기 이미지를 강화시키게 되고, 미래에 자신이 어떠한 사람이 되고 싶은지를 말로써 표현하는 자기

선언으로 실현을 가속화시킬 수 있다.

이미지란 자신의 사고와 취향에 따라 편집되어 만들어진 그 사람에 대한 생각의 덩어리, 특유한 감정, 고유한 느낌이다. 하루 24시간, 1년 365일, 우리 자신의 일거일동은 자신의 이미지를 만들고 궁극적으로 '나'란 사람의 삶을 형성한다. "내가 뭐 남을 위해서 살고 있나"하고 생각하기를 거부하는 사람도 있을 것이다.

그러나 머릿속에 자신의 모습을 하나하나씩 그려볼 때, 현재 일상생활 속에서 투사되는 이미지는 자신이 스스로에게 바라는 이미지와는 상당한 거리가 있음을 발견할 수 있다. 문제는 다른 사람들이 겉으로 드러나는 이미지에 따라 나에 대한 태도를 결정하고 그것에 따라 행동한다는 것이다. 반응이 긍정적인 것이면 일에 자신을 갖게 되지만 부정적일 때는 쉽게 자신을 잃고 만다.

이와 같이 나의 이미지에 대한 반응은 다시 밖으로 드러나는 나의 이미지에 영향을 준다. 단적으로 나의 이미지는 내가 드러내는 이미지이며 상대방의 반응이 복합적으로 작용하여 창출되는 것이라고 할 수 있다. 그러므로 우리는 남을 위하여 이미지를 생각하는 것이 아니라 우리 자신을 위하여 이미지를 향상시켜야 한다. 인간의 삶에 생명수처럼 소중하고 건전한 자기 이미지를 창출시키려면 다음과 같은 유의사항을 참고하는 것이 유익할 것이다.

① 자신감을 갖자.

② 남과 비교하지 말자.

③ 자신에 대한 불행이나 삶에 대한 허무를 버리자.

④ 긍정적이고 낙관적인 사람과 교제하자.

⑤ 지나친 죄의식을 갖지 말자.

⑥ 모든 일에 머리를 쓰자.

⑦ 완벽주의자가 되지 말자.

4) 시간관리

누구에게나 시간의 양은 똑같이 주어져 있다. 정해진 24시간을 어떻게 잘 활용하고 어떻게 생산적인 시간을 창출하느냐에 따라 시간의 효용가치는 사람마다 큰 차이를 나타낸다. 시간을 잘 활용한다는 점은 주어진 시간들을 가치 있고 효과적으로 사용한다는 것이고, 시간을 생산적으로 창출하는 것은 주어진 시간을 양적으로 사용한다는 의미를 넘어서 일(업무의 내용)에 대한 적절한 시간배분으로 효율적인 시간을 적용하는 방법이다.

경쟁사회에서 의미하는 시간관리 전략의 본질은 단순히 더 많은 시간을 일한다든가 혹은 시간을 낭비하지 않는다는 것이 아니라 시간을 전략적으로 활용하는 것이다.

(1) 효과적인 시간의 사용

① 주어진 시간의 활용(시간관리)

- 매일 아침마다 규칙적으로 소비되는 시간을 적극적으로 활용한다.
- 식사시간을 의미있게 활용한다.
- 출퇴근시 승차 중의 시간을 유용하게 활용한다.
- 일상생활 중 대기시간을 효율적으로 활용한다.
- TV 시청시간을 짧은 시간에 적극적으로 하며 평가안목을 키우는 시간으로 활용한다.

② 창조적인 시간관리

- 학습・업무내용의 기억이 필요한 때는 책상에 가만히 앉아서 하는 것보다 두뇌리듬에 맞추는 기억법의 활용방법을 선택한다.
- 생각이 잘 안 떠오르고 산만해질 때는 생각하는 공간을 이동하여 본다.
- 주의력이 떨어질 때는 집중력 강화법을 활용한다.
- 일의 시작이 힘들어질 때는 행동우선의 법칙을 사용한다.

(2) 전략적인 시간관리

- 생산적이고 민첩한 행동습관을 만든다.
- 일을 조직화·계획화시킨다.
- 가능한 타인에게 일을 위임한다.
- 적극적이고 추진력 있는 행동특성을 육성한다.
- 목표달성 의욕을 지닌다.

3 자기계발

1) 자기계발의 중요성

자기계발이란 자기가 자기를 개발해 가는 것, 즉 자기가 목표를 정한 후 이것을 향하여 의식적인 공부와 노력을 계속하여 가는 것을 말한다. 한 인간의 자기계발은 빙산에 비유할 수 있다. 바다 위에 모습을 보이고 있는 부분은 조그마한 일부분에 지나지 않지만, 그 아래에는 눈에 보이지 않는 몇 배의 거대한 빙산의 본체가 숨겨져 있는 것이다.

오늘날의 기업환경은 기업자체의 국제화, 정보화, 하이테크화, 소프트화, 서비스화가 기본적으로 필요함과 동시에 조직구성원의 국제화, 정보화, 하이테크화, 소프트화, 서비스화도 필요하다. "자루 속에 갇힌 송곳"이라는 격언이 있다. 실력이 있으면 자루 속에 넣어두어도 능히 그 자루를 뚫고 밖으로 빠져나올 수 있다는 것을 시사하는 명언이다. 현대화된 기업의 조직은 능력이 있는 사람은 능력에 따라 발전할 수 있는 시대이므로 더욱더 자기계발에 힘을 기울여야 할 것이다.

인간과 인간의 개인차란 근소한 것이지만 그 근소한 차이가 중요한 의미를 지니고 있다. 따라서 근소한 차이에 의하여 조직과 개인의 꿈, 경쟁력, 목표의 실현이 좌우된다고 볼 수 있다. 자기계발은 자기가 수립한 목표를 달성하기 위하여 지식과 기능을 자기 스스로 터득하고자 노력을 거듭하는 것이다. 자기계발은 후천적으로 자기의 운명을 바꾸어 나가는 힘이며, 단순한 언어가 아닌 자신의 마음가짐이자 결의인 것이다. 이와 같은 자기계발의 중요성은 다음과 같다.

① 격동의 시대 변화에 적응하기 위하여 필요하다.

② 인간의 특징 중 하나가 자기계발이다.

③ 계속적으로 배우는 것은 두뇌의 능력신장과 상관관계가 있다.

④ 인간은 다른 사람에게 인정받고 싶어 하는 욕구를 가지고 있다.

⑤ 무엇인가를 이루고 싶다, 무엇인가 되고 싶다는 욕구를 누구나 가지고 있다.

2) 자기계발의 추진

자기계발의 제1요점은 자기 자신을 향상시키고자 하는 의욕을 갖는 것이다. 다음으로 중요한 것은 자신의 장점과 단점을 아는 일이다. 그런 다음 현재의 자기 상태와 장래의 자기목표와 분석·비교하여 어떤 점에 대해서 언제까지, 어떤 방법으로 계발하고 능력을 신장시킬 것인지를 계획한다. 계획을 수립하였으면 즉시 실천하는 것이 중요하고, 때때로 자신이 목표를 향하여 전진하고 있는지를 검토하고 다짐하는 것도 필요하다.

(1) 구체적인 목표설정

자기계발에 성공한 사람을 보면 누구나 구체적인 목표를 가지고 있었다는 것이 공통점이다. 이 목표는 개인의 인생목표일 수도 있고 업무목표일 수도 있다. '자기 스스로가 '무엇을 하고 싶은가?', '무엇을 할 수 있을까?', '무엇을 하지 않으면 안 되는가?'에 관해서 명확하게 고찰하여야 한다.

계획이 없으면 목표의 설정이 안 된다. 목표설정이 없이는 실천이 있을 수 없다. 실천이 있을 때 성과를 도출할 수 있다. 성과가 있어야 기쁨을 맛보고 정신적 행복을 누리게 된다. 확실한 자기계발의 목표를 설정하려면 다음과 같은 사항을 고려해야 한다.

① 자신의 단점과 부족한 점을 확인하고 중장기의 목표를 설정한다.

② 능력 이상으로 노력하면 도달이 가능한 수준으로 결정한다.

③ 목표의 확정단계에서는 주위 사람들의 의견을 참고로 한다.

④ 목표는 단기적인 것부터 장기적인 것으로 설정한다.

⑤ 환경과 조건, 상황에 따라서 목표를 조정한다.

(2) 실천적인 계획의 수립

목표를 실천하려면 환경변화에 대한 정보, 과거의 경험, 인간관계, 자신의 평가, 직업의식, 책임감, 현재의 인생단계, 건강상태, 자신의 성격 등을 고려하여 실제적인 계획이 뒷받침 되어야 한다.

① 자기계발의 내용을 확실히 한다.

② 계획의 내용, 방법, 기간 등을 분명히 한다.

③ 상황에 부응할 수 있는 유연한 계획을 수립한다.

④ 시간의 확보와 전략적인 시간관리에 대한 대책을 강구한다.

⑤ 가족과 주변 사람의 협조를 구한다.

(3) 끊임없는 노력의 정진

자기계발은 자기성장을 위한 지름길이다. 목표와 계획을 수립하여 실천하고 끊임없는 노력으로 정진하는 것이 중요하다. 자기계발 계획의 실천으로 확실한 성과를 올리기 위해서는 다음과 같은 착안점을 고려하는 것이 더욱 효과적이다.

① 자진해서 하려는 의욕을 갖는다.

② 습관화 시킨다.

③ 작은 목표부터 시작한다.

④ 시간을 유효하게 활용한다.

⑤ 기회를 놓치지 않는다.

⑥ 안이하게 타협하지 않는다.

⑦ 자기 의지로 자신을 지켜 나간다.

⑧ 예외를 만들지 않는다.

⑨ 강렬한 문제의식을 갖는다.

⑩ 되도록 훌륭한 사람과 많이 만난다.

3) 자기계발의 중점부문

(1) 정서함양

직장생활과 가정생활을 통해서 정서를 함양하는 것은 매우 중요하다. 정서함양이란 단순히 내적인 갈등으로부터의 자유만이 아니라 일·독서·대인관계·취미 등의 모든 것을 자발적·적극적으로 하는 것이다. 그렇게

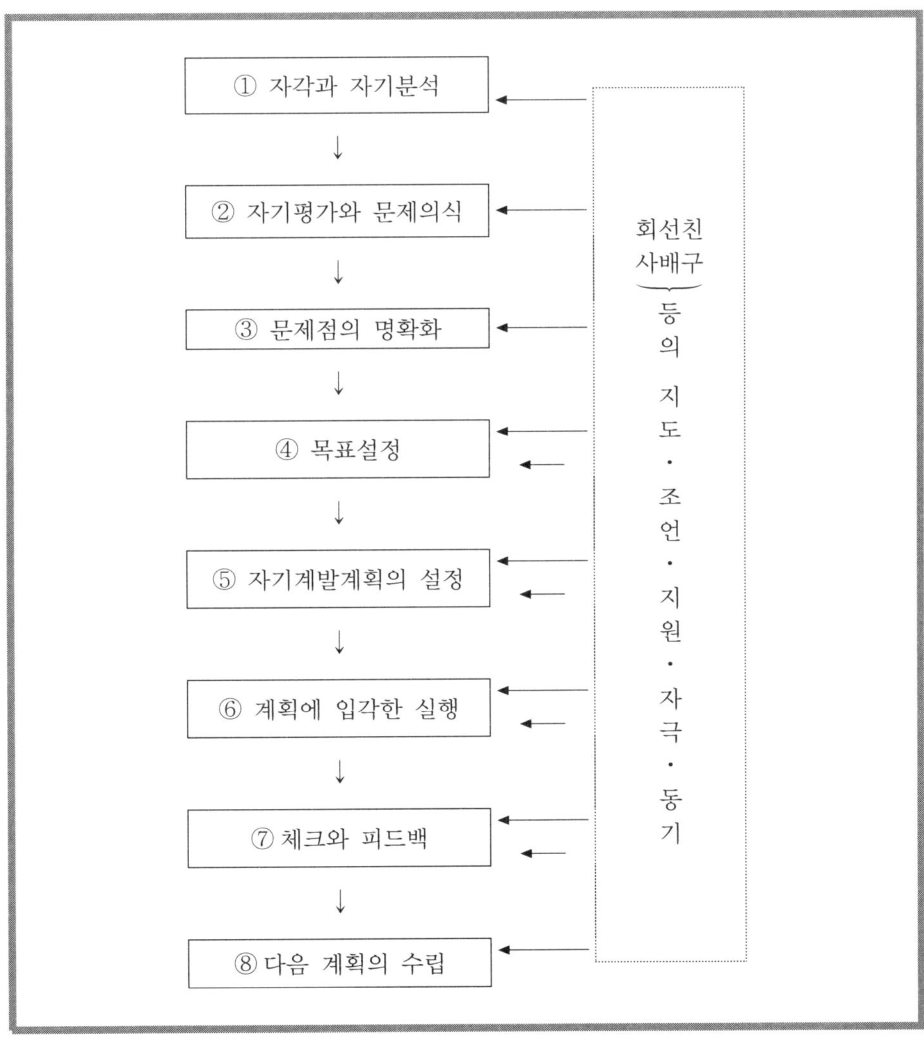

[그림 10-9] 자기계발의 진행단계

함으로써 자신이 새로운 것을 경험하고, 있는 그대로 수용하며, 그것들을 찾아낼 수 있도록 개방하여 두는 것을 의미한다.

인생을 아름답게 볼 수 있는 사람은 행복하다. 그만큼 아름답고 깊이 있는 인생을 음미할 수 있기 때문이다. 그것은 마음속에 감응하는 힘이 충분히 길러져야 한다. 아름다운 감응을 느끼지 못하는 굳어진 감정은 정서의 함양이 미흡하기 때문이다. 인생을 아름답게 바라보기 위해서는 마음의 거울이 준비되어야 한다. 교양을 쌓고 정서를 함양하는 것은 마음의 거울을 닦는 것이다.

모든 사람은 특별한 재능과 훌륭한 지적 능력을 갖고 있지 않더라도, 그들 자신의 마음속을 예리하게 통찰할 수 있는 능력인 마음의 거울을 가지고 있다. 그러므로 인간은 자신의 생활을 분별과 조화를 가지고 영위하며 타인과도 잘 해 나갈 수 있게 된다. 마음의 거울을 투명하게 하고 정서를 함양하려면 근본적으로 다음의 실천사항이 필요하다.

① 자기 자신을 철저하게 분석하여 자신의 가능한 자원과 한계를 파악하여야 한다.
② 정서적 성숙의 장애물을 제거하여야 한다.

(2) 독서를 통한 지식축적

인적자본의 개념에는 인재가 가지고 있는 지식과 기술, 건강상태, 일의 질적 수준 등이 포함된다. 인적자본이 중요한 이유는 현대경제의 생산성이 지식의 창조·창출·활용에 기초하고 있기 때문이다. 창조된 지식은 가정에서, 학교에서, 직장에서 새로워진다. 새로워진 지식은 기업이 제품과 서비스를 생산하는 데 활용된다.

책은 고귀한 존재였다. 인간의 오랜 지적 탐구의 결실을 모은 책이란 존재는 함부로 대할 수 있는 만만한 것이 아니었다. 책을 읽지 않는 사회는 희망이 없다고 한다. 이 말은 책을 멀리하는 기업과 개인은 희망이 없다고 볼 수 있다. 책은 정신의 양식이다. 이 양식이 없으면 정신이 건강해질 수 없으며 정신박약증의 구성원들로서는 기업을 발전시킬 수 없게 된다. 정신무장이 잘된 군대가 전쟁에서 이기게 되는 이치와 같다.

(3) 건강・여가

① 건강 : 건강의 개념은 시대적 변천에 따라 변화되어 왔다. 의식주를 자신의 힘으로 해결해야만 했던 원시인들의 건강은 단순히 강건한 육체에 국한시켜 생각하였다. 그러나 사회가 복잡해지기 시작한 중세에 들어서면서 건강의 이론적 개념을 심신 양면에서 생각하게 되었으며, 인구가 폭발적으로 증가한 현대사회에서의 건강이란 사회적 측면까지를 포함한 건강의 의미로 해석하게 되었다.

건강이란 심신이 모두 양호한 상태를 말한다. 인간은 누구나 건강에 대하여 유념하고 있다. 건강은 일의 성부를 결정하거나 인간의 행복을 좌우하는 결정적인 조건이다. "건전한 정신은 건전한 신체에 있다."는 격언처럼 직장인의 건강은 보람 있는 인생을 영위하고 직장생활을 원활하게 이끄는 원동력이 된다.

정신적 건강과 신체적 건강이 조화된 직장인의 건강은 올바른 인식과 예방이 선행되어야 한다.

인간의 재능은 일하는 동안에 점차 창조되는 것과 같이 건강도 직장생활과 일상생활을 통하여 향상된다면 얼마나 좋을까?

정신적・사회적 건강은 개인의 건강한 신체를 기초로 기대할 수 있는 데, 건강한 신체는 왕성한 체력을 유지하고 있는 상태를 뜻한다. 왕성한 체력은 오로지 계획적인 운동을 통하여 성취할 수 있다. 이와 같이 건강과 체력 및 운동은 불가분의 관계로서 건강은 바로 운동으로부터 시작된다고 할 수 있다.

또한 건강관리는 개인적인 입장에서부터 출발하는데 대체로 그 내용에는 운동, 영양, 휴식, 생활방식(흡연, 음주 등), 스트레스 등에 대한 자율적인 관리능력을 포함하고 있다. 물질문명의 발달은 개인생활에 더욱 많은 스트레스를 가하고 인체에 육체적 질병을 유발한다.

한국스트레스매니지먼트 연구소가 실시한 '대기업 직장인 스트레스의 실태조사'에 의하면 심리적 스트레스 증상으로는 우울증, 불안, 짜증, 피로 등의 순이었으며, 남자보다는 여성이 심리적 스트레스를 많이 받고 있는 것으로 나타났다.

심리적 스트레스와 신체적 스트레스를 유발시키는 요인들을 분석한 결과 업무 불만족, 상사와의 갈등, 동료와의 갈등에서 발생하는 것으로 밝혀졌다. 정신적 건강을 유지하려면 먼저 자신의 마음을 다스리고 스트레스를 제거하면서, 항상 적극적이고 긍정적으로 생각하고 판단하여 행동하는 것이 지름길이다.

② 여가 : 현대사회에서 여가는 인간이 삶을 영위하는데 노동으로부터 생기는 피로와 권태감, 압박감에서 해방됨으로써 에너지를 보충하여 재생산하는 수단으로 정의되고 있다. 한편 여가는 생활의 목적이 되어가고 있지만 노동은 여가생활을 가능하게 하는 수단적 역할로 변질되어가는 상황에 있다.

프랑스의 사회학자 듀마즈디에(J. Dumazedier)는 여가의 3대 기능으로 휴식기능과 기분전환 기능 그리고 자기계발 기능을 들고 있다. 우선 여가의 휴식기능을 통해 일상생활이나 근로생활로 인한 육체적 정신적 피로를 회복시켜 준다. 기분전환 기능을 통해 일상생활 또는 직업생활에서 받게 되는 스트레스나 긴장으로부터 완화되거나 상쾌해 짐으로써 삶의 정상적인 리듬을 유지하게 한다.

여가활동은 세련된 의식과 태도를 학습시키며 새로운 활력의 충전과 경험의 축적, 그리고 충만한 삶의 기쁨과 행복을 기대하게 한다. 또한 관습과 규율, 제도에서 벗어나 자신이 원하는 여가형태를 선택함으로써 자기발견과 자아실현의 기능을 갖게 한다.

한국인들에게 여가는 '일 안 하는 시간'일 뿐 '놀이의 시간'은 아니라고 생각하는 사람이 많다. 우리 여가문화의 특징은 '단순 오락적 여가문화'에 불과하다. 어떤 일을 시작할 때 일정한 훈련기간이 필요하듯이 잘 놀기 위해서도 연습이 필요하다. 창조적인 여가문화를 즐기기 위한 방법으로는 매니아적인 취미를 갖는 것이 중요하다.

4 리더십 개발

리더십이란 공동목표를 가장 효과적으로 달성하기 위하여 조직구성원이 자발적이고도 헌신적으로 목표달성에 공헌할 수 있도록 하는 창의적인 활동이다. 따라서 훌륭한 리더십은 부하가 적극적으로 일을 할 수 있는 원동력이 된다.

리더십은 회사의 목적과 부하개인의 목적을 어떻게 통일된 방향으로 조화시켜 나갈 것인지가 중요한 과제이다. 리더십이란 일반적으로 구성원 개개인의 능력과 욕망을 공통목적에 통합하는 지도자의 능력이라고 정리할 수 있으며, 일방적으로 정해진 업무의 강제적 이행을 추구하는 헤드십과는 구별된다. 관리감독자의 리더십은 다음의 기능이 필요하다.

① 리더십은 인간적인 관계이어야 한다.
② 리더십은 동기부여가 되어야 한다.
③ 리더십은 목적과 방향을 가져야 한다.
④ 리더십은 조직을 통해 행사되어야 한다.
⑤ 리더십은 책임과 권한을 수반하여야 한다.
⑥ 리더십은 환경의 변화에 대응하여야 한다.

훌륭한 생산기록을 올리고 있는 관리감독자는 그렇지 못한 관리감독자와 비교해 볼 때 더욱 괸리감독적인 업무에 전념하고 있다. 관리감독적 업무란 리더십 기능이다. 구체적으로 계획과 숙련이 필요한 작업, 자료의 제공, 부하의 감독지도를 말한다. 생산효율을 높이고 있는 관리감독자는 작업의 준비가 훌륭하고, 일반적으로 업무와 관련된 인간관계 면에서도 탁월하다. 즉 관리감독자의 역할은 생산성과 연결되는 관리감독을 실현시키는 두 가지 역할을 통해서 이루어진다.

〈표 10-11〉 리더십과 헤드십의 비교

구 분	리 더 십	헤 드 십
권위 목표 귀속감 사회성 유지	• 부하에게 권위부여 • 부하들이 목표결정에 참여 • '우리'라는 공통의식에 귀속 • 상하간의 간격없음 • 리더에 대한 자발적인 지도력의 인정으로 유지	• 처벌, 제재, 공포, 권위인정 • 조직의 장이 목표결정 • '나'위주의 의식, 공통의식 없음 • 상하간의 간격이 큼 • 조직구조상 전제적인 체제로 유지
내용	• 부하를 감화시킴 • 목표달성과 부하발전을 유도 • 부하의 지도에 역점을 둠 • 리더가 책임을 짐 • 기업손실을 발전의 계기로 생각	• 부하에게 강요 • 부하의 희생으로 목표달성을 추구 • 부하에게 위험과 공포의 제공 • 부하에게 책임을 전가 • 기업손실에 대하여 비난

- 작업의 준비와 조정 → 직접적으로 생산성에 연결
- 부하의 근로의욕 앙양 → 간접적으로 생산성과 연결

그러나 높은 생산성을 올리고 있는 관리감독자가 항상 기술적인 능력과 인간관계상의 능력을 동시에 겸비하고 있다고는 볼 수 없다. 그 반대로 생각해보면 그만큼 어렵다고도 할 수 있다. 따라서 관리감독자는 리더십을 개발하고 배양함으로써 훌륭한 관리감독자가 될 수 있다.

1) 인간에 대한 이해와 행동에 관한 연구를 한다

리더십의 주요소는 인간이다. 인간의 마음을 이해하고 본성을 자극할 때 행동으로 나타나게 된다. 그러므로 부하로 하여금 리더가 원하는 방향으로 자발적인 행동을 하게 하려면 인간의 기본심리를 이해하여야 한다.

- 전문서적을 탐독한다.
- 인간관계에서 생긴 문제점의 원인을 분석하여 본다.
- 타인의 사례를 연구한다.
- 자신의 경험을 토의하고 타인의 의견을 경청한다.
- Y이론적 사고로 부하를 지도하고 육성한다.

2) 커뮤니케이션 능력을 배양한다

- 효과적인 의사소통 방법을 연구한다.
- 대화요령을 익힌다.
- 상담의 기법을 습득한다.
- 칭찬과 힐책의 요령을 연구한다.
- 적극적 경청을 실천한다.

3) 팀웍을 창출한다

팀웍이란 개인의 이해보다는 팀전체의 이해나 능률을 먼저 생각하는 것이다. 부하에게 팀웍의 저해요인을 최소화시키는 관리감독이 발휘되어야 한다.

4) 과학적 접근의 태도를 유지한다

- 문제의식과 목적의식을 지속시킨다.
- 정보를 수집, 분석, 정리하여 둔다.
- 사실파악을 게을리하지 않는다.

5) 전문성을 제고시킨다

- 인생목표의 설정으로 삶의 보람을 정립한다.
- 경영상의 요인, 조직상의 요인, 제품지식, 기술, 시장의 변화에 대한 정보와 자료를 조직화한다.
- 자기계발을 통한 능력개발을 도모한다.

제 Ⅲ 편

생산운영관리 단기운영

- 제11장 | 재고관리 / 239
- 제12장 | 전사적 자원관리 / 264
- 제13장 | 품질경영 / 269
- 제14장 | ISO 9000 / 298
- 제15장 | 세계화를 위한 생산운영관리 / 304

제11장 재고관리

제1절 | 재고관리

1 재고관리의 의의

재고(inventory)란 현재 이후 사용을 목적으로 보유하고 있는 제품을 가리키는 것으로 대부분의 기업에서는 물품이나 자원을 말하며, 이에는 완제품, 재공품 및 각종 원자재 즉 연필, 종이, 볼트 같은 작은 것으로부터 트럭, 기계류, 건설장비 같은 대규모의 품목에 이르기까지 수백 내지는 수천종류의 품목을 재고로 보유하고 있다.

대부분 기업들은 재고를 몇 가지로 구분하고 있는데 원자재, 재공품, 완제품, 교환부품과 기구 및 기타 소모품 등으로 분류하고 있다.

재고관리(inventory management)란 생산관리의 중요한 기능으로서, 재고는 많은 자본을 요구하고 고객에 대한 제품의 납품에 영향을 미치기 때문이다. 재고관리는 생산, 마케팅, 재무, 인사 및 회계 등 기업의 모든 부분에 영향을 미친다. 이는 재고를 관리하는 것이다.

2 재고관리의 수요 구분

재고관리의 수요는 종속수요와 독립수요로 구분한다.

종속수요는 최종제품의 생산에 소요되는 구성부품이나 하위조립품 등을 일컫는다. 이러한 경우 구성부품이나 하위조립품의 수요는 생산될 최종제품의 수량에 필수적으로 의존하게 된다.

독립수요는 완제품이나 예비부품 기타 최종품목이 이에 해당한다. 일반적으로 이러한 품목들은 다른 제품을 생산하는데 사용되기 보다는 직접 판매되거나 또는 선적되기도 한다. 이러한 경우 수요가 불확실하기 때문에 특정기간 동아네 이 품목들이 얼마나 수요될 것인가를 정확하게 결정하는 것은 어렵다.

독립수요품목은 예측이 필요하고, 종속수요품목은 독립수요 품목의 생산계획에 따라 결정된다.

 3 재고관리의 목적

첫째, 생산활동의 독립성을 유지하기 위한 것이다. 생산부문의 독립적으로 효율적 운영을 확보하려면 적당한 재고의 유지가 필요하다.

둘째, 고객의 서비스 수준을 최대화하기 위한 것이다(적당한 시기에, 적당한 장소에, 충분한 양을, 좋은 품질의 제품을 보유하는 것이다).

셋째, 고객서비스를 제공하는데 드는 비용을 최소화하기 위한 것이다.

이러한 목적을 달성하기 위한 의사결정자의 문제는 과소재고와 과잉재고를 피하고 재고에 균형을 유지하는 것이다. 이 두 가지 기초적인 결정은 주문시기 및 주문량과 기본적으로 관련되어 있다.

넷째, 경제적 주문량의 이익을 얻기 위한 것이다. 1회 주문량을 많이 하여 총주문비용을 감소하고, 수량할인과 수송비 감소를 하여 얻어지는 이익을 위한 것이다.

다섯째, 원자재 조달달기간의 변화에 대처하기 위한 것이다. 원자재를 공급자에게 주문할 때 원자재의 조달기간은 여러 가지 이유로 지연될 수 있으므로 이에 대비하여 안전재고를 유지하는 것이 필요하다.

4 재고관리의 요건

경영자는 재고에 관한 두 가지 기본적인 기능을 가진다. 하나는 재고품목에 대한 검사시스템을 설정하는 것이다. 다른 하나는 주문량과 주문시기에 관해 결정하는 것이다. 효율적인 재고관리가 되기 위해서는 경영자에게 다음과 같은 조건들이 갖추어져야 한다.

1) 재고조사 시스템

재고조사 시스템에는 정기조사와 연속조사가 있다. 정기조사 시스템하에서는 재고품목의 수량적인 계산이 각 품목의 주문을 얼마나 할 것인가를 결정하기 위하여 정기적으로 행해진다. 이 시스템의 장점은 많은 품목에 대한 주문을 동시에 할 수 있으며 주문품을 가공, 선적하는데 경제적이다. 단점으로는 첫째 재고조사기간에 통제의 부족, 둘째 여유 재고를 보유함으로써 검사기간 동안 고갈분에 대처할 필요성이 있다. 셋째 재고조사 때마다 주문량을 결정해야 할 필요성이 있다.

연속재고 시스템하에서는 재고의 보유현황을 연속적으로 기록하게 된다. 이 시스템의 장점은 첫째 계속적인 통제로 재고의 출고를 계속적으로 검토한다는 것이다. 둘째 고정주문량의 결정이다. 즉 경영자는 경제적 주문량을 인식할 수 있다. 단점은 재고기록 유지비용이 증가한다. 더구나 재고의 현품 확인은 기록을 검증하기 위하여 정기적으로 실시되어야만 한다.

연속재고조사시스템은 매우 단순한 것부터 복잡한 것에 이르기까지 다양하다. 첫째, 상자로부터 재고가 모두 사용이 되면 그때가 재주문할 시기가 된다. 가끔 주문카드가 첫 상자의 바닥에 놓여지기도 한다. 둘째 상자는 첫째 상자의 주문조달기간 동안의 예상수요 이상의 충분한 재고를 갖추고 있다. 이 시스템의 장점은 재고의 출고를 기록할 필요가 없게 된다. 그러나 단점은 재주문카드는 여러 가지 이유로 분실 될 수 있다.

연속시스템은 온라인 또는 뱃치(batch)로 처지 될 수 있다. 뱃치 시스템에서는 재고기록이 정기적으로 수집되며 시스템으로 입력되지만, 온라인 시스템에서는 거래량이 즉각적으로 기록된다. 온라인 시스템의 이점으로는 항상 최신정보를 보유하고 있으며, 뱃치 시스템에서는 수요의 갑작스런 증가는 재주문점 이하로 재고의 양을 감소시키는 결과를 초래한다.

2) 수요예측

재고는 수요의 소요량을 충족시키는 데 사용될 수 있으므로 소요량의 시기 및 수량의 정확한 예측을 설정하는 것이 필수적이다. 예측의 정확도는 다음 재고에 영향을 미친다.

3) 조달기간에 관한 정보

수요예측과 마찬가지로 조달기간의 정보는 필수적이다. 조달기간과 수요의 변동 범위의 정보를 미리 입수하는 것이 필요하다.

4) 비용에 관한 정보

재고와 관련된 기본적인 비용은 재고유지비용, 주문비용 및 재고부족비용이 있다.

재고유지비용은 창고에 현품으로 부유하고 있는 품목과 관력성이 있다. 예를 들면 이자, 보험료, 조세, 감가상각비, 진부화 비용, 창고비용 등이 있다.

재고주문비용은 재고를 주문하고 인수하는 데 관련되는 비용으로 이러한 비용은 필요량의 결정, 송장의 준비, 인수된 제품의 검사, 일시적 저장을 위한 제품의 운송들을 내포하고 있다.

재고부족비용(재고고갈비용)은 수요가 재고의 공급량을 초과할 때 나타는 비용으로 이 비용은 판매를 하지 못하므로 나타는 기회비용과 관련된 비용이다.

5) 재고분류시스템

재고관리의 중요한 측면은 재고로 보유되는 품목들이 투자된 화폐량, 이윤잠재력, 판매, 사용량 및 재고부족으로 인한 기회비용 등에 의해 중요성이 서로 다르다는 사실이다.

ABC분석법(파레토도)은 가치의 비중에 따라 재고품목을 분류하게 된다. 전형적으로 사용되는 이 분류 방법은 중요성의 순서에 따라 A(고가품목), B(중간고가품목), C(저가품)의 등급 품목으로 분류된다. 이러한 분류방법의 실제범위는 기업이 통제를 차별화 하고, 요구하는 범위에 따라 다르게 나타난다.

일반적으로 이 방법은 3등분으로 분류되는데 A급 품목은 재고품목 수는 5~10%이지만 재고투자금액은 총화폐액의 60~70% 정도를 차지한다. B급 품목은 재고품목의 수는 60% 정도이나 재고금약으로는 약 15%정도밖에 차지하지 않는 것이다. 나머지 부분은 C급 품목이다.

제2절 | 경제적 주문량의 모형

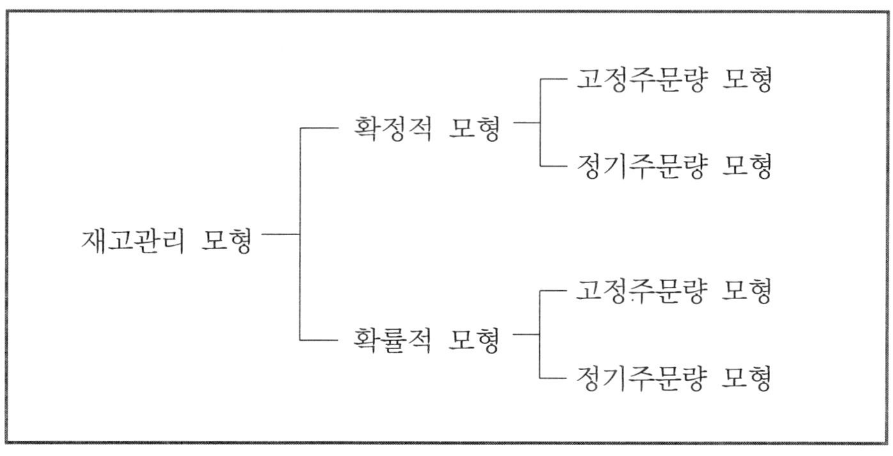

경제적 주문량은 확정적 모형에서 고정 주문에 속하는 것으로서 여기에 따른 비용을 살펴본다.

 재고관련비용

1) 주문 비용

주문비용이란 제품의 재고 보유량을 보충하기 위해 주문에 소요되는 비용을 말한다. 이것은 1회의 주문에 소요되는 베용은 거의 일정하다고 본다. 그러나 주문비용은 주문횟수에 따라 정비례 한다고 본다. 주문비용으로는 청구비, 매입주문비, 수송비 접수비, 검사비, 창고적재비, 회계 및 감사비, 공급에 대한 지불금 등을 들 수 있다.

2) 생산준비 비용

종류가 다른 제품을 생산한다는 것은 필요한 자재의 획득, 특수장비의 배치, 필요한 문서작성, 부여된 시간과 자제 및 재고자재의 이동 등 많은 문제를 내포하고 있다. 이 생산준비 비용으로는 종업원의 채용, 훈련, 해고 및 유휴시간과 초과시간 등이 포함된다.

3) 재고유지 비용

일정량의 재고수준을 유지 또는 보유함에 따라 발생하는 비용으로서 보관비 또는 저장비 라고도 한다. 일반적으로 이 비용에 속하는 것은 재고의 투자액에 대한 금리 또는 자본의 기회비용, 보관비, 재고감모손, 감가상각비, 보험료, 세금 등이 있다.

4) 재고부족 비용

재고부족비용은 재고수준이 마이너스가 되었을 때 발생하는 손실을 가리키며 품절비용이라고도 한다. 재고가 있었다면 판매가 이루어짐으로써 얻게 될 이익의 기회손실, 재고가 고갈됨에 따라 수송비의 발생을 무릅쓰고 타 지역 창고에서 보충하는 경우의 운임의 손실, 긴급조달에 따르는 제 부대비용, 품절비용, 품절현상이 빈번함에 따라 생기는 고객의 불신 또는 고객의 상실 등이 재고고갈로 인해 초래될 수 있는 비용이다.

 2 경제적 주문량(EOQ)의 모형

EOQ(economic order quantity)모형은 (1915년 F.W Hahis가 발표) 가장 간단한 모형으로서 연간 주문비용과 재고 유지비용의 합을 최소화 하는 주문량을 결정하는 것이다.

EOQ 기본모형은 전체조건으로 ① 단일 제품만을 대상으로 하고, ② 수요율이 일정하며, ③ 연간수요량은 확정적이고, ④ 조달기간은 일정하며, ⑤ 주문량의 전체량은 일시에 입고되며, ⑥ 가격할인이 없으며, ⑦ 재고부족은 없다고 가정을 한다.

이 모형은 Q단위의 주문을 인수함으로써 시작된다. 이 모형은 시간이 경과함에 따라 일정률로 재고가 감소되는 것을 의미한다. 재고 보유량이 조달기간 동안 수요를 만족하기에 충분할 때 공급업자에게 Q단위에 대한 주문이 이루어진다.

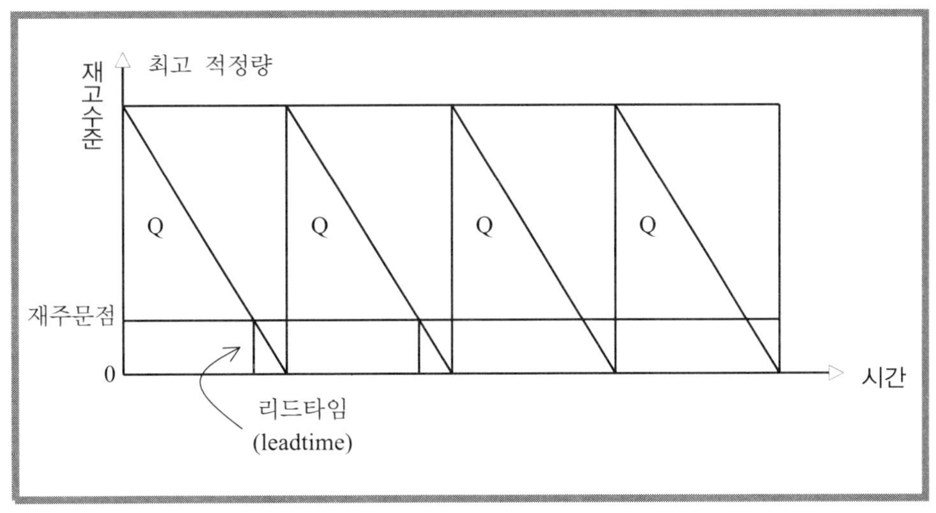

[그림 11-1] 경제적 주문량 모형

수요율과 조달기간이 일정하다고 가정하고 있기 때문에 주문은 재고고갈과 과잉재고를 피하도록 발주가 이루어진다.

적정주문량은 재고유지비용과 주문비용간의 상충관례를 반영하고 있다. 만약 주문량이 상대적으로 소규모이면 평균재고는 낮아지고 따라서 낮은 재고유지비용이 나타나게 된다. 그러나 소규모의 주문량은 자주 주문을 해야 하기 때문에 연간주문비용이 올라가게 될 것이다. 이러한 두 상황은 [그림 11-1]에 잘 나타나 있다. 이 모형에서 도출된 식이 아래와 같다.

S = 주문비용

$$Q = \sqrt{\frac{2SD}{H}}$$

D = 연간수요

H = 단위당 재고유지비용

Q = 1회 주문량

 재고 부족을 인정하는 모형

EOQ 기본모형과 똑같은 경우이나 단지 재고의 부족을 인정하는 것으로서 재고고갈비용을 계상하는 경우의 모형이다. 이것을 그래프로 표시하면 [그림 11-2]와 같다.

X가 기존 재고수준이 되며 Q가 주문량이 된다. 이것을 산식으로 풀면

$$Q = \sqrt{2SD/H} \cdot \sqrt{(H+R)/R}$$

$$X = \sqrt{2SD/H} \cdot \sqrt{R/(H+R)}$$

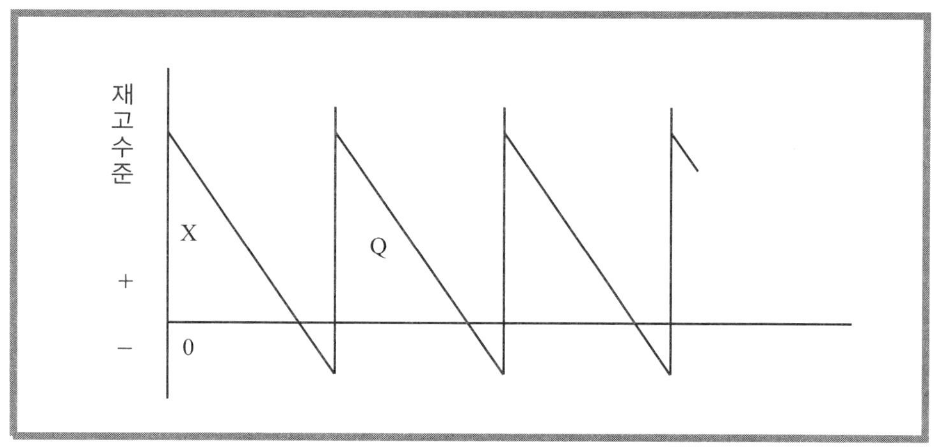

[그림 11-2] 재고부족을 인정한 경제적 주문량 모형

 4 가격할인의 문제

기업은 연간재고유지비용의 증가액과 구입비용의 할인액을 비교함으로써 가격할인을 이용하게 된다. 할인에 있어서의 최적주문량에 대한 수리적 표현은 총비용의 최소화를 기초로하여 구할 수 있다. 첫째, 비할인기저가격을 기초로하여 EOQ를 결정하고, 둘째 대량구매에 의한 가격의 변화를 검토하고, 셋째, 할인가격에 의해 연간재고비용과 연간 구입비용을 계산한다.

일부 기업에서는 자재가 필요할 때까지 자금을 유휴하지 않고 낮은 가격으로 총괄적인 구매주문을 하기도 한다. 가격할인의 결정은 오랜 구매경험과 공급 - 수요환경의 실제적 지식의 축적으로 혜택을 입을 수 있다.

 5 경제적 생산규모량 모형

기업은 재고품을 외부로부터 구입하지 않고 기업 내에서 생산하여 조달하는 경우가 흔히 있다. 이러한 경우에도 총재고비용을 최소화하는 EOQ모형의 이론이 그대로 적용될 수 있다. 그러나 주문비용은 준비비로 대체된다.

경제적 주문량(EOQ)은 경제적 생산량 즉 EPQ(economic production quantity)로 나타낼 수 있다. [그림 11-3]은 순간적 공급과 비순간적 공급 간의 차이를 나타내고 있다.

기본적인 EOQ모형에서는 모든 주문품이 전량입고될 때 재고로 쌓였다가 수요로 사용된다. 그러므로 여기서는 재고유지비용은 EOQ 전량에 부과된다.

비순간적 공급에 대한 EOQ 방정식의 수정은 여기서는 분비비가 되는 주문비(S)나 총수요(D)에는 영향을 끼치지 않으며, 재고로 쌓이지 않은 생산량의 부분에 대해서는 보관비가 부과되지 않으므로 단지 재고유지비용(H)을 절감시키는 데만 영향을 끼치게 된다.

경제적 생산량인 Q 는 아래와 같은 산식이 된다.

$$Q = EPQ = \sqrt{2SD/H(1-d/p)}$$

단, S = 1회 준비비
H = 연간 단위당 재고유지비
D = 연간 수요량
p = 단위시간당 생산량
d =단위시간당 수요량

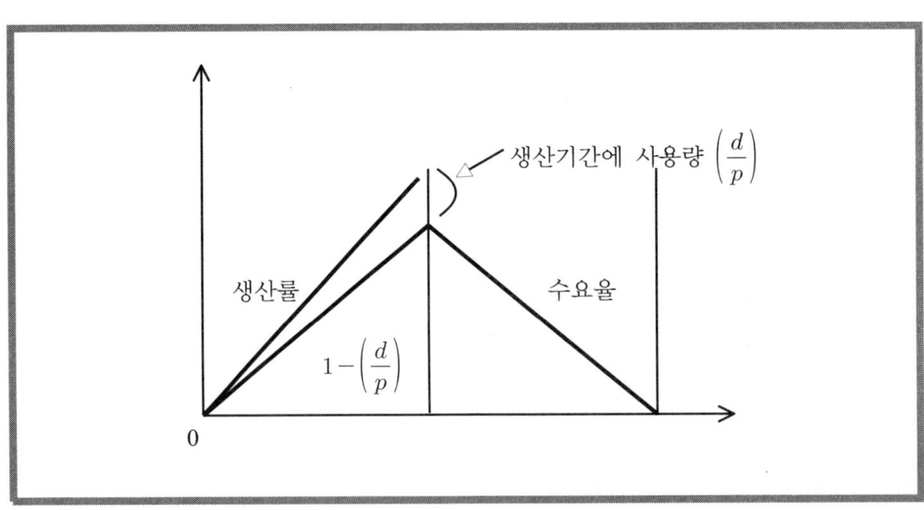

[그림 11-3] 경제적 생산규모의 모형

[그림 11-3]과 위의 방정식에서 보는 바와 같이 모든 다른 요인이 일정하다면 EPQ는 EOQ보다 더 크게 된다. 이것은 재고유지비가 생산량 전체에 부과되지 않고 재고로 쌓이는 양에만 부과되기 때문이다.

6 재고 관리의 불확실성 문제

1) 불확실성의 조건

수요는 주로 통제불가능한 것이지만 효과적인 광고나 마케팅 전략에 의해 부분적으로 통제되어질 수 있다. 비록 총괄수요는 개개품목에 대한 수요보다 변동이 적게 나타날지라도 기업은 여전히 개개 품목을 생산해야 한다. 그래서 총괄적인 효과는 문제를 경감하지 않는다.

조달기간은 합당하게 통제가능한 변수이기 때문에 일반적으로 관심이 줄어들고 있다. 사실은 작업현장에 생산되는 제품에 대한 많은 조달기간은 잠재적으로 관리되어질 수 있는 대기나 시간을 나타낸다. 그럼에도 불구하고 필요한 품목이 인도될 때는 조달기간에 대한 불확실성이 많은 기업에 있어서 심각한 일정계획 및 생산통제 문제를 야기시키고 있다.

2) 불확실성을 해결하기 위한 방법

(1) 비공식적인 의사결정 원칙

이 범주에 속하는 방법들은 비율법, 안전재고 백분율법, 조달기간 평방근법 등의 방법이 결합된 것이다.

(2) 증분 및 기대가치 방법

이러한 두 기법은 수학자나 통계학자에 의해 개발된 매우 정교한 이론적 모형의 형태에 속한다.

기업은 더 많은 재고를 보유함으로써 발생되는 증분비용이 이것으로 인해 실현되는 증분이득액과 같이 되는 수준까지 재고를 계속 보유해야만 된다. 그러나 실제로 증분비용과 증분이익을 측정한다는 것은 매우 어렵다.

기대값 접근법은 수익과 비용이 재고를 보유하느냐 하지 않느냐에 따라 측정되어 질 수 있는 상황까지 적용되고 있다. 이 분석은 자주 이익표와 기대값표를 만들어 수행된다. 일반적으로 통제가능한 대안은 재고보유량의 선택으로 구성되어 있으며 통제가 불가능한 변수는 조달기간이나 수요이다.

3) 안전재고량의 방법

불확실한 독립적인 수요에 대해서 완제품재고수준은 특정의 고객서비스 수준에서 근거를 둘 수 있는데 이 수준은 수요의 확률분포에 관한 정보를 가지고 설정되어야만 한다. 고객과 공급업자와 관련된 이러한 불확실성을 설명하기 위한 여분의 재고량은 정규재고량의 한 부분이나 안전재고량으로 간주되어야 한다.

 7 안전재고, 주문점 및 서비스수준

1) 안전재고량

안전재고량은 수요와 조달기간의 변동과 관련된 불확실성을 다루는 주요한 수단의 하나이다.

2) 시간 국면

컴퓨터상 기록에 보존될 때 컴퓨터는 단순히 현재의 총재고수준을 알려 주며 어떤 품목이 재주문점에 도달될 때 주문지시서를 발행한다. 또한 주문에 대한 정보를 제공하며 저장공간의 초소량이 컴퓨터상에 기록된다.

주문점의 시간적 조정은 3가지고 주요한 이점을 가진다.

첫째, 이 자료는 계획담당자로 하여금 보유재고량이 안전재고수준보다 낮게 되는 때는 더 정확하게 예측하게 해 주는데 그러한 주문에 대해 즉각적으로 관심을 갖게 된다.

둘째, 기업으로 하여금 종속수요를 가진 품목의 재고관리에 사용되는 MRP 논리와 일치되는 컴퓨터 파일 방식을 사용하게 해준다.

셋째, 계획의 우선순위와 일정계획을 용이하게 해 준다.

3) 재고 고갈

보유하고 있는 재고가 다 사용되었을 때 재고가 다시 충당될 수 있도록 안전재고량과 재주문점이 도입되어 있지 않다면 그러한 조직은 주문시기 1/2이 지났을 때 쯤 재고가 고갈될 것이다. 이것으로 인해 발생되는 다른 비용은 대체재고의 촉진비용, 판매 손실비용, 호의비용 및 기타 무형의 제비용을 내포하고 있다.

4) 서비스수준

재고의 서비스수준은 모든 수요요구가 재고로 충당될 수 있는 주문사이클의 백분비로 나타낼 수 있다. 서비스수준의 역은 재고고갈 위험을 나타내는 백분비이다.

제3절 | 재고관리 시스템

1 고정발주형 재고관리시스템

재고관리의 중요한 과제는 주문량과 주문시기는 언제, 얼마나 하는 것이 가장 좋은가? 이다. 또 고정발주형과 재고관리시스템은 재고가 일정수준에 도달하면 일정한 양을 주문하는 재고관리시스템이다. 다시 말해서 주문점에 일정수준에 도달할 때 마다 고정주문량을 주문하는 시스템이다. 이 시스템을 일정량을 주문한다고 하여 정량모형 또는 Q-시스템이다. 주문시기가 일정하지 않고 수요의 확률적 성격에 따라서 변한다. 이 시스템은 재고 수준을 항상 계속적으로 파악하여 통제할 필요가 있으므로 비교적 고가인 품목으로 재고조사가 용이한 품목의 재고관리에도 가끔 사용되고 있다.

고정발주형 재고관리시스템은 재고량을 일정기간마다 파악하여 현재의 재고량을 일정한 수준에 도달하도록 정기적으로 주문하는 시스템이다.

이 시스템은 연속적인 재고파악을 요구하지 않으며 일정한 양의 자재사용을 필요로 하는 공정에 특히 유용하다. 다품종 저가인 품목의 재고관리에 유용하고, 여러 품목을 동시에 주문할 수 있으므로 주문비용을 줄일 수 있다.

 결합형 재고관리시스템

위의 두 시스템의 특성을 결합한 다양한 결합형시스템이 유용하게 사용되고 있다. 이 시스템은 정기적인 재고조사시스템에서 몇 가지 통제측면을 제공하지만 경제적 롯트 사이즈로 주문함으로써 일반적으로 주문횟수를 줄이게 된다.

 ABC형 재고관리시스템

품목의 가치에 따라 등급을 선정하여 관리하는 방식으로서, 이 재고시스템에 있어서 주문을 할 경우 어떤 품목을 얼마나 주문할 것인가를 결정하여야 한다. 재고품목들은 사용량이나 재고투자금액 등의 측면에서 그 중요성이 각각 다르므로 중요성의 정도에 따라 A, B, C등급으로 분류하여 관리방식을 달리 적용함으로써 보다 효율적으로 관리할 수 있다.

A급 품목은 품목수로는 전체 품목수의 0~20%이나 총 재고금액은 전체 총화폐가치의 70~80%를 차지하며, B급 품목은 전체 품목수의 30~40%를 차지하나 총 재고금액은 전체의 15~20%, C급 품목은 품목 수는 전체의 40~50%이나 재고금액은 전체의 5~10%에 해당되는 것으로 분류될 수 있다.

• A 품목 : 높은 화폐 가치가 있는 품목

• B 품목 : 중간정도의 화폐가치가 있는 품목

• C 품목 : 낮은 화폐가치의 품목

다음 <표 11-1>은 어느 기업의 재고품목 현황이다.

〈표 11-1〉 재고품목 현황

(단위 : 천원)

품 목	연간 수요량	단 가	재고화폐가치
1	2000	3	6000
2	1500	5	7500
3	2500	50	125000
4	6500	4	26000
5	9000	48	432000
6	800	120	96000
7	2000	45	90000
8	5222	100	500000
9	1000	12	12000
10	2000	10	20000

위의 <표 11-1>을 이용 ABC분석을 실행 하려면 각 품목의 화폐가치가 전체에서 차지하는 비율을 계산하면서 중요한 순서로 배열한다<표 11-2>.

〈표 11-2〉 재고화폐가치

(단위 : 천원)

품 목	연간 수요량	재고화폐가치	전체화폐가치에 대한 비율(%)
8	5000	500000	38.0
5	9000	432000	32.8
3	2500	125000	9.5
6	800	96000	7.3
7	2000	90000	6.8
4	6500	26000	2.0
10	2000	20000	1.5
9	5000	12000	0.9
2	1500	7500	0.1
1	2000	6000	0.1
합계	36300	1314500	100.0

<표 11-2>에서 보듯 화폐가치 비율을 이용하여 세 그룹으로 나눠보면 아래와 같다.

〈표 11-3〉 화폐가치 및 품목비율

단가	품목번호	화폐가치비율(%)	품목비율(%)
A	8, 5	70.8	38.6
B	3, 6, 7	23.6	14.6
C	4, 10, 9, 2, 1	4.6	46.8

ABC 재고관리자료는 아래와 같이 히스토그램으로 간결하고 분명하게 나타낼 수 있다.

또한 전체 재고품목의 비율을 수평축에 그리고 전체재고 가치의 비율을 수직축에 나타내면 다음과 같다.

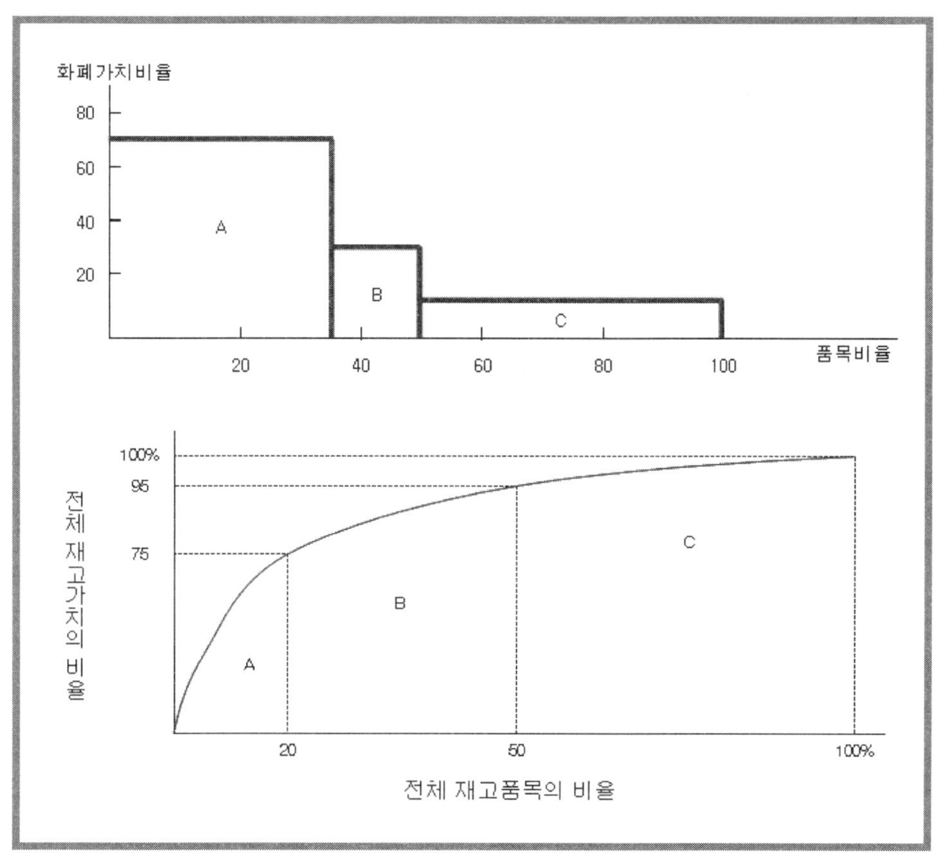

[그림 11-4] 화폐가치 및 ABC분석

 4 컴퓨터에 의한 재고관리시스템

최근 들어서 재고관리의 전산화가 크게 발전되고 있는데 컴퓨터에 의해서 재고가 전반적으로 관리되고 있어서, 그룹차원에서 해외 및 지방의 계열사에서도 연결이 되며, 특히 열차나 비행기 표에 대한 재고 등을 확인하는 데 큰 효과를 가져오고 있다. 앞으로 이 방법이 재고 관리 시스템에 지배 될 것으로 본다.

5 재고관리 사용의 제문제

1) 합리적인 의사결정

재고관리에 대한 경영원칙의 결정은 합리적이고 논리적이며 비감정적인 의시결정 과정을 거쳐 이루어진다.

2) 피드백

생산관리자는 실제수요와 계획수요와 차이가 발생한 경우 재고수준을 검토하고 생산계획 및 통제과정의 범위 내에서 조정을 해야 한다.

그래서 다음과 같은 피드백이 중요하다.

첫째, 재고수준과 성과의 검토를 피드백한다.

둘째, 실제성과, 자재사용량과 계획된 성과 및 사용량을 비교하여 의사결정자에게 피드백 한다.

셋째, 재고의 자본투입과같은 변환과정으로 투입물의 조정은 피드백한다.

3) 재고정책

최고경영자는 가끔 총괄재고수준을 조정하게 되는데 이러한 제조, 운영정책결정은 비용분석에 주로 근거를 두고 있다. 총괄적인 재고수준 변경에 관한 정책결정은 중간관리자, 일선관리자 및 재고담당자에 의해 구체적 항목으로 변경되어야만 한다. 또한 동태적인 재고특성을 강조할 필요가 있다.

4) 개인의 위험선호 경향

재고관리에 일부 관리자들은 위험선호형일 수 있다. 지나치게 위험을 선호하고 있는 생산관리자 또는 감독자는 재고통제에 대한 재고고갈의 위험을 통해 얻게 될 이익만큼 위험을 선호하게 된다는 것이다. 즉 위험이 적으면 손실이 적다는 것과 이익이 많으면 위험이 증대해진다는 것이다.

제4절 | 자재소요계획기법에 의한 재고관리

자재소요계획(material requirements planning : MRP)은 종속수요의 재고관리를 나타내는 것이다. 이는 IBM사의 J.A. Orlicky가 생산시스템에서의 재고관리를 목적으로 고안한 기법이다.

이 기법의 초점은 시간개념이 재고관리에 반영되도록 생산일정계획, 완성품목의 재고관리, 소요자재계획을 관리하는 데 있다.

그리고 최종제품의 생산일정에 따라 많은 수요를 갖는 원재료나 부품등의 종속수요품목들은 다른 방법에 의해 소요량을 파악하고 주문시기와 주문수량을 결정하여야 한다.

구입부품이나 제조부품으로 최종제품을 생산하는 기업들은 재료 및 생산능력소요계획(meterial and capacity requirements planning : MRP & CRP)의 체계적인 방법을 필요로 할 것이다. MRP는 종속적 수요품목의 수량과 시기를 결정 하는 기법이다.

주일정계획에서 생산될 최종품목량을 설정해 놓으면 부품소요량을 계산할 수 있으며, 또한 각 부품의 주어진 조달기간, 주문기일을 계산할 수 있고, 대부분 MRP시스템은 일반적으로 컴퓨터화되어 있다.

1 MRP 시스템의 개념

1980년대 초에는 비록 경기가 어려웠지만 컴퓨터화된 재고관리로 인하여 건실한 수익배당이 시작되었다. MRP 시스템의 몇 가지 특징일 이해하기로 하자.

2 MRP의 기본원리

MRP의 기본적 원리를 살펴보기로 한다.

설명을 예를 들어 보면,

최종제품을 X라 하면, X의 1단위 생산은 부품 Y의 3단위와 Z의 4단위로 만들어 진다. 다시 Y의 1단위는 부품 A의 1단위와 B의 2단위로 만들고, 부품 Z의 1단위는 부품 C의 4단위와 D의 4단위로 만들어진다.

만약 최종제품 X의 소요생산량이 50단위라고 한다면 다음과 같이 쉽게 계산이 된다.

부품 Y : 3 X 50 = 150
Z : 4 X 50 = 200
A : 1 X 50 = 50
B : 2 X 50 = 100
C : 4 X 50 = 200
D : 5 X 50 = 250

이제 이 제품들의 소요량, 소요시기 및 발주시기가 어떠한지 살펴보자.

이를 위해서 최종제품 X의 조달기간은 1주, 부품 Y와 Z의 조달기간은 각각 3주, 부품 A의 조달기간은 2주, 부품 B와 C의 조달기간은 각각 2

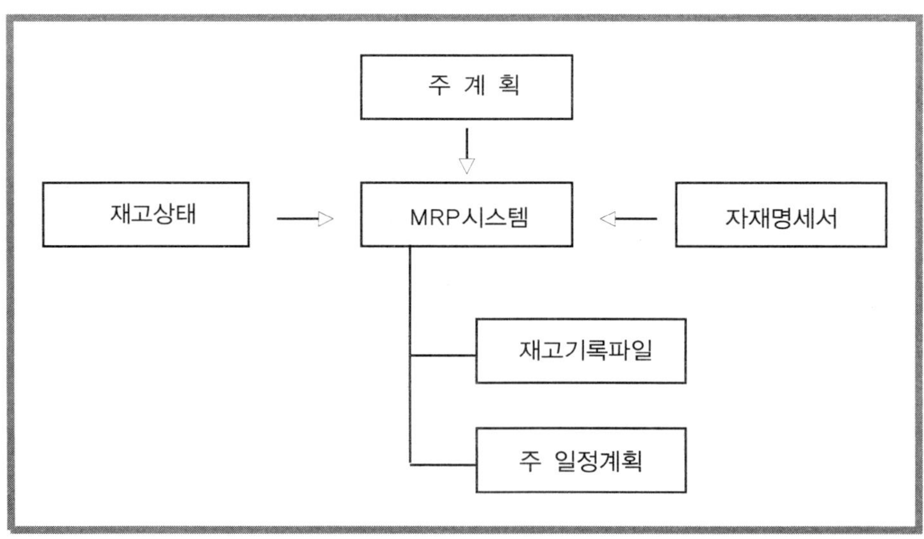

[그림 11-5] MRP시스템의 구조

주라고 하고, D는 조달 기간이 1주라 한다. 최종제품 X는 제 7주에 50단위가 필요하다.

〈표 11-4〉 최종제품 X 50단위를 기간 5주에 충족되는 MRP

품목 \ 주	1	2	3	4	5	
X 소요량					50	X : 조달시간 1주
X 발주시기				50		
Y 소요량				150		Y : 조달시간 3주
Y 발주시기	150					
Z 소요량				200		Z : 조달시간 3주
Z 발주시기	200					
A 소요량				50		A : 조달시간 2주
A 발주시기		50				
B 소요량				100		B : 조달시간 2주
B 발주시기		100				
C 소요량				200		C : 조달시간 2주
C 발주시기		200				
D 소요량				250		D : 조달시간 1주
D 발주시기			250			

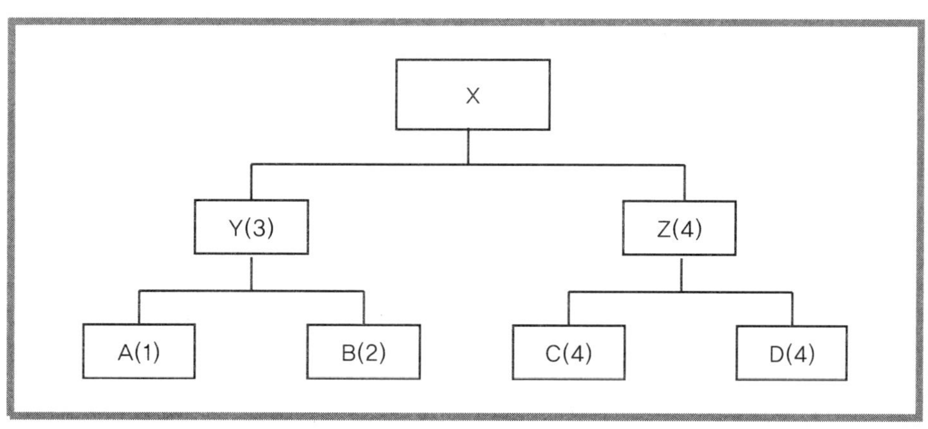

[그림 11-6] 최종제품 X의 구조

앞의 [그림 11-6]과 같이 품목의 수에 따라 많은 자재소요계획이 수작업으로 이루어지기에 현실적으로 어렵기 때문에 컴퓨터에 의존하지 않으면 안된다.

자재소요계획의 방법도 마찬가지로 적용이 된다.

3 MRP 기능

MRP의 이점은 재고수준 감소에 따른 재정적 절약에 있다.

Orlicky는 MRP의 이점을 3가지로 분류했는데 즉 ① 재고 ② 우선순위 ③생산능력이다.

첫째, 재고상의 이점은 적시에 적량의 적절한 부품을 보유함으로써 발생한다. 이것은 부품부족을 유발시킴이 없이 불필요한 재공품재고를 최소화시킨다.

둘째, 우선순위상의 이점은 필요한 자료를 확인하고 현재까지 이들의 우선순위를 유지하기 위한 MRP시스템의 능력에서 유발된다.

셋째, 생산능력의 이점은 자재소요계획을 활용함으로써 주작업장에 완전하고 정확하게 작업을 부하할 수 있다는 것이다.

4 MRP 시스템 구조

1) MRP 시스템의 투입요소

① **주생산일정 계획** : 주생산일정계획은 생산할 완성품의 수량과 시기를 기술한다. 이것은 예측과 고객의 주문에서 유도된 상세한 생산계획이다.

② **재고기록 파일** : 계획되고 있는 모든 재고품목은 재고기록파일을 가져야 하며, 현보유량, 총소요량, 예정인수량과 품목의 예정발주량에 관한 충분하고도 최근의 정보를 제공하여야 한다.

③ **자재명세서** : 컴퓨터 시스템의 자재명세서가 이러한 정보를 제공한

다. 자재명세서 파일은 특유한 부품번호에 의해 각 부품들을 확인하고 완성품 소요량을 부품 소요량으로 역산하는 과정에 의하여 MRP 처리를 용이하게 한다.

자재명세서는 제품구조파일이라고도 하는데 제품구조, 즉 자재명세서 파일은 부품소요량을 명확하게 기술하기 위하여 정확하고 분명한 용어로써 제품을 규정한다.

2) MRP 출력

MRP 처리 결과로 도출되는 출력은 주문계획과 그 결과 및 재고거래내용에 관한 정보로, 주문계획, 주문실시 및 변경 보고서가 출력되고 보조보고서로는 결제통제, 계획 및 예외보고서 등이 출력된다.

최종품목소요량을 자재명세서파일을 경유해서 부품으로 환산하고, 재고상황파일을 사용하여 순소요량과 발주기일을 결정함으로써 구해진다. 납기일과 소요일을 일치시킴으로써 MRP 시스템은 우선순위를 유효하게 만든다.

또한, MRP 시스템은 MRP계획자에게 발령된 주문을 재계획 할 수 있도록 예측, 저장, 지연 및 스크랩 주문에 관한 정보를 제공한다.

또한 MRP 시스템은 관리자에게 비용, 품질 및 구매활동의 성과에 관한 가치 있는 척도를 제공해 준다.

 5 MRP 이론

1) MRP 시스템의 매개변수

① **계획범위와 재계획** : 주 일정계획은 MRP 시스템을 만들기 위한 시험적인 계획에 있어서 예측과 확정적 주문을 통합시켜 준다. 최종제품과 부품과의 관련성에 의하여 소요되는 최장시간의 누적된 조달기간과 같거나 그 이상이어야 한다.

재생적인 MRP시스템에 의해 재계획이 보통 주단위로 작성된다. 수리고 재계획하게 되면 과다한 비용을 초래하고, 또한 갱신기간의 간격이 너무 길면 자멸할 수도 있다.

② **조달기간과 안전재고** : 안전재고는 주로 독립수요와 관련된 불확실한 문제를 관리하는데 도움이 되도록 사용되어 졌다. 결국 안전재고는 불확실한 문제에 대한 기대비용이 이들의 사용을 정당화하는 한 MRP 시스템의 어느 곳에서나 활용될 수 있다.

③ **로트크기** : 발주량은 구매 또는 생산에 있어 로트의 크기를 명확히 해야 한다. 순소요량기법은 다양한 주문기법 주에서 가장 간단한 기법이다. 이것은 재고유지비를 최소화 시키며 특히 불연속적 수요에 효과적이다.

2) MRP 이론

MRP 시스템은 주 일정계획으로부터 최종품목소요량을 구하고 그 품목과 부품의 자제명세서와 재고상황파일 정보를 얻는다. 총 소요량과 순소요량은 모든 부품에 대해서 단계별로 결정한다.

MRP는 조립품이 필요한 시기, 그리고 그 결과로서 조립품을 생산할 자재를 주문해야 할 시기를 가장 중요시 한다.

3) MRP 적용

① **확정적 주문** : 정규적인 MRP 논리는 부품에 대한 예정발주량과 시기를 자동적으로, 그리고 계속적으로 통제한다. 그러나 주위상황은 변한다. 기계가 마모되거나 고객은 최초의 주문량보다 더 많은 양을 원하기도 한다. 더욱이 몇몇 기업들에게 컴퓨터의 MRP 계획기간을 초월해서 확장되는 계절적 호황도 있다.

② **소요량의 연계화** : 연계는 특징 사용처 파일을 만드는 데서 시작된다. 그것은 기록에서 예정주문량을 가지고 있는 최종품목에만 적용되어 모든 품목 - 부품에 관계되는 것은 아니다. 그래서 재고계획자는 현재 주문 중의 최종품목이 주어진 부품과 어떻게 관련되어 있는가를

결정하기 위하여 제품구조상의 상위소요량을 추적할 수 있다.

③ **우선순위의 계획과 통제** : 우선순위계획은 생산되는 품목에 중요도를 할당하는 것이다. MRP 시스템은 주문량과 납기가 실제와 정확하게 일치 하도록 유효한 우선순위를 가지게 된다.

우선순위계획은 주문생산과 가장 관련성이 높다. 재고 생산(계획생산)의 경우 우선순위는 고객의 다양한 수요에 종속되므로 복잡해진다.

순위통제는 우선순위계획이 실행되고 있는가를 확인하는 것이다. 이것은 생산활동 통제에 속하는 업무이다.

6 MRP 효과

MRP 시스템을 적용했을 때 다음과 같은 효과를 기대할 수 있다.

1) 재고 투자를 최소한 줄일 수 있는 효과가 있다.
2) 수요변화에 대해서 적절하게 대처할 수 있는 효과가 있다.
3) 재고품목별로 장래에 관한 소요량 산정을 할 수 있는 효과가 있다.
4) 재고관리가 장부보다는 조치지향적인 효과가 있다.
5) 주문량은 작업현장에서의 요구와 직접 관련을 갖는다.
6) 주문시기와 요구시기가 강조된다.

7 MRP 한계

1) 컴퓨터의 활용과 소프트웨어의 활용이 있어야 한다.
2) 주 일정계획과 자재명세서 및 재고기록이 정확하고 또 갱신되어야 한다.
3) 파일 자료의 통합이 필요하다.

이러한 한계 때문에 준비 시간이 적어도 1년은 걸린다. 또한 종업원의 교육훈련이 필요하며 기록의 결함 등을 보완하여야 한다.

제12장

전사적 자원관리

제1절 | 전사적 자원관리

1 전사적 자원관리의 의미

전시적 자원관리(ERP : Enterprise Resource Planning)는 좁은 의미에서는 통합 생산관리 시스템이지만 넓은 의미에서는 전사적 자원관리 시스템을 말 한다. 앞에서 설명된 MRP는 제조에 필요한 자재 즉 자원을 계획하는데 중요부분을 차지했지만 그 범위를 넓혀 생산뿐만 아니라 기업내의 모든 자원을 동시에 계획하는 것이 필요하게 되었음은 당연한 이치라고 할 수 있다.

ERP는1970년대의 생산과 재고관리기법인 MRP(자재소요계획)에서 시작하여 MRPⅡ(생산자원계획)로 발전하였다가 현재의 정보시스템으로 확장 변혁 되어왔다. MRP와 MRPⅡ의 이용으로 자재의 수요량과 시기를 예측하고 모든 제조활동과 관리활동이 정확한 계획에 근거하여 활동하게 되었다. 따라서 자원의 불필요한 낭비를 제거하고 생산활동을 효율적으로 운영하게 되었다. 이 개념이 더욱 확대되어 나타난 것이 ERP이다[그림 12-1].

다시 말하면 ERP는 생산활동을 위한 자재투입의 최적화는 물론 기업활동을 위한 경영자원 투입의 최적화를 목적으로 발전된 새로운 정보시스템이라 할 수 있다. 제조를 포함한 다양한 비즈니스 분야에서 생산, 구매,

재고, 주문, 공급자와의 거래, 고객서비스 제공 등, 주요 프로세스 관리를 돕는 여러 모듈로 구성된 통합 애플리케이션 소프트웨어 패키지를 뜻하는 산업 용어이며 재무 및 인적자원을 위한 모듈 또한 포함되어 있다.

일반적으로 ERP시스템은 관계형 데이터베이스를 기반으로 통합된 시스템의 형태이며, ERP시스템 구축은 비즈니스 프로세스 분석, 사용자 재훈련, 새로운 작업절차 등을 포함한다.

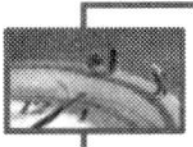

제2절 | ERP의 특징과 효과

1 ERP의 특징

ERP는 기존의 MRP, MRPⅡ의 단점인 비유연성을 최소화하고 신기술

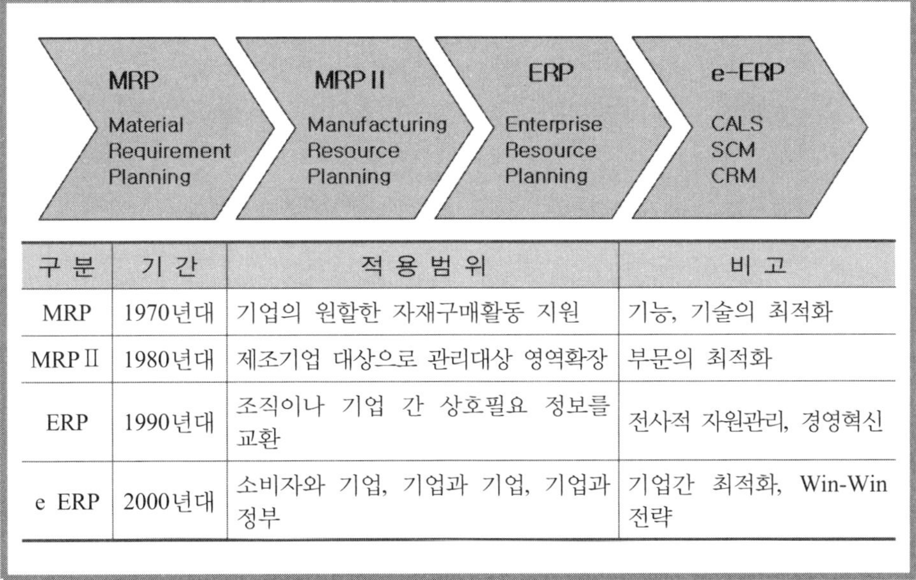

구 분	기 간	적 용 범 위	비 고
MRP	1970년대	기업의 원할한 자재구매활동 지원	기능, 기술의 최적화
MRPⅡ	1980년대	제조기업 대상으로 관리대상 영역확장	부문의 최적화
ERP	1990년대	조직이나 기업 간 상호필요 정보를 교환	전사적 자원관리, 경영혁신
e ERP	2000년대	소비자와 기업, 기업과 기업, 기업과 정부	기업간 최적화, Win-Win 전략

[그림 12-1] ERP의 발전단계

인 객체지향기술 분산데이터처리 개방형구조 적정규모화(right sizing)등을 받아들여 분산화 및 개방화 시스템으로 운영된다. 아울러 ERP는 생산관리 업무는 물론 순수관리 부문과 경영지원기능을 포함한다. 뿐만 아니라 기업의 모든 업무와 함께 고객 또는 협력회사 등 상,하위 공급체계에 최적 의사결정을 내려주는 통합된 정보 시스템을 목표로 한다. 따라서 종합적 차원에서 볼때 ERP는 고객에 대한 서비스는 극대화 하고 재고수준은 최소화 하며 모든 자금의 흐름이 재무나 회계모듈로 집결되기 때문에 한눈에 파악할 수가 있다.ERP의 특징을 다음 몇 가지로 요약할 수가 있다.

① 글로벌 환경에의 대응
② 업무시스템의 통합
③ 조기경보 시스템을 가능하게 하는 정보 시스템
④ 정보의 일관성과 단순화
⑤ 리엔지니어링을 통한 기업혁신

2 ERP의 기본모듈

ERP의 기본모듈은 패키지 공급자에 따라 조금씩 다르지만 일반적으로 다음과 같이 구성 된다.

① 로지스틱스 모듈
- 영업 시스템 모듈
- 구매 및 자재관리 모듈
- 생산관리 모듈

② 회계모듈
- 재무회계 모듈
- 자산관리 모듈
- 관리회계모듈
- 자금관리 모듈

③ 인사모듈
- 인사관리 모듈

3 ERP의 효과

1) 비용절감

- 인건비 절감
- 관리비용의 절감
- 제품의 재고감소

2) 업무 신속성 및 효율성 제고

① **다국적, 다통화(多通貨), 다언어 지원** : 대부분의 ERP패키지는 다국적, 다통화, 다언어를 지원하고 있다. 여러 나라의 상거래 방식, 생산 방식을 패키지에서 지원하며 기업은 필요한 기능을 선택해 사용할 수 있다.

② **통합 시스템** : ERP는 기업 활동 전 부분에 걸쳐있는 자원을 하나의 체계로 관리한다. 정보의 일관성, 실시간 처리로 인한 신속성 등은 기업의 경쟁력 제고에 중요한 기반을 제공한다.

③ **Best Practice에 의한 BPR 지원** : ERP는 기업의 업무를 위한 기능을 "Best Practice"에 기반 하여 제공한다. Best practice는 세계의 일류 기업이 사용하는 업무 처리 프로세스를 공통화 시킨 프로세스를 말하는데, 이를 자사에 도입하므로써 비즈니스 프로세스 리엔지니어링(BPR)을 실현하는 효과를 볼 수 있다.

④ **통합 데이터베이스** : ERP의 업무 프로세스는 중앙의 데이터베이스를 매개로 기업 활동 전반에 걸쳐 통합되어있다. 통합 데이터베이스를 통해 하나의 정보는 한번만 입력되며 입력된 정보는 가공하지 않은 데이터로 어느 업무에서도 참조될 수 있다.

⑤ **매개변수 설정에 의한 단기간의 도입과 개발** : ERP패키지는 매개변수 설정을 통해 필요한 기능을 구현하는 방식이다. 매개변수 설정을 이용하여 단기간에 시스템을 도입할 수 있다.

⑥ 개방형 시스템 : 대다수의 ERP시스템은 특정 하드웨어에 의존하지 않는 개방형 시스템이다.
다양한 하드웨어를 조합하여 클라이언트/서버 구조의 시스템을 구축할 수 있다.

3) 가치사슬 간의 대응력 강화

- 조직의 슬림화 및 순발력 강화
- 제품개발의 효율성 제고 및 개발기간 단축
- 생산과 판매 시스템의 통합에 의한 고객만족 창출

4) ERP패키지 공급자

최근, ERP 아웃소싱을 제공하는 대표적인 ERP 패키지

① 국외 패키지
- SAP R/3
- 오라클 Application
- Peoplesoft
- J.D. Edwards
- BPCS

② 국내 패키지
- 삼성SDS의 Uni ERP
- 영림원의 K시스템
- 한국기업전산원의 탑 ERP

제13장 품질경영

제1절 | 기업의 품질문제

기업의 성장과 존속을 위한 여러 가지 많은 요소가 있지만 특히 현대 기업에서 요구되고 있는 기술혁신, 원가, 소비자, 인력 및 설비대체 등을 우선 생각할 수 있고 이는 다시 품질문제와 연결하여 생각할 수 있다.

기 업		품질문제
• 기술혁신	⇒	삶의 질을 위한 다양한 제품 요구
• 원가	⇒	가격경쟁(세계시장의 경쟁)
• 소비자	⇒	다품종소량생산
• 인력	⇒	임금상승(성과급 등)
• 설비대체	⇒	기업의 환경변화

위의 내용을 다시 보면 기술혁신의 문제는 인간이 삶의 질을 위한 다양한 제품을 요구하고, 원가 문제는 국내 경쟁기업과 세계시장의 가격 경쟁 시대가 되었다는 것이며, 소비자는 다품종소량시대와 소비자 인식의 변화가 현저하게 나타나고 있으며, 인력 문제는 고유가 시대와 물가의 상승효과로 임금인상의 불가피한 상황과, 설비대체는 소비자의 인식변화가 요구한 제품을 만들기 위해서 설비의 대체가 절실히 요구된다.

이러한 요소는 결국 기업의 성패를 좌우하고 있다.

1 기업경영과 품질

기업경영은 생산 활동에서 제품과 생산요소를 위한 재무, 조달, 판매활동을 하며 재무활동은 이해관계자와 금융 및 정부 등으로 구분하고, 조달활동은 4M's(인력, 기계, 기술, 재료)를 구입하며, 판매활동은 품질과 서비스의 활동을 요구한다.

경영활동을 품질과 서비스의 창출과정까지를 포함시킨다고 했을 때에는 기업의 자산에 반 이상이 경영활동에 투자되어 진다고 볼 수 있고 경영활동의 범위는 크다.

따라서 경영관리는 생산과 인사, 회계, 재무, 마케팅 및 연구개발 등의 역할에 비중은 크다고 할 수 있다.

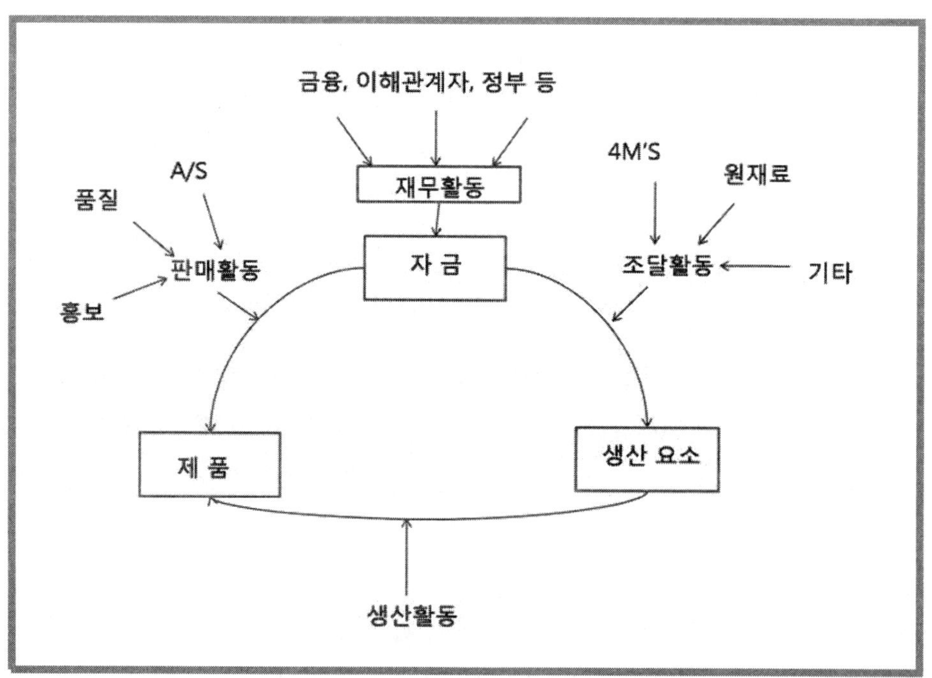

[그림 13-1] 경영활동의 순환과정

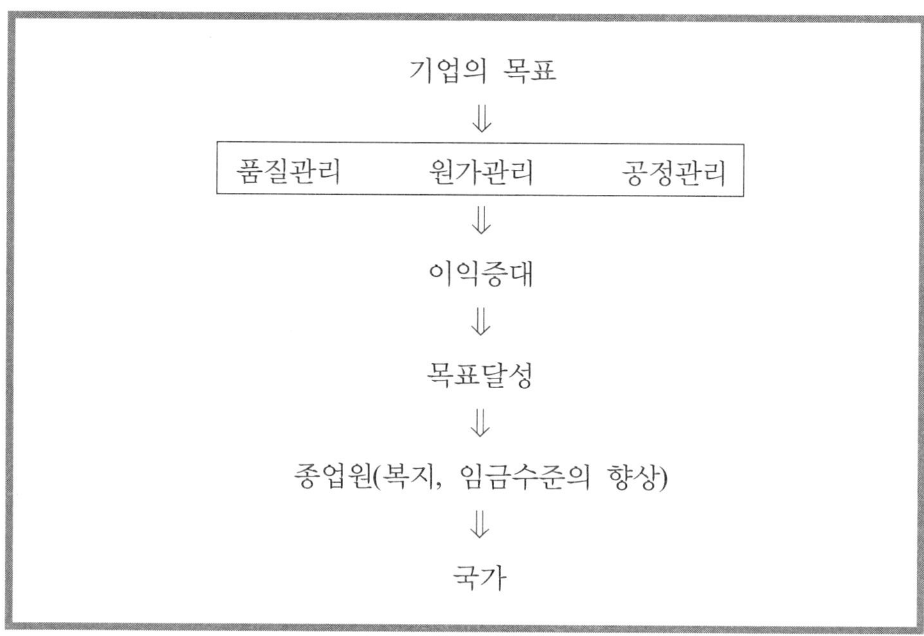

2 생산시스템과 품질관리

기업은 목표(MBO)를 설정하여 목표를 위한 계획과 통제를 실시하고 있다.

기업은 목표를 위해서 생산시스템을 설정하고 이를 위해 품질관리와 원가관리 및 공정관리를 하며 이를 성공적으로 관리하면 기업의 이익증대를 가져오고 결국 기업목표를 달성하는 것이다.

기업의 목표 성공은 결국 국가를 위한 것이다.

3 품질중시의 경영

기업은 경영에서 성공하기 위해 품질을 중시하는 경영이 중요하다고 할 수 있다.

품질은 목표품질과 설계품질, 제조품질 및 사용품질로 나눈다.

목표품질은 기업의 목표로 설정되고, 설계품질과 제조품질은 기업의 목표품질을 위해서 설계하여 제품을 생산 한다.

또한 사용품질은 소비자가 최종적으로 제품을 사용하여 판단하게 되는 것으로 간주된다.

제2절 | 품질관리 개념

품질을 이해하기에 먼저 품질이 정확하게 무엇인지를 이해하는 것이 중요하다. 일반적으로 제조회사에는 제품이 품질이고, 은행에서는 서비스의 질이 품질이라고 하며, 학교에서는 학문이며, 건설업에서는 건축물의 견고함이라 할 수 있고, 가정에서는 자식들의 건강과 행복 및 자식들의 성공이 품질이다.

1 품질(Quality) 정의

품질관리(Quality Control : QC)는 물품자체의 성질, 기질, 특성, 용도, 크기 등을 말한다. 또한 품질은 이원화하여 사용하는 데 주관적으로는 사용의 적합에 따라 판단하는 기준이며, 객관적으로는 양, km, kg 등의 표시를 말한다.

2 현대 품질관리의 이해

1) 발전

• 자가 공급 : 원시시대(제조, 관리생산 → 1인담당)

⇓

• 분업 시대 : 제조와 관리 → 분리

• 가내수공업시대 : 공장(전문가)

⇓

• 산업 시대 : 대량생산(품질을 위한 전문성 요구와 허용차 인정)

⇓

• 근대 시대 : 품질관리체제

⇓

• 현대 시대 : ISO품질보증시대

2) 소비자가 요구하는 품질의 이해

소비자가 요구하는 것은 품질(Quality), 가격(Cost), 납기(Delivery) 및 수량(quantity)을 모두 만족해야 한다. 결국 이것은 품질의 특성을 이해하고 제품위주로 파악하고, 성능을 중시하며, 품질의 특성인 형태, 색상, 크기 등을 이해하는 것이다.

3) 국가별 발전

(1) 미국의 발전

미국의 품질관리는 데밍(Deming)과 슈와트(Shewhart)에 의해 많은 발전을 가져왔다. 특히 슈와트는 통계적 품질관리를 발전시킨 공헌이 크다. 또한 미국의 품질관리의 발전은 20년을 주기로 산정한다. 그 내용을 보면 다음과 같다.

① QC by Operater : 19C말까지 (작업자에 의한 품질관리)

② QC by Foremen : 1900 ~ 1920년 (직장장에 의한 품질관리)

③ QC by Inspection : 1920 ~ 1940년 (검사에 의한 품질관리)

④ Statistical QC : 1940 ~ 1960년 (통계에 의한 품질관리)

⑤ TQC/CWQC : 1960 ~ 1980년 (종합적 전사적 품질관리)

⑥ TQM : 1980 ~ 1990년 (총합적인 품질관리)

⑦ ISO : 1990년 이후 (국제품질보증제도)

(2) 영국의 발전

영국은 주로 미국의 발전에 많은 영향을 받았다. 1930년 미국의 슈와트에 의해 전파되고 영국의 피어슨에 의해 발전이 되었다. 영국은 BS600이 1936년에 실행이 되어서 사용되고 있다.

(3) 일본의 발전

1950년대에 미국의 쥬란박사에 의해 전파되고, 일본상공인에 교육으로 발전을 가져오게 되었다. 특히 쥬란박사는 PDCA관리 기법을 강조하였다. 그리고 미국은 100%에 대한 품질관리를 실시한 반면, 일본은 100PPM이라는 문구를 사용하여 성공을 거둔 것으로 판명되고 있다. PPM이란 백만분의 100을 나타낸다. 즉 만의 1이라는 숫자를 생각할 수 있다.

(4) 한국의 발전

한국에서 품질관리의 발전은 1955년 한국생산성 본부와 국내 교수들의 교육과 전파로 품질관리를 이해하기 시작했다. 특히 미8군에서 품질관리와 충주비료공장을 건설하면서 사용한 것을 기회로 국내 품질관리가 도입되었다.

- 1961년 공업표준화법 제정
- 1963년 KS표시제도 실시
- 1967년 품질표시제도 실시
- 1973년 공업진흥청 발족
- 1975년 품질관리 대상 제정
- 1981년 공장품질관리 등급제도 실시
- 1983년 품질관리를 위한 연수원 설립
- 1992년 품질경영 운동전개
- 1993년 국내 ISO 인증 실시

국내의 품질관리의 시상은 품질관리 대상을 국무총리 상과 품질경영상을 대통령상으로 진행하고 이후 3년이 지나면 한국품질경영 대상을 수여

받게 된다.

품질관리 효과

품질을 관리하면 다음과 같은 효과가 있다.

- 품질이 개선된다.
- 불량률이 떨어지고 수율이 향상된다.
- 불량으로 인한 재작업 비용 감소
- 불량품으로 인한 클레임과 수리, 반품이 줄어든다.
- 불량으로 인한 손실의 감소로 품질코스트가 저하한다.
- 수율의 향상으로 판매증대, 부가가치 생산성이 향상된다.
- 수율이 개선되어 납기를 지킬 수 있다.
- 원자재 공급자와 생산자 및 소비자와의 거래가 공정하게 이루어진다.
- 사내 각 부분의 종사자가 품질 의식을 갖고 품질의 유지 및 개선을 위해 노력한다.
- 소비자가 요구하는 품질의 제품을 연구, 개발, 생산, 판매하여 경쟁에서 앞 설수 있다.

제3절 | 서비스업에서의 품질관리

정 의

서비스업(service)에서 품질관리는 소비자(고객)입장을 만족하고 고객을 관리하는 것이다.

2 기능과 기술

서비스업에서 품질관리를 성공하기 위하여 기능과 기술을 활용하여 성공을 유도한다.

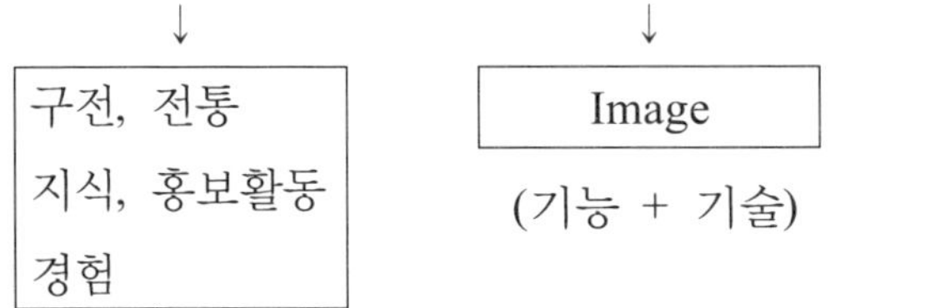

<사례>

수원의 김씨네 설렁탕이 너무 인기가 있어서 많은 사람들이 한번쯤은 이 설렁탕의 음식을 먹기를 기대하여 구전에서 경험을 통하여 직접 설렁탕을 먹고 체험한다.

체험에서 기능(종업원의 태도, 음식점의 분위기, 음식점의 환경 등)과 기술(소문난 만큼 고유의 노하우)의 이미지를 느끼면서 그 설렁탕의 맛이 인식되어 고객에게 영원히 인식된다.

3 서비스업의 품질 특성

서비스업의 품질특성은 실수율을 줄이고, 시간 관리를 철저히 하여, 가격의 변동은 신뢰를 주기 때문에 빈번한 변동 없이 관리를 하여야 고객의 만족을 실현할 수 있다.

1) Error rate (실수율)
2) Time (시간관리 철저)
3) 원가 고정
4) 고객의 만족

4 서비스업의 품질관리의 결과

서비스업의 품질관리는 무(無)에서 유(有)를 창조하는 것이다.

제4절 | 품질관리 개선을 위한 6시그마

1 6시그마의 정의

6시그마는 제품의 품질을 고객이 만족할만한 극한치까지 완벽하게 향상시키며 지속적으로 전개하는 활동이며, 제조분야뿐만 아니라 비제조분야인 영업, 연구·개발, 사무부서 등 전 분야의 프로세스에 걸쳐 업무 품질을 무결점에 이르도록 하고, 아울러 고객이 만족하여 감동하도록 하는 활동이다. 6시그마는 생산활동에서 100만개의 제품이나 서비스 가운에서 단 3.4개의 불량만을 허용하는 전사적 경영혁신활동이다.

객관적이 통계수치로 나타나기 때문에 제품이나 업종, 업무 및 생산 프로세스가 다르더라도 비교할 수 있다는 뜻이다. 따라서 고객만족의 달성정도와 방향, 위치 등을 정확히 알 수 있게 해주는 척도이다. 즉 '제품과 서비스, 공정의 적합성을 재는 탁월한 척도'인 셈이다.

경쟁우위를 갖게 해 주기 때문이다. 시그마 수준을 높이는 만큼 제품의 품질이 높아지고 원가는 떨어진다. 그 경로가 고객만족 경영을 달성할 수 있다. 6시그마는 기업 내의 사고방식을 바꿔 버린다. 무조건 열심히 일하는 것보다는 '스마트하게' 일하게 하는 철학이 바로 6시그마이다. 이 활동은 제품을 생산하는 제조방식에서부터 구매주문을 작성하는 방식까지 모든 작업에서 실수를 줄이기도 한다.

2 6시그마 방법론

6시그마에는 두 가지 주요한 방법론이 있는데 DMAIC와 DMADV이다. 이 두가지는 원래 W. 에드워드 데밍의 계획-실행-점검-행동 싸이클 이론에서 영향을 받은 것이다. DMAIC은 주로 기존의 프로세스를 향상시키기 위해 사용되고 DMADV는 새로운 제품을 만들거나 예측가능하고 결함이 없는 성능을 내는 디자인을 만들기 위한 목적으로 사용된다.

DMAIC

- 정의(Define) : 프로세스의 향상을 위한 목적을 정의를 한다. 이는 반드시 기업 전략과 소비 자 요구사항과 일치해야 한다.
- 측정(Measure) : 현재 프로세스를 측정하고 미래의 비교를 위한 연관된 데이터를 모은다.
- 분석(Analyze) : 각각의 요소들의 관련성과 인과관계를 밝혀낸다. 어떤 관련성을 가지는지 정하고 모든 요소들이 충분히 고려되었는지를 확인해야한다.
- 향상(Improve) : 프로세스를 향상시키거나 혹은 최적화시키는 과정이다.
- 관리(Control) : 결함에 영향을 미치는 모든 변수들이 적절하게 관리되고 있는지를 확인하는 것이다. 시험 프로세스를 통해 프로세스 능력을 측정하고 실제 생산으로의 전화와 이후의 프로세스에 대한 계속적인 측정과 관리 체제를 구축하도록 한다.

DMADV

- 정의(Define) : 기업 전략과 소비자 요구사항과 일치하는 디자인 활동의 목표를 정한다.
- 측정(Measure) : 현재의 프로세스 능력, 제품의 수준, 위험 수준을 측정하고 어떤것이 품질 에 결정적 영향을 끼치는 요소(CTQs, Criticals to qualities)를 밝혀낸다.
- 분석(Analyze) : 디자인 대안, 상위 수준의 디자인을 만들기 그리고

최고의 디자인을 선택하기 위한 디자인 가능성을 평가하는 것을 개발하는 과정이다.

- 디자인(Design) : 세부사항, 디자인의 최적화, 디자인 검증을 위한 계획을 하는 단계를 말한 다. 여기서 시뮬레이션 과정이 필요하다.
- 검증(Verify) : 디자인, 시험 작동, 제품개발 프로세스의 적용과 프로세스 담당자로의 이관 등에 관련된 단계이다.

3 6시그마 적용분야

6시그마의 장점은 어느 분야에도 적용할 수 있다는 점이다. 6시그마의 대상은 프로세스이기 때문이다. 6시그마는 제조업뿐만 아니라 금융 및 유통 서비스 분야, 정부 및 공공분야, 연구·개발 분야 등 모든 분야에 적용할 수 있다.

4 왜 기업들은 6시그마 도입인가?

1) 6시그마는 돈을 벌어 준다.
2) 품질의 새로운 정의
3) 기업이 아닌 품질과 서비스에 적용된다.
4) 6시그마는 성과 목표이다.

제5절 | 식스 시그마

1 식스 시그마 통계적 의의

시그마는 통계적인 산포(dispersion)의 측정단위로 프로세스 품질을 설명하는데 사용되는 개념이다. 시그마는 원래 고대 알파벳 24개 글자 중 18번째 글자의 이름으로 문자로 쓸 경우 "σ"로 표기하며 통계학에서는 표준편차를 나타내는 기호로 사용되며 에러나 미스의 발생확률을 말하는 통계용어이다. 6시그마는 품질특성치의 평균에서 규격의 상·하한 값까지 ±6시그마의 여유를 갖도록 함으로서 불량을 최소화 하도록 하는 목표수준으로 설명될 수 있다. 그러나 보통 몇 시그마 수준이라고 할 때는 프로세스의 질을 나타내는 척도를 뜻한다. 다시 말하면 결함 없는 작업을 수행할 수 있는 프로세스 능력을 정량화한 값이라고 말할 수 있다. 시그마 값이 증가하면 비용이 감소하게 되고 사이클 타임(cycle time)이 줄어들게 되면 고객의 만족이 증대가 된다. 예를 들어 볼트를 생산하는 기업에서 볼트의 지름으로 품질수준을 측정 시에 생산볼트의 이상적인 값을 1cm라고 할 때 기업의 생산기술이 좋고 아무리 생산 공정이 안정되어 있다고 하더라도 생산되는 모든 제품의 볼트가 1cm일수는 없으며 각각 0.98cm 또는 1.02cm 같이 조금씩 다를 수 있다. 이렇게 제품의 품질 특성 치에는 필연적으로 산포가 발생하게 되는데 이러한 산포의 정도를 나타내는 기호가 시그마이다. 이 때 생산되는 볼트 지름 값의 산포는 작을수록 높은 품질수준을 의미하고 클수록 낮은 품질수준을 의미한다. 품질관리의 차원에서 보다 정확하게 정의하자면, 6시그마란 품질 특성치에 대한 관리로서 생산제품 100만개 중에서 결점 수(DPMO : defect per million opportunity)가 3.4개라는 것으로, 무결점 상태를 지향하는 것을 뜻한다.

제품이 품질목표에 얼마나 근접한 것인지를 통계적으로 나타내 보면 1시그마는 68%, 3시그마는 99.7%, 6시그마 수준은 10억분의 2이다. 즉 0.002ppm (part per million)을 의미하는 것으로 거의 무결점 상태라고 설명할 수 있다.

2 식스 시그마 경영의 전략적 의의

6시그마는 "비즈니스 이윤을 증대하고, 고객의 요구와 기대를 충족시키고 감동시키기 위한 모든 운영의 능률과 효율성을 향상시키기 위해 사용되는 비즈니스 전략"이라고 정의할 수 있다. 이러한 6시그마 경영은 1980년대에 모토로라에 의해, 1992년에는 GE에 의해 초기 단계부터 널리 퍼져 채택될 때까지 꾸준하게 성장하고 있다. 보잉, 듀폰, 코닥, 쓰리엠, 앨라이드 시그널, 아메리칸 스탠더드, 하니웰, 씨게이트 등과 같은 굴지의 기업들도 이러한 경영방식을 채택하여 많은 이득을 보게 되었다. 6시그마는 먼저 제조부서에서부터 적용되어 마케팅, 엔지니어링, 구매, 고객서비스 및 행정지원부서와 같은 타 부서로 급격히 확장되어 나갔다. 특히 공정개선을 재정적 절약과 연결함으로써 기업은 재정적 보상을 받듯이 6시그마의 혜택을 조직이 누릴 수 있다는 이런 사실 때문에 6시그마의 폭넓은 적용이 가능하게 되었다. 일반적으로 조직의 성패를 좌우한다고 할 수 있는 품질이라는 목표는 공정의 일부를 바꾸거나 최신기계를 도입한다고 달성 가능한 것이 아니고 기업 내·외에서 이루어지는 모든 프로세스 및 임직원의 가치관까지 바뀌어야 비로소 가능한 것이라고 할 수 있다. 이와 같은 관점에서 6시그마의 창시자인 Mikel Harry는1998년에 6시그마 경영을 생산 공정수준을 표현하는 통계적 특성치의 개념으로 기업의 경쟁력 확보를 위한 전략의 하나로 보면서, 무조건 열심히 일하는 해더(Harder)보다 스마트(Smart)하게 일하도록 기업의 문화와 사고방식을 바꾸는 철학이라고 주장하였다. 또한 제조, 생산부분뿐만 아니라 서비스, 연구개발(R&D) 등에서도 광범위하게 적용할 수 있는 품질경영 도구라고 하였다.

아울러 "6시그마는 단순히 품질을 6시그마수준으로 끌어올리는 것이 아니라 자원의 낭비를 극소화하는 동시에 고객만족을 증대시키는 방법으로 일상적인 기업 활동을 설계하고 관리하여 향상된 품질과 능률로서 나타낼 수 있는 부산물이며 수익성 향상을 목적으로 하는 것이다"라고 하였다.

Fontenot & Gresham은 1994년에 "6시그마는 처음에는 제조 부문의 품질관리 활동으로 출발 하였으나 근래 들어서는 제조부문뿐만 아니라 재무 마케팅 서비스 등 기업의 거의 모든 부문까지 확대되어 고객의 불만사항 즉 낮은 품질로 인한 업무손실 비용을 획기적으로 절감하여 이를 경쟁력 차별화 요소로 이용하여 세계적 우량기업이 되고자 하는 것이다" 라고 하였다.

Defeo 역시 1999년에 "6시그마란 거의 완벽을 추구하기 위한 데이터 위주 의 측정방식으로 다른 품질기법과 다른 점은 실수가 발생하기 전에 그 가능성을 미리알고 실수를 없앤다."는 것이다. "또한 제품, 디자인, 생산, 구매, 서비스, 조직 활동 등 기업의 반복적인 프로세스를 세밀히 조사하는 숙련된 노력이다." 그리고 "고객의 욕구를 파악하여 해결과제로 전환시키고 각 과제의 상호관계를 고려하여 최적의 규격을 찾아 정하는 통계적 방법"이라고 정의 하였다. 이렇듯 6시그마에는 다양하고 넓은 의미가 내포되어 있어서 기업의 경영 전략적 의미로 사용할 때에는 "6시그마 경영"으로, 경영혁신활동을 의미할 때에는 "6시그마 운동" 또는 "6시그마 활동"으로 표현하고, 기업이나 프로세스의 품질수준이나 달성목표를 의미할 때에는 "6시그마 수준"으로 불리 운다.

3 식스 시그마 경영의 목표

6시그마는 비즈니스 성과의 향상에 목적을 둔 프로젝트 지향적 방식으로서 변화하는 고객의 요구를 더 잘 이해하여 조직의 프로세스 개선과, 재무적 성과를 향상시키는 데 목적을 둔다. 즉 6시그마는 생산, 신제품 개발, 마케팅, 판매, 재무, 정보시스템과 행정을 포함하여 조직의 제품, 서비스와 다양한 훈련을 통한 과정을 개선하는 데 활용된다. 6시그마 방식은 품질과 배송을 개선하고, 불필요한 것을 줄이고, 비용을 줄이고, 양질의 제품과 공정을 개발하기 위하여 시스템, 공정, 엔지니어링, 통계 및 프로젝트 운영에 대한 심도 있는 지식을 통합시켜준다. 6시그마 경영은 TQM이나 CQI와 같은 기존의 방식보다 더 포괄적인 것이다. TQM(또는 CQI)은 주로 개인이나 팀으로 하여금 이런 문제를 그들의 조직 범주 내에서 논의하도록 권한 부여를 통하여 공정을 개선하고 부가가치가 없는 것을 제거하는 데 목적을 두었다. TQM(또는 CQI)의 도구는 브레인스토밍, 커뮤니케이션 및 간단한 자료 분석에 전적으로 초점이 맞추어져 있었다. 그러나 몇 년 동안 적용하다보니 단순한 자료처리로서는 문제해결이 안 되고 TQM(또는 CQI)이 필요로 하는 것보다 더 많은 자원과 시간을 필요로 하게 된다는 것을 지각하게 되었다. 중요한 비즈니스 결과는 더 이상 TQM이나 CQI를 통해서는 더 이상 얻을 수 없었으며 결국 이런 방법에 대한 전략적인 노력은 종료 되기에 이르렀다.

 4 식스 시그마 프로젝트의 실행절차

Henderson과 Evans은 2000년에 제너럴 일렉트릭의 사례를 벤치마킹한 연구에서 6시그마 프로젝트는 어떤 단계를 거쳐 시행되어야 하며, 이 프로젝트의 주요 성공요인은 무엇인지를 발견하였다. 이들은 먼저 6시그마는 다음 5단계로 이루어진 프레임워크를 도입하는 것이 효과적이라고 하였다.

① 단계 1 : 정의(Define) : 누가 고객이며 이들의 우선순위는 무엇인가?
(사업 성공에 핵심적인 절차나 제품을 선정한다)

② 단계 2 : 측정(Measure) : 프로세스가 현재 어떻게 수행되고 있으며, 어떻게 측정되고 있는가?
(품질에 중대한 특성을 선정하고 프로세스를 맵핑(mapping)및 측정한다)

③ 단계 3 : 분석(Analyze) : 불량의 가장 중요한 원인은 무엇인가?
(간단한 품질도구와 통계적 기법을 이용하여 개선 가능한 잠재적 영역을 확인한다)

④ 단계 4 : 개선(Improve) : 불량의 원인을 어떻게 제거할 것인가?
(실험설계와 같은 더욱 정교한 도구를 사용하여 프로세스의 본질적 개선 및 불량률 감소 방법을 강구한다)

⑤ 단계 5 : 통제(Control) : 개선된 프로세스를 어떻게 유지할 것인가?
(확실한 결실이 실현될 수 있도록 새로운 프로세스를 표준화 및 모니터링 한다)

<표 13-1>은 이와 같은 6시그마 실행 프레임워크를 정리한 것이다.

〈표 13-1〉 6시그마 실행절차

단 계		세 부 절 차
제1단계	선 정 (Define)	절차 1. 고객정의 및 요구사항 파악 절차 2. 프로젝트 선정 절차 3. 현 수준파악 및 목표수립 절차 4. 팀 구성 및 일정수립
제2단계	측 정 (Measure)	절차 5. 규격 확인 및 검증 절차 6. 정규성 검증 절차 7. 현재 관리현황 절차 8. 측정시스템
제3단계	분 석 (Analyze)	절차 9. 산포원인 분석 절차 10. 잠재인자 수준 파악 절차 11. 상관관계 분석 절차 12. 개선목표 검증
제4단계	개 선 (Improve)	절차 13. 참 인자 선정 및 최적조건 도출 절차 14. 개선안 수립 및 적용 절차 15. 효과파악 및 분석 절차 16. 개선효과 검증
제5단계	통제 (Control)	절차 17. 개선효과 모니터링 절차 18. 일상관리 방안 수립 절차 19. 문서화 및 표준화 절차 20. 공유 및 확산

한편, 이와는 차원을 달리한 Byrne 2003년에 6시그마가 조직 내에 성공적으로 확산되기 위해서는 다음 5단계를 거쳐 수행하는 것이 효과적이라고 주장하였다.

① 단계 1 : 최고경영층의 프로젝트 몰입

② 단계 2 : 조직 각 계층으로의 6시그마 원칙 확산

③ 단계 3 : 오너의 능동적 지원과 참여

④ 단계 4 : 6시그마 엔진으로서의 유능한 블랙벨트의 선정

⑤ 단계 5 : 블랙벨트의 교육훈련

제6절 | 식스 시그마 경영의 확산

1 일반적 확산과정

미국의 모토로라에서 개발된 6시그마 경영방식은 일반적으로 3단계를 거쳐 세계 각국으로 확산되면서 발전해 오고 있는 것으로 인식되고 있다.

① 제1단계(1979-1990)-시작과 발전단계 : 1979년 모토로라의 중역 Art Sundry의 진술에서 보면 "모토로라의 진정한 문제는 바로 우리의 품질이 아주 형편 없다는 것이다. 1981년에는 모토로라의 회장인 로버트 갤빈은 10배의 업적향상을 1년에 달성하도록 지시하였다. 1984년에는 미켈 해리가 제품 디자인 향상과 제조시간 단축과 비용 절감을 위하여 자세한 로드맵(road map)을 작성하였다. 1985년에는 플로리다 파워 라이트사가 6시그마 프로그램을 시작하였고 1987년에는 모토로라의 CEO 밥 갤빈이 6시그마 운동을 공식적으로 공표하게 된다. 1988년에는 모토로라 대학교에서 6시그마 실행 프로그램 훈련을 실시하였고 1990년에는 모토로라의 6시그마 연구원이 창설되었다.

② 제2단계(1991-2000)-합법성과 성장 단계 : 1994년 Allied Signal의 CEO인 래리 보시디(Larry Bossidy)가 6시그마 프로그램을 도입하게 된다. 1994년에 미켈 해리는 아리조나 주에 6시그마 강좌를 개설했으며, 첫 고객이 GE와 Allied Signal 이었으며, 1996년에는 GE에서 6시그마 경영을 시작하게 되었다. 같은 해인 1996년에는 Bombardier의 최고경영자와 리더들이 6시그마 실험에 열정과 열의를 갖게 되며 1997년 봄에는 시티은행이 6시그마운동을 시작하고 1998년에는 ASQ의 첫 번째 6시그마 강좌가 개설되었다. 그리고 같은 해인 1998년에 듀폰사의 특수화학부 내에 6시그마를 실행하게 된다.
1999년에 GE는 2차년도의 실적이 괄목하다는 발표에 이르게 되고

일년 후 2000년 12월 GE의 메디컬 시스템은 고객을 위한 6시그마 프로젝트 실행을 발표하였다.

③ 제3단계(2001년 이후)-제도화 및 전파단계 : ASQ와 합동으로 6시그마 포럼개최와 6시그마포럼매거진 초판을 발행 하였으며, 2002년에는 포춘지에 200대 기업의 25%가 6시그마를 실행한다고 발표하였다.

그 외 Luca Bencini (AON Management Consulting / Rath & Strong의 부사장)는 6시그마 경영은 그 어떤 경영기법의 프로그램과도 비교할 수 없이 다르다고 할 수 있으며 기업이 기존의 경영기법을 변화시키기 위해 몇몇의 전문가 그룹을 훈련시키는 것보다 6시그마 경영은 더 강한 것이라고 강조하였다.

2002년 여름에 미국 국립표준기술원은 주로 CEO층을 위한 연구 자료로 주요 품질시스템의 상보적(相補的)인 성격으로 Baldridge, ISO 9000 및 6시그마에 관하여 발표하였고 아리조나주의 6시그마 학원이 뉴욕의 컨설팅 회사인 어캔처와 합동으로 웹에 기초한 훈련 프로그램인 이러닝 커리큘럼을 시작하기도 하였다. 2003년 여름에 6시그마 포럼참가자 수가 14,000명을 기록하였으며 같은 해인 2003년도에 올해의 CEO인 쓰리엠의 맥너니는 유기적인 혁신과 리더십개발 및 6시그마 운영에 전념하기로 하였다. 그 후 이듬해인 2004년도부터 6시그마에 대하여 국제적인 관심이 고조되기 시작하였다.

<표 13-2>는 6시그마 확산과정 단계를 정리한 것이다.

〈표 13-2〉 6시그마 확산과정

출현과 발전	타당성과 성장	제도화와 보급
첫째단계(1979~1990)	둘째단계(1991~2000)	셋째단계(2001~현재)
① 1979년 모토로라 아트 선드리(Art Sundry)의 실행 "모토로라의 문제는 형편없는 품질에 있다." (Harry& Schroeder, 2000) ② 1981년 모토로라 로버트 갤빈 회장은 회사는 5년 내에 10배의 품질개선을 이룩하려 는 도전실시 (Harry, 1998) ③ 1984년 모토로라의 마이클해리는 상품 디자인의 개선과 생산 및 비용의 절감을 위해 구체적인 로드맵 창안 (Harry& Schroeder, 2000) ④ 1985년 Florida Power & Light의 6시그마 프로그램 착수 (Dahlgaarf et al.2001) ⑤ 밥 갤빈은 모토로라의 6시그마 프로그램 시작을 공식적으로 공표 (Harry& Schroeder, 2000) ⑥ 모토로라 대학의 6시그마 실행훈련 프로그램 착수 (Harry, 1998) ⑦ 1990년 모토로라의 6시그마 연구원 설립 (Harry& Schroeder, 2000)	① 1994년 AlliedSignal CEO 래리 보시디는 6시그마 프로그램착수 (Zinkgraf,1998) ② 1994년 마이클해리는 Scottsdale와 Arizona에 6시그마 아카데미의 문을 열었는데 첫번째 고객은 GE와 Allied Signal이었다. (Harry & Schroeder, 2000) ③ 1996년 GE는 6시그마 프로그램에 착수 (Hammer, 2002) ④ 1996년 Bombardier 리더의 6시그마 실행지시 (Hammer, 2002) ⑤ 1997년 봄. Citibank의 6시그마에 착수 (Douglas & Erwin, 2000) ⑥ 1998년 최초의 6시그마 클래스 ASQ (American Society for Quality) (asq.com) ⑦ 1998년DuPont의speciality chemicals business에서 의 6시그마프로그램 실행 (Bailey, 2001) ⑧ 1999년 Du Pont의 광범위한 6시그마실행 (Bailey, 2001) ⑨ 1999년 GE에서는 격년으로 눈부신 성과들 발표 (Lucier & Seshadri, 2001) ⑩ 2000년 12월 GE의 Medical System은 고객들을 위한 6시그마프로젝트활동이 1,149건 보고되었다. (Lucier & Seshadri, 2001)	① 2001년 6시그마 포럼에서 ASQ와의 합동으로 6시그마 포럼 잡지의 첫 번째 발간 (www.asq.org/pub/sixsigma) ② 2002년 Fortune 200의 25% 6시그마의 주장을 가짐(Hammer, 2002) ③ 2002년 여름 American National Institute of St & ards & Technology, NIST의 연구의 출간(주로 CEO를 위한)주된 품질 시스템의 우대의 특징을 진술. 볼드리지, ISO 9000과 6시그마 (Anonymous,2002c) ④ 2002년 Scottsdaledml 6시그마 아카데미 AZ, 엑센츄어 컨설팅과 결합, NY는 웹 기반의 훈련 자원인 e-Learning Curriculum에 착수 (Anonymous,2002c) ⑤ 2003년 봄. 6시그마 포럼 14.000명의 멤버들 (Anonymous,2002c) ⑥ 2003년 3M의 CEO 제임스 맥너니(James McNerney)는 연간 최우수 기관의 혁신과 지도력의 발전으로 6시그마 지시 (McClenahen, 2004) ⑦ 2004년 식6시그마에 대한 국제적인 관심의 급속한 성장 (Godfrey,2004)

자료 : Silvia PONCE & Sid-Ali ZAHAF "Knowledge communities,a Key element in six-sigma implementation strategies & deployment", Proceedings of the Seventh International QMOD onference, August 2004, pp.11.

2 우리나라의 경우

우리나라에서는 1996년 삼성SDI와 LG전자에서 도입한 것이 최초이며 그 이후 많은 대기업으로 확산되어 가고 있으며, 상당한 수준에 이르렀다는 평가를 받고 있다. 그 이후에 포스코, 케이티(KT), 국민은행, 신한은행 등 많은 대기업들로 도입이 확대되었으며 한국철도공사, 한국철도시설공단, 특허청, 검찰청, 관세청, 지식경제부 산하 우정사업본부 등 많은 행정부문 및 공기업들로 더욱 더 확산되어 가는 추세에 있다.

처음에는 제조업의 생산현장에서 출발하여 이제는 금융 산업, 서비스 산업, 공공부문 등 산업 영역을 불문하고 그 적용이 확대되고 있으며 기능 측면에서도 제조현장의 생산 관련 업무 및 연구개발 업무를 대상으로 하였지만 이제는 재무, 회계, 인사, 총무 등 사무 간접부문이나 마케팅, 영업 등 기업의 전 기능부문으로 대상 기능을 확대하고 있다. 그야말로 가장 종합적이고 체계적인 혁신 방법으로 자리 매김하고 있는 것이다.

우리나라에 6시그마가 도입된 이후 상당한 평가를 받고 있는 것에 대하여

① **6시그마 경영은 참신한 품질경영 전략으로 인식** : 6시그마경영의 가장 기본적인 목표는 고객만족 차원에서 품질산포를 획기적으로 줄여 불량품의 발생소지를 없애자는 것이다. 6시그마는 이를 달성하기 위한 전사적 품질기준과 프로세스 관리방법을 제공하고 있다. 지금까지 품질경영전략으로 사용되어오던 TQC, TQM, ISO 9000 등이 그 신선함을 상실해 가고 있어 새로운 대안으로 떠오른 것이 바로 6시그마라고 할 수 있다.

② **모든 부문의 경영품질에 대한 혁신적이고 과학적인 성과 판단의 기준을 제공** : 최고경영자에게는 꼭 필요하다고 판단되는 기법이다. 6시그마경영은 기업의 모든 프로세스에 걸쳐 업무의 질을 통계적으로 판단할 수 있도록 기준을 제공하여준다. 따라서 최고경영자는 기업의 취약부서를 쉽게 파악할 수 있으며 기업 경영의 도구(tool)로서

사용하기가 용이하다는 장점이 있다.

③ **6시그마 경영은 기업의 인력을 정예화하고 최대로 활용하는 기업문화를 제공** : 인력을 벨트로 구분하여 단계적인 교육·훈련을 하도록 요구하고 있으며 부서간의 장벽을 없애고 프로젝트팀의 운영을 블랙벨트(Black belt)를 중심으로 장려하고 있어 인력활용을 극대화 시키는 기업문화를 조성하여 준다고 할 수 있다.

④ **6시그마 경영은 세계적인 초 우량기업들의 매력적인 성공사례가 많다** : 아무리 좋은 이론이라도 실제적인 성공사례가 없으면 도입을 주저하게 된다. 그러나 6시그마 경영은 모토로라(Motorola), 제너랄 일렉트릭(General Electric : GE) 등을 비롯한 다수의 성공사례가 있다.

6시그마 경영이 결과적으로 기업에서 추구하는 최고의 수준에 이르기까지에는 오랜 기간에 거쳐 끊임없는 노력이 필요하고 혁신과 성과 면에서도 그러한 많은 노력의 과정에서 누적되어야 장기적으로 큰 힘을 발휘할 수 있으며 기업의 능력이나 수준에 따라서 방향과 목표가 달라져야 한다.

이러한 점들을 감안하여 6시그마경영을 추진하기 위해서는 단계적으로 접근하는 것이 효과적일 수 있다. 다시 말하면 6시그마를 통해 기업의 경쟁력을 향상시키고 장기적 성공을 추구하는 경영방식인 6시그마 경영체제를 갖추기 위해서는 우선 기업이 6시그마 추진과정에서 어느 단계에 있는지를 파악 하여야 하고 그 다음의 단계로 도약시켜 나가는데 필요한 방법이 무엇인가를 인식하여야 한다.

2000년에 Mikel Harry와 Schroeder에 의하면 기업에서 6시그마 도입 후 3-5년 이상의 추진기간이 필요하므로 6시그마는 중·장기적으로 추진되어야 한다고 한다.

한국능률협회가 '2000년 12월에 개최한 "2000 Six Sigma 경영품질대회"에서는 6시그마 추진이 진행되는 기간을 단계별로 수정할 필요가 있다.'라고 하였으며 <표 13-3>은 6시그마 추진 우수기업의 추진단계를 정리한 것이다.

〈표 13-3〉 한국기업의 6시그마 추진단계

회사명	6시그마 추진단계		
	1단계	2단계	3단계
L전자	도입단계 (1996~1997)	확산단계 (1998~1999)	심화단계 (2000~)
S전자	도입기 (1999)	정착기 (2000)	심화기 (2001~)
H자동차	생산부문 도입기 (1999)	전부문 도입기 (2000)	확산 정착기 (2001~)
H금속	도입기 (1999)	확산기 (2000)	정착기 (2001~)

자료 : 한국능률협회(2000), "2000 Six Sigma 경영품질대회", p.75, p.224, p.303, p.355.

 식스시그마 실행의 효과 및 문제점

1) 6시그마 경영의 효과

6시그마는 재무적 효과는 물론, 다양한 비재무적 효과도 발휘하게 된다. 재고 감소, 품질향상, 신제품 출시시간 단축, 생산 사이클 타임 단축, 고객만족 증대, 생산성 향상, 납기 단축 및 유지보수비용 절감 등이 곧 비재무적 효과의 예이다. 6시그마는 다른 어떠한 경영혁신 수단보다도 탁월한 경영성과 내지 경영개선 효과를 나타낸다는 사실이 경험적으로 입증되고 있다. 이 프로젝트가 처음 시행된 모토롤라에서는 재공품 불량률이 1 / 200로 줄어들었고, 제조원가도 현저히 절감되었으며, 그 결과로 주식 가치가 4배로 증대하였다.

6시그마에 관한 광범위한 문헌조사 결과를 토대로, 이 경영방식이 기업에 제공하는 재무적 성과, 품질성과, 경영개선 효과 및 원가절감 내용을 정리한 것이다.

그 외에도 금융 분야에서 현금회수 주기의 단축, 현금 할당의 정확성

향상, 재무보고의 정확성 향상, 채권회수율의 증대를 가져다주며 엔지니어링 및 건설 분야에서도 설계에서 급여에 이르기까지 모든 면에서 재작업과 불량을 확인 및 예방하는데 탁월한 성과를 거두고 있다 고 할 수 있다.

> **인프라스트럭처**
>
> 기업이 6시그마가 성공을 거둘 수 있도록 지원하기 위한 하부구조, 즉 인프라스트럭처에는 여러 가지가 있으나, 가장 중요한 것으로는 정보 시스템과 벨트 시스템의 두 가지가 있다.

(1) 정보 시스템

6시그마 경영에 관한 정보를 수집하고 조직화한 다음, 이를 효과적 의사결정을 위해 적절한 형태로 변환시키기 위해서는 정보기술 시스템이 필수적이다. 산업화사회에서 미래형 정보화 사회로 이동하면서 대부분의 기업들은 급변하는 경영환경 변화에 직면하고 있다. 환경의 변화와 정보기술의 비약적인 발전은 기업 경영에 있어 정보기술의 전략적 활용을 선택의 범위가 아닌 필연적 귀결로 전환시키고 있다. 변화하는 환경 속에서 기업은 생존 및 성장을 위해 정보기술의 활용을 통해서 생산성 향상 내지는 경쟁력 강화를 도모하고 있으며, 한 걸음 더 나아가 전략적으로 정보기술을 활용하는 사례가 늘고 있다. 미국의 아메리칸 에어라인(American Airlines), 메릴린치(Merrill Lynch), 아메리칸 하스피톨 써플라이(American Hospital Supply), 메케슨(McKesson) 같은 대기업들은 정보기술을 전략적으로 활용하여 경쟁적 우위를 차지한 대표적인 기업들이다.

이와 같이 정보 시스템은 급변하는 현대의 기업 환경 속에서 기업이 경쟁력을 유지하는데 필수적 요소인데, 가치 사슬 상의 모든 부분을 통합적으로 관리해야 성공이 가능한 6시그마의 경우는 정보 시스템의 역할이 더욱 필수적이라 할 수 있다. 여기서 6시그마의 성공을 위한 지원 인프라로서의 정보 시스템은 구체적으로 무엇을 의미하는 것일까?

Heldman은1993년에 내·외부에 제공할 필요가 있는 가시적 정보 서비스(visible information services) 뿐만 아니라 이와 같은 서비스를 지원하는 비가시적 네트워크 및 관리(invisible network & management) 구조를 포괄하여 정보 시스템을 정의하고 있다. 즉, 근본적인 경영활동인 생산, 마케팅, 재무 등을 수행하는데 소요되는 모든 정보 서비스와 이를 지원하기 위하여 필요한 네트워크 등 기술적 요소, 전략, 정책 등 관리적인 측면 모두를 포함하는 것이 정보 시스템이라는 것이다.

2000년에 Kendall 과 Fulenwider는 6시그마 경영에 있어 IT 혹은 정보 시스템이 수행해야 할 역할은 다음과 같다고 하였다.

① 공정에 관한 데이터 수집을 지원.
② 조직 전반에 걸쳐 효과적 커뮤니케이션 및 정보공유를 위한 수단을 제공.
③ 진행 중이거나 완료된 모든 프로젝트에 관한 정보를 저장한 데이터베이스를 제공.
④ 구성원들이 6시그마 방법론 각 방법론 내에서의 문제해결 도구를 배울 수 있도록 상호작용적 교육수단을 제공.
⑤ 프로젝트의 선정과 우선순위 설정을 도울 수 있도록 소프트웨어 패키지를 제공

기업에서 정보인프라의 지원은 실무를 위주로 한 권한위임과 정보공유가 가능한 수평 조직, 환경변화에 대한 극도의 민첩성과 유연성을 발휘할 수 있는 조직경계를 초월한 협업중심의 유연한 조직까지도 포함한다.

(2) 벨트 시스템

6시그마를 체계적으로 추진하기 위해서는 이른바 벨트 시스템을 구축, 활용하는 것이 바람직하다고 하였다. <표 13-4>에서 보듯이 벨트 시스템은 일반적으로, 6시그마 경영을 추진하는데 있어서의 주요 역할 및 권한범위에 따라 챔피언, 마스터벨트, 블랙벨트 및 그린벨트의 네 가지로 분류되며, 이재 일계층적 구조를 형성하게 된다.

〈표 13-4〉 6시그마 벨트 구분

항 목	역 할
챔피언	• 6시그마 비전 창출 및 조직전반에 걸쳐 6시그마 실행을 위한 길을 정의 • 혁신전략 실행을 위한 포괄적 훈련계획을 개발 • 통계적 사고개발을 지원 • BB들이 적절히 집중할 수 있도록 많은 질문을 한다. • 자원배분과 장애물 제거를 통해 6시그마 프로젝트를 지원함으로서 결실을 현실화
마스터 벨트	• 6시그마경영의 큰 그림을 이해하고 챔피언과 협력 • 조직의 다양한 계층에 대한 훈련프로그램을 개발하고 훈련을 제공 • 프로젝트 파악을 지원 • 프로젝트 업무에 있어서 BB를 이끌면서 지원 • 최상의 업무처리를 전체가 공유할 수 있도록 도와준다.
블랙 벨트	• 혁신전략의 열성분자이다. • 챔피언의 사고를 자극 • 프로젝트 실행 시 팀을 리드하고 방향을 제시하며 장애물을 파악 • 측정단계 중간 상세한 프로젝트 평가를 준비 • 현장 지식의 Operater, 현장감독, 팀 리더 등으로부터 Data를 얻는다. • 혁신전략의 방법 및 도구를 가르치고 이끌어 간다. • 프로젝트 위험을 관리
그린 벨트	• 정규업무를 수행하는 한편 파트타임으로 그린벨트의 기능 • 기존업무를 유지한 채 블랙벨트 프로젝트팀에 참여 • 6시그마 방법이 특정프로젝트에 적용 시 그 방법을 학습 • 프로젝트 완성된 후에도 계속 6시그마 방법과 도구를 학습하고 익힌다.

자료 : Harry, M. J. & Schroeder, R. M (2000). "Six Sigma : The Breakthrough management Strategy Revolutionizing the World's Top Corporations", Double day pp.192-199.

이들 중 가장 핵심적인 벨트는 블랙벨트이다.

블랙벨트라는 명칭은 1980년대 Harry가 Salt Lake City에 위치한 유니시스 코포레이 션(Unysis Corporation)의 인쇄 회로기판 공정에 대한 컨설팅을 하면서 최초로 만들어지게 되었다. 블랙벨트란 타 업무를 하지 않고 6시그마 관련 일에만 전념하며, 구성원들이 변화하고 목표를 달성할 수 있도록 구성원들을 관리하고 통제하면서 6시그마 경영활동을 추진하는 사람을 말한다.

"6시그마의 핵심"이라는 저서는 블랙벨트들이 하는 일을 다음과 같이 설명하고 있다.

① 기업에 나쁜 영향을 미치는 주요 프로세스들을 파악하고 이를 개선한다.

② 제조 및 서비스 프로세스 그리고 제품 및 서비스에서 오류와 결함을 줄일 수 있는 프로젝트들을 발견하고 이를 개선한다.

③ 혁신전략의 측정, 분석, 개선, 관리의 사이클을 적용하여 문제의 원인 이 되는 주 요 요소들을 파악하고 그 원인들을 개선함으로서 문제를 해결한다.

블랙벨트들의 역할은 대단히 중요하며, 이들은 기존의 방식과 상식에 도전하여 새로운 방법을 성공적으로 적용함으로써 조직의 시그마 수준을 극적으로 향상 시킬 수 있고 기업의 이익도 크게 향상시킬 수 있다고 주장한다. 또한 블랙벨트들은 인내심이 강하고 설득력이 있어야 하며 창조적이어야 한다.

2) 6시그마 실행상의 문제점

6시그마 방식의 도입을 통해 성공한 기업도 많지만, 반드시 성공이 보장되는 것은 아니다. 6시그마가 실패하는 데에는 크게 세 가지의 원인이 있다고 한다.

① 팀워크의 부재

② 실천을 위한 구성원들의 동기유발이 없이 일방적으로 시행하고 지시하는 리더십

③ 주축인 블랙벨트에 대한 교육훈련 및 최고경영층으로부터의 멘토링 부족

6시그마를 성공적으로 실행하는데 걸림돌이 되고 있는 문제점은 다음과 같다.

1) 프로젝트 선정의 문제

6시그마 경영모델은 이런 원칙에 확실히 예외 되는 것은 아니다. 주어진 요소나 특성으로 보아 6시그마는 상황적 설명에 해당된다고 할 수 있다. 업무공정 선택과 프로젝트 선택은 쉬운 일이 아니다.

선택하기가 그만큼 어렵기 때문에 “아킬레스건,” 또는 “6시그마 전개 중 가장 어려운 요소” 아니면 “많은 저항통로”의 하나로 인식되어 왔다.

6시그마 프로젝트의 선정은 두 가지 중요한 이유로 인해 중대한 것처럼 보인다. 하나의 이유는 프로젝트를 잘못 선정하면 6시그마의 지속성과 이행에 큰 충격을 줄 것이라는 것이고 다른 또 하나의 이유는 프로젝트 선정에는 충분한 경험, 시간 및 자원이 필요하고, 이러한 경험은 과장할 수도 없다는 것이다.

테일러의 과학적 관리와 유사하게 이 제도는 특별한 역사적 시기와 조건으로 생겨났듯이 과학적이기도 하다. 이것은 “단기적이고 빠른 재정적 이윤을 목표”로 하고 “개별적인 경영”의 특별한 가치를 구체화 시켜 준다.

그러나 6시그마의 최종 목표는 기업이 비즈니스 세계에서 좀 더 잘 항해할 수 있도록 해주는 초점을 창조하는 것이라고 생각되어진다.

과감하고 결단성 있는 행동, 동일성의 창조, 조화노력, 지속 가능한 장기적 목표의 개발 등은 사람들이 개별적으로 또는 집합적으로 부유하게 함과 동시에 기업이 지속적인 향상과 도약을 하도록 도와줄 것으로 예측된다.

2) 전략의 문제

6시그마는 하나도 새로울 게 없고, 단지 기존에 있던 품질관련 원리나 기술을 재포장한 것에 불과하다는 것이 6시그마에 대한 주된 비판이다. 6시그마 원리는 비판의 주 대상이었으며, 품질분야의 종사자들에게는 반감을 유발하기도 했다. 한편으로 품질종사자들은 6시그마를 “합성된 TQM (종합적 품질경영)”이라고 규정하였다. “다른 방식에서 이미 얻을 수 없었던 것과 같은 색다른 것을 6시그마에서도 거의 찾아 볼 수 없다"고 하였다. 조직들은 6시그마가 모든 비즈니스 문제에 대한 답이 될 수 없다는 것을 깨달아야 하고, 아울러 6시그마가 지금당장 이해하고 급박하게 실행해야 할 만큼 가장 중요한 경영전략은 아니라는 것도 깨달아야 한다.

따라서 6시그마 방식의 장기적이고 지속적인 발전을 보장하기 위해서는, 기업들은 프로젝트 외 강점과 약점을 면밀히 분석한 후 수용하거나, 6시그마의 개념과 도구를 적절하게 활용할 필요가 있다.

3) 조직문화의 문제

2000년에 McClusky는 품질 개념을 디자인 제조단계에서 뿐만 아니라 공정단계에 이르기 까지 함께 고려할 필요가 있다고 주장하였다. 품질의 문제를 기획의 문제로 생각하는 것은 조직문화의 하나의 중요한 변화라고 할 수 있다.

6시그마 프로젝트의 정체, 장애물이나 포괄적인 변화 경영계획이 무엇인지를 정확하게 이해하지 못한 조직은 의심할 바 없이 실패하게 된다. 따라서 6시그마 실행과 관련하여 야기되는 문화적 문제나 차이를 처리할 때 상급 관리자의 헌신적인 노력, 지지와 리더십이 꼭 필요하다. 만일 6시그마 프로젝트에 필요한 자원을 활용하는 데 협조하거나 지지해줄 만한 아무런 주체가 없는 조직이라면 그러한 프로젝트는 착수하지 않는 것이 바람직하다.

에크스(Eckes)는 조직문화의 변화에 대한 구성원들의 저항과 관련하여 저항 유발에는 4가지의 상이한 요인들이 작용한다고 하였다.

① **기술적 요인** : 흔히 사람들은 통계를 이해하는데 어려움을 느끼게 되며, 따라서 그에 관한 교육과 자발적 학습을 필요로 한다.

② **정치적 요인** : 구성원들은 변화를 통한 해결책을 자아손실로 받아들이는 경향을 보인다. 따라서 변화의 필요성을 객관화시킨 후 변화가 자신들에게 이익을 준다는 것을 보여주어야 한다.

③ **개인적 요인** : 구성원에 따라서는 개인적 문제로 인해 강한 스트레스

를 받는 경우가 많다. 업무량 경감 등의 조치로 스트레스를 줄여주는 전략을 시도할 필요가 있다.

④ **조직적 요인** : 주로 경영자들에 의해 구축되고 전파되는 특정의 신념에 조직 전체가 몰입하게 되면 발생하는 저항이다. 이 경우는 특히 6시그마의 장점을 경영자들에게 인식시키는 것이 저항해소의 방법으로 작용한다.

4) 훈련의 문제

훈련은 6시그마 프로젝트 성공의 주요 요인이며, 6시그마 실행과 총체적으로 관계가 된다. 6시그마 벨트 프로그램은 상층부에서 시작해야 하며 전체 조직에 적용되어야 한다. 벨트프로그램의 커리큘럼은 조직의 필요와 요구를 반영하고 경제적 혜택과 조직적 혜택을 통합시키기 위하여 개인별로 작성되어야 한다. 훈련은 질적 수단, 양적 수단, 기준, 리더십, 프로젝트 관리업무와 기술을 모두 충족해야 한다. 정규훈련은 벨트 보유자들의 능력개발 훈련의 일환이라는 것을 주지할 필요가 있다. 따라서 사람들은 6시그마의 최신 방식, 도구와 기술을 잘 알고 있을 필요가 있고, 실제 자료와 의미 있는 분석으로 효과적으로 커뮤니케이션이 가능해야 할 필요가 있다.

ISO 9000

제1절 | ISO 9000의 이해

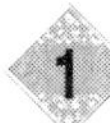

1 의 의

국제표준화기구(The International Organization Standardization : ISO)에서 기업이나 조직에서 품질보증을 위해 구비해야 할 최소한의 요구사항을 말한다.

2 발 전

1987년 제정하여 1994년에는 54개국이 가입하였다. 처음 미국에서 시작하여 다시 영국으로 전파되어 영국에서 유럽경제연합(EC)에 의해 오늘날 국제표준기구로 자리를 잡았다.

3 목 표

구매자 만족을 위한 품질관리가 기업의 목표와 제품의 성장과 발전이 될 것이며, 기업의 이익을 창출시킬 수 있는 기회가 된다.

1) 기본요건

① 기본 품질관리
② 계약 이행 의무
③ A/S 내용
④ 형식관리에서 실질적 관리

2) 사후관리

- 무예고 년2회 이상 : 1년에 2회 무상수리

3) 심사범위

- 품질보증시스템(기술적 사항제외)

4) ISO 9000 규격의 구성

- ISO 9000(품질경영과 품질보증규격)
- ISO 9000 : 선택 및 사용을 위한 지침 (품질시스템)
- 9001 : 설계, 개발, 생산 설치 및 서비스 단계에서 요구되는 품질보증 활동
- 9002 : 생산 및 설치 단계에서 요구되는 품질보증 활동
- 9003 : 최종검사 및 시험 단계에서 요구되는 품질보증 활동
- 9004 : 기업내부의 품질경영과 품질시스템을 갖추기 위한 지침

5) 국내동향

① QM 체제 도입 확산
② ISO9000을 KS A9000으로 채택
③ 인증 및 교육기관 지정(공업진흥청)
④ 국가간 상호 인증 추진
⑤ QC대상(국무총리상) → QM대상(대통령상)

⑥ ISO9000 인증에 세제혜택

<table>
<tr><th>구분</th><th colspan="2">내 용</th><th>특 징</th></tr>
<tr><td>ISO 9000</td><td colspan="2">용어해설</td><td>• 9001~9004 중 어떤 것을 적용해야하는가의 규격 구분 사용방법의 안내</td></tr>
<tr><td>ISO 9001</td><td rowspan="3">품질 시스템</td><td>• 설계/개발, 제조, 설치 및 서비스의 품질보증 모델</td><td rowspan="3">• 구입자가 공급자에게 요구하는 품질 시스템
• 특정고객 대상
• 계약형 상품
• 구입자(생산자) 위주의 규격</td></tr>
<tr><td>ISO 9002</td><td>• 제조와 설치의 품질보증 모델</td></tr>
<tr><td>ISO 9003</td><td>• 최종검사 및 시험의 품질보증 모델</td></tr>
<tr><td>ISO 9004</td><td colspan="2">• 품질경영과 품질 시스템 요소
• 지침</td><td>• 내부 품질경영이 목적
• 불특정 다수의 고객이 대상
• 공급자</td></tr>
</table>

ISO 9000 시리즈의 도입 배경

70년대에 이르러 품질보증 시스템에 관한 인증제도가 구미제국을 중심으로 국제 규격화된 데에는 다음과 같은 두 가지 이유가 있다. 첫째, 일본의 공산품에 비해 구미 제품의 품질이 떨어져 품질을 중시하지 않으면 국제 경쟁에서 살아남을 수 없게 될 것이라는 위기감이 팽배해졌으며 둘째, 1992년의 EC통합으로 EC 제국은 제품 유통의 원활화를 지향하게 되고 이를 위해서는 기준 규격과 인증시스템이 필요하게 되었다.

구미 제국이 제각기 따로 규격을 만듦에 따가 서로 다른 내용에서 오는 모순과 통상 장해를 배제하기 위하여, 이러한 각종 규격을 하나의 국제 규격으로 통합하고 세계적으로 공용될 수 있는 품질보증 시스템의 표준화를 계획하게 되었다. 이에 따라 1976년 ISO(국제표준화기구)는 품질보증 시스템의 표준화를 활동범위로 하는 전문위원회(Technical Committee : TC) 로서 TC 176를 설치하게 되었는데, 이것이 ISO 9000 시리즈 탄생의 시발점이 되었다. 1985년에 일본 도쿄에서 개회된 제5회 TC 176에서 규격에 대한 합의를 얻어 1986년 6월에 품질 용어에 관한 규격으로 ISO 8402가 먼저 제정되었고, 그 다음해인 1987년 3월에 ISO 9000~9004가 제정되었다. 이

규격은 이미 전세계적으로 60여개국이 자국의 국가 규격으로 채택하여 시행하고 있으며 앞으로도 더욱 확대될 전망이다.

ISO 9000 인증은 국가간 서로 다른 품질보증제도의 운영에서 생기는 무역상의 기술제도를 해결하기 위해 국제표준화기구가 지난 87년 제정한 국제규격이다.

한국공업 규격인 KS가 제품이나 가공 기술에 대한 규격인 반면 ISO 9000시리즈의 제품은 물론 제품에 영향을 미치는 설계, 계발, 구매, 생산설비 등에 이르기까지 규격화하고 있다는 점이 다르다. 제품 하나하나를 일일이 검사하는 대신 제품 생산에 투입된 인적 물적 자원과 공정을 제3자로 하여금 공정하게 심사 구매자에게 품질에 대한 신뢰감을 심어주자는 제도라고 할 수 있다.

제2절 | ISO 14000 시리즈

1 등장배경

환경문제가 야기되어 사회적으로 가장 큰 이슈가 되었을 때 제일 예민하게 받아들이는 곳이 기업이다. 기업은 제품을 생산하기 때문에 공정상 흐름에서 원부자재를 소모하며 오염물질을 배출 시키게 된다. 기업은 제조뿐 아니라 원료의 체취, 제품의 유통, 제품의 폐기 등 전 과정에 걸쳐 환경오염물질을 배출 시키고 있다.

정부에서는 배출 기준설정, 기준의 준수여부조사, 배출시설 인허가 등과 같은 규제수단을 통해 기업의 환경문제를 통제하며 다루어 왔다. 이러한 환경규제는 기업에서 비용측면 에서크나 큰 부담으로 작용되고 있다.

이러함에도 불구하고 지구의 환경문제는 규제의 시행이 적용되어 왔으나 날이 갈수록 악화되고 있다.

환경경영은 환경문제를 근본적으로 해결하는 방안일 뿐 아니라 정부의 규제로부터 어느 정도 해당되는 부분의 새로운 패러다임이라 할 수 있다.

국제환경 표준화 기구에서 작성한 표준규격은 일련의 번호가 부여되는데 환경규격에는 14000번대가 할당되어 ISO14000시리즈라고 부르고 있다.

우리나라도 WTO체제의 출범과 OECD(경제협력 개발기구)가입을 계기로 ISO 14000시리즈 인증 제도를 도입하여 시행하고 있으며 국내기업들도 ISO 14000인증 취득을 통한 환경경영 체제의 구축을 위해 노력하고 있다.

2 국제 표준화를 요청하게 된 배경

① 기업의 환경이미지 및 환경관리 능력제고
② 그린라운드하 국제무역상 부담감축
③ 환경오염에 대한 기업의 책임확대

3 ISO 14000 규격의 표준

1) 환경경영 체제 (Environmental Management System)

기업의 환경과 관련된 정책, 목적, 방침 및 운영절차의 환경적합성을 보증하기위한 요건을 규정

2) 환경감사 (Environmental Auditing)

환경영향을 관리 통제하는 조직의 능력을 평가하기위한 감사대상, 절차 및 감사자를 규정

3) 환경 라벨링(Environmental Labelling)

국가별로 시행중인 환경마크 제도에 통일성을 부여하기위해 상품의 환경적합성을 객 관적으로 평가해 라벨링 하는데 필요한 요건을 규정(심볼, 시험 및 검증방법 등)

4) 환경성과평가(Environmental Performance Evaluation)

환경관리상항을 수치화하여 조직의 환경 리스크와 취약분야를 구체적으로 판별하고 성과를 개선해 나갈 수 있는 지침을 규정

5) 제품생애 주기 평가(Life Cycle Assessment)

에코바란스 규격이라고도 하는데 제품의 설계, 생산, 사용, 폐기 등 제품의 생애주기 과정에서 환경에 미치는 영향 및 개선사항을 평가하는 규정

6) 용어 및 정의(Term and Definitions)

용어와 정의에 관한 모든 핵심용어를 대상으로 국제적으로 합의된 국제표준설정

7) 제품 표준의 환경적 측면(Environmental Aspects in Standards)

제품표준 제정 시 고려해야 할 측면의 내용, 절차를 규정

제15장

세계화를 위한 생산운영관리

제1절 | 기업의 세계화와 업무

기업의 세계화를 위한 생산관리를 이해하기 위해서는 먼저 국제적으로 기업의 흐름과 그 업무를 이해해야 한다.

국제경영이란 '국경을 넘어서거나, 2국 이상에서 일어나는 경영활동'으로 정의될 수 있으며, 국제 기업이란 국제 경영활동을 수행하는 기업을 말한다.

1 수출기업

수출기업이란 해외에 제품을 수출하거나 기술사용권을 판매하는 기업을 말한다. 수출기업은 국내에 기반을 두고 있으며 해외공장을 운영하지는 않는다. 하지만 수출기업은 해외에 광범위한 마케팅조직을 가지고 있거나 대리인을 통해 수출품을 판매한 역할을 한다. 이러한 수출기업의 특징은 해외시장에서 경쟁력을 유지할 수 있는 생산요소가 국내에 있다는 점이다.

2 다국적기업

다국적 기업은 지역적 취향에 맞는 제품을 여러 나라에서 생산, 판매한다. 다국적 기업은 통상 국가별로 독립된 해외 자회사나 현지 법인으로 조직된다.

생산관리의 측면에서 보면, 다국적기업의 설비는 한 국가에서는 과소 이용되기도 하고 또 다른 국가에서는 과대 이용되기도 하며, 국가간에 기술이전이 이루어지지 않을 수도 있고, 제품은 지역의 기호나 관습에 적용된다.

3 세계 기업

국가와 국가간 사업을 하는 기업을 이른바 세계기업이라 한다. 세계기업은 글로벌제품을 전 세계에 걸쳐 생산, 판매한다. 세계기업은 상호 연결, 조정된 국제적인 생산, 판매 네트워크를 가지고 있으며, 경쟁우위를 위해 범세계적인 규모의 생산 및 기술을 사용한다. 따라서 세계기업은 우수한 기술과 범세계적인 규모의 경제에 입각하여 좋은 품질의 제품을 값싸게 전 세계적으로 공급할 수 있다 대표적인 예가 코카콜라나 팹시콜라, 맥도날드와 패스트푸드 등을 들 수 있다.

미래에는 세계기업이 지배적인 유형의 기업이 될 것으로 보고 있다. 그렇다면 다국적기업이나 수출기업이나 순수한 국내기업의 역할은 없는 것일까? 그렇지 않다. 경쟁수단에는 낮은 원가, 차별화 및 목표시장의 세 가지 기본적인 방법이 있다.

4 국제 경영전략

국제사업전략은 효과적인 생산의사결정의 선결조건이다. 사업전략은 통상 저원가 전략을 추구할 것인가 또는 차별화전략을 추구할 것인가와 함께 기업이 경쟁하고자 하는 제품이나 시장을 명시한다. 하지만 국제사업전략은 여러나라에 걸쳐 제품, 시장 및 경쟁수단을 규정해야 하기 때문에 상당히 복잡하다.

포터는 가치사슬의 개념을 이용하여 국제사업전략을 설명하였다. <표

15-1>에서 기업의 가치사슬에서 보는 바와 같이 가치는 기업내의 여러활동에 의해 창조된다. 이들 중 기본적 활동은 제품의 생산 및 판매와 직접 관련되는 활동으로서 내부 로지스틱스, 생산 외부 로지스틱스, 마케팅 및 판매, 그리고 서비슬르 포함한다. 이러한 기업의 하부구조와 같은 지원활동이 있다. 기업이 경쟁우위를 갖기 위해서는 각 개별활동이 잘 수행되어야 할 뿐만 아니라 기본적 활동과 지원활동간의 연결 및 조정이 잘 이루어져야 한다.

〈표 15-1〉 기업의 가치상슬

기업의 하부구조					이 윤
		인적자원관리			
		기술개발			
		구 매			
내부 로지스틱스	생 산	외부 로지스틱스	마케팅과 판매	서미스	

기 본 적 활 동

국제경영전략은 가치사슬의 부분들을 구제적인 기준에서 어디에 둘 것인가에 따라 결정된다. 이에 대해서는 여러 가지 대안이 가능하다.

첫째는 기업이 활동하는 각 국가마다 모든 가치창조활동을 두는 것이다.

두번째 방법은 판매와 서비스를 제외하고는 모든 가치창조활동을 세계의 한 곳에 중앙집중화 시키는 것이다.

세번째 방법은 입지비용과 국제아웃소싱의 이점을 취하기 위해 전세계에 걸쳐 생산활동으로 분산시키는 것이다.

하지만 중요한 점은 가치는 전세계적으로 전반적인 국제전략을 충족시키는 데 가장 최상인 입지에서 창조되어야 한다는 것이다.

5 제품 및 공정설계

국제기업이 내려야 하는 의사결정 중의 하난 범세계적 기준에서 기업의 제품과 생산공정을 표준화할 것이냐이다. 만약 다국적 전략을 취한다면 제품과 공정은 현지시장의 요구를 충족시키도록 각 자회사에 의해 선택된다. 반면에 세계기업은 경쟁우위를 전세계적인 제품과 공정을 필요로 한다. 하지만 이러한 글로벌전략에 있어서도 경우에 따라서는 어떤 선택된 나라에 하나의 공장만을 둘 수도 있고, 전세계에 걸쳐 여러 개의 공장을 둘 수도 있다.

6 기술이전

기술이전의 경로는 다양하나 라이센싱, 완전소유의 자회사, 그리고 조인트벤처 등의 세가지 방법만 요약하겠다.

라이센싱에 의한 기술이전은 특징 기술의 제공에 대한 대가로 기술도입자가 기술공여자에게 로열티를 지급하는 형태를 취한다. 이러한 형태의 기술이전은 제품수명주기의 후기단계에서 흔히 볼 수 있다.

대규모의 다국적기업이나 세계기업은 외국시장에 접근을 위해 완전소유의 자회사를 통한 기술이전을 사용한다. 이 방법은 일종의 해외 직접투자에 의한 기술이전이라고 볼 수 있다.

조인트 벤처를 통한 국제공동기술개발은 주로 첨단산업분야의 다국적기업이나 세계기업간의 기술이전 수단이다. 이는 일종의 긍정적인 시너지효과를 기대하는 방법이라고 볼 수 있다.

7 국제입지선택

1) 해외생산의 동기

일반적으로 <표 15-2>와 같이 소극적 동기와 적극적 동기로 구분해 볼 수 있다.

〈표 15-2〉 해외생산 동기

구분	내용
소극적 동기	국내임금상승
	과다한 운반비
	수입규제 등
적극적 동기	신 시장 개척
	원자재의 안정적 조달
	생산기술의 습득
	기존기술의 이전, 활용
	시장선점 등

우리나라 기업의 경우에는 그 동안 주로 국내 임금상승 및 선진국의 수입규제라는 소극적 동기에서 해외생산이 이루어져 왔다.

2) 국제 입지전략

생산설비의 국제입지를 위한 전략으로는 저원가 전략과 차별화전략이 있다. 저원가 전략이란 낮은 원가의 생산을 추구하는 전략이다. 이 전략을 추구하는 통상 투입요소비용이 가장 낮은 입지를 찾는다. 그러나 이 경우에는 수송비와 판매비가 낮고 규모의 경제가 크면, 기업은 전세계에 공급하는 하나 또는 소수의 중앙집중화된 입지를 선택할 것이고, 수송비나 판매비가 높고 규모의 경제가 낮을 때는 국가에 따라 제조원가가 다소 높다 하더라도 생산설비를 전세계에 걸쳐 두게 된다.

국제 입지경정의 두 번째 전략은 차별화전략이다. 차별화에는 다음과 같은 여러 가지 방법이 있다.

① **제품혁신** : 시장에 최초로 신제품을 내놓거나 많은 신제품을 보유
② **유연성** : 제품사양의 변화, 고객의 특별한 요구 또는 양의 변경에 쉽게 적응
③ **신속한 납품** : 고객의 주문으로부터 제품공급까지의 소요시간이 가장 빠름
④ **가장 신뢰할 수 있는 납품** : 제품을 약속한 날짜에 배달
⑤ **최상의 제품특성** : 다른 제품보다 월등히 좋거나 고객이 원하는 제품특성을 갖춤
⑥ **일관된 품질** : 고객의 요구사항을 일관되게 충족

JIT의 경우에는 잦은 소규모 납품을 위해 공급자는 고객 근처에 입지해야 한다. 따라서 JIT는 국제기업의 입지의사결정에 영향을 미친다. 즉 JIT유형의 납품은 차별화의 한 형태라고 볼 수 있다.

저원가 전략과 마찬가지로 차별화전략도 가치사슬에 근거하여 분석되어야 한다.

3) 국제입지요인

국제입지선택에는 여러 가지 계량적 및 질적 기준들을 고려해야 한다. 이러한 기준에는 비용분만 아니라 법적, 정치적, 및 사회적 요인들도 포함된다. 이들은 주어진 입지의 현금흐름, 해외투자위험 및 타당성에 직접 영향을 미친다.

계량적 입지 요인들은 직접적으로 측정될 수 있거나 계량될 수 있거나 계량화될 수 있는 것들이다. 여기에는 소요되는 노무비, 자재비, 간접비, 운송비, 특수포장비, 보험료 등이 포함된다. 기업은 이러한 정규 제조비용뿐만 아니라 세금, 관세, 재고유지비 및 환율도 고려해야 한다.

질적 요인에는 정치적 및 경제적 안정, 정부규제의 정도, 특별한 법규 등이 포함된다. 국제공장입지에서 가장 중요한 요인중의 하나는 정치적 및 경제적 안정이다. 투자자산이 외국정부에 의해 몰수될 염려가 있거나

통화가치가 급속히 떨어지는 국가에 투자할 기업은 없을 것이다.

8 국제하부구조

하부구조는 무형이며, 조직, 인력, 정보시스템, 자재관리, 품질 등을 포함한다. 기업이 점차 글로벌화 되어 감에 따라 하부구조는 경쟁우위의 강력한 원천이 되고 있다.

1) 독일의 경영

독일의 산업경재는 1970년대와 80년대에 세계의 다른 나라에 비해 좋은 성공을 거두었다. 이 기간중 생산성은 평균5%씩 성장하였으며, 수출은 수입을 능가하였다. 독일인들은 그들의 경제의 강점이 산업의 힘에 근거하고 깨닫고 제조업을 강조해 왔다.

독일 제조업의 성공에는 몇 가지 요인이 있다. 첫째, 독인인은 '철저함' 즉 모든 일을 올바로 해야 함을 강조한다. 둘째, '기술'을 중시한다. 셋째, 도제제도는 세계적으로 잘 알려져 있다. 넷째, 독일기업은 정교하게 엔지니어링된 제품에 근거한 강한 고객지향적인 특성을 가지고 있다. 다섯째, 독일 경영자들은 장기적인 관점을 가지고 있다. 여섯째, 독일은 합의추구의 경영을 한다. 일곱 번째, 독일기업들은 대부분 점진적인 기술진보를 추구한다.

그러나 독일 경영의 단점은 변화에 느리고 엄격한 작업규칙에 묶여 있어 유연성이 부족한 단점이 있다.

2) 일본의 경영

일본기업의 하부구조에 대한 접근법은 독일이나 미국과는 완전히 다르다. 일본은 고객, 작업자, 경영자 및 공급자간의 협력을 강조하며, 품질과 생산성의 향상을 끊임없이 추구한다. 일본의 환경과 하부구조 경영의 몇 가지 중요한 점을 살펴보면 다음과 같다.

첫째, 일본인들은 청결과 질서를 중시한다. 또한 일본인들은 자신의 장비를 매우 새심하게 관리한다. JIT의 사용을 통해 일본인들은 끊임없이 재고를 줄인다. 일본인들은 모든 일에 품질의식을 강조한다. 최근에 와서 조금씩 허물어지고 있기는 하나 종신고용제도는 가장 널리 알려진 일본 기업의 관습이다. 일본인들은 회사 전체를 통해 팀워크를 강조한다. 끝으로 일본인들은 사용할 생산장비를 자체적으로 만드는 경향이 있다.

일본기업들이 급속도로 세계시장을 석권한 성공의 비결에 대해서는 많은 설명이 있지만, 일본의 성공은 고객, 작업자, 경영자 및 공급자간의 상호협력적인 관계와 계속적인 품질 및 생산성의 향상에 있다고 한다.

제2절 | 국제생산 전략 및 정책

1 생산전략과 정책

1) 국가별 전략과 정책

미국의 생산전략과 정책은 다음과 같이 이해를 할 수 있다. 1960~1970년대 재무전략, 마케팅전략에 중점을 두었다. 또한 1980년 중반에는 생산전략에 중점을 두게 되었다. (예 MIS, CIM, 반도체 산업 등)

다음은 일본과 독인은 2차 대전 이후 생산전략에 중점을 두었다. 늦게 시작한 생산과 기업의 활동이지만 엄청난 세계적 기업으로 성장시킨 두 나라이다.

특히 우리나라는 1970년대 중공업에 중점을 두어 2차 산업에의 생산전략에 중점을 두어 국가의 안전을 가져오면서 발전하기 시작했다. 그리고 1980년대 정치 대혼란을 겪으면서 정부의 중소기업 육성책을 발효하여 기업에 지원을 확대하였으나 정책의 실패로 기업은 정부의 지원을 투기에 이용하였다. 그러다 기업은 저원가에 중점을 두면서 서서히 회복이 시작되었다.

그 후 1990년대 민주화 바람(임금상승, 가격경쟁력)이 일어나고 기업은 고부가가치생산에 몰두하여 성공을 거두었다.

(1) 전략과 정책

① 전략(strategy) : "조직"의 나아갈 방향제시(목표, 목적달성) 국가는 국민의 안녕과 질서가 목표이다.

② 정책(policy) : 특정한 목적과 목표를 달성하기 위한 "경영지침" 전략이 있는 범위 내에서 정책을 세움.

(2) 전략의 종류

① 기업전략(corporate strategy) : 기업 전체를 생각하고 목표설정, 나아갈 방향 제시

② 사업전략(business strategy) : 성취욕구

③ 기능전략(function strategy) : 생산전략, 재무전략, 마케팅전략

(3) 전략의 변수(strategy variables)

① 원가 : 저원가 정책

② 차별화 : 제품의 성능, 고장의 유・무, 마무리 작업 등

③ 집중화 : 기업의 생산차원에서 그룹화

(4) 생산정책(전략중에서 정책)

① cost(원가) : 저원가

② quality(품질) : 차별화와 같음

③ delivery(납기) : 소비자 요구시기

④ flexibility(유연성) : 융통성

(5) 성과(결과)를 얻기 위한 방법인가?

① 생산성을 얻기 위해서

② 품질(Q), 원가(C), 납기(D), 유연성(F)를 얻기 위해서

③ 투자한 수익률ROI(Return On Investment)을 얻기 위해서

제 Ⅳ 편

미래 생산운영관리

- 제16장 | 공장자동화 / 315
- 제17장 | 컴퓨터통합생산시스템 / 331
- 제18장 | 생산환경 / 342

제16장

공장자동화

제1절 | 공장자동화

1 공장자동화의 정의

공장자동화(factory automation : FA)란 발주에서 출하에 이르기까지의 생산(주로 가공이나 조립)활동에서의 생산시스템 전체의 효율적인 관리와 제어를 하는 것이라고 한다.

공장자동화(FA)란 1975년대 일본에서 제창한 일본식 영어이다.

FA라는 용어가 정착되기 전에 대기업을 중심으로 산업용 로봇, NC공작기계, 무인반송차 등을 사용한 제조공정의 자동화였다.

다음은 미래생산시스템과 공장자동화의 변화를 가져온 동기를 살펴본다.

1) 생산시스템의 환경변화

미래생산시스템과 공장자동화를 가져온 환경변화를 살펴보기로 한다.

(1) 소비자의 변화

- 다품종소량생산지향
- 고학력과 생활문화 향상

(2) 시장의 변화

- 공산국가의 자본주의화로 변환
- 국내시장에서 세계화 시장

(3) 정보통신(매스컴)발달

제품의 신속한 이해로 품질과 원가 및 납기의 원활한 보급이 이루어진다.

(4) Computer의 확산

투입과 공정 및 산출의 통합관리의 역할을 할 수 있는 기반이 조성되었다.

 생산시스템의 발전

생산시스템을 연도별로 살펴보면 다음과 같다.

1) 1960년대 이전 생산시스템

대량생산과 원가절감 노력

(1) 일본

통계적 품질관리와 대량생산 기술의 도입에 대한 기초노력을 실시하였다. 그러나 많은 경영기법은 미국에서 도입이 1950년대에 이루어졌다.

(2) 미국

원가측면 중심생산(저원가를 위한 생산추구)을 시도하여 대량생산 방식을 이루었다.

(3) 한국

단일품 대량생산체제와 노동집약적인 생산시스템 도입으로 대량생산과 원가절감, 생산의 안정화와 전문화에 중점적으로 노력하였다.

2) 1970년대의 생산시스템 : 유연성 생산시스템과 프로그램형 자동화

소비재와 내구소비재의 생산과 컴퓨터를 자동기계의 제어에 응용하여 생산을 시도하고, 유연성 생산과 로봇 및 자동창고 개발(개별기계적용)을 중시하여 마케팅의 중요성 인식을 강조했다.

3) 1980년대의 생산시스템 : 무인자동화 시스템

생산이 기업이나 경제성장의 핵심으로 인식하고, 생산의 시간 단축(납기)을 위한 전략을 수립하여 기업의 고도 성장에 노력하였다.

4) 1990년대 이후의 생산시스템 : 컴퓨터통합생산시스템

품질과 원가 및 납기가 시장의 중요함을 인식하고 대체로 물질의 풍족함을 느끼는 시기였다. 생산성과 유연성의 동시 달성으로 소비자 의식과 경쟁력을 강화하고, 신기술의 발달에 적응하도록 노력을 기울인 시기이다.

 3 자동화 기술의 발전단계

1) NC(Numeric control : 수치제어)

수치제어는 기계가공을 자동 조절하는 것으로 불리어진다. 또한 수치제어의 발전 단계는 다음과 같다.

NC → CNC (Computer NC) → DNC (direct NC)

2) FMS(flexible manufacturing system : 유연생산시스템)

컴퓨터와 자동기계의 종합시스템으로 자동화가 되기 전에 이루어지는 생산시스템이다.

3) CAD/CAM

(1) CAD(computer aided design : 컴퓨터 이용된 설계)

컴퓨터 그래픽이 중심이 되는 방식이다(생산설계단계). 이는 투입(input) 과정에서 도움이 된다.

(2) CAM(computer aided manufacturing : 컴퓨터지원생산)

작업과정에서 지원하는 기술을 말하며 공정(production, transformation) 과정의 도움이 된다.

4) FA/CM

(1) FA(factory automation : 공장자동화)

일본식 영어이다.

(2) CIM(Computer Integruted Manufacturing : 컴퓨터통합생산)

구미에서 정착된 어원이다.

이러한 내용을 간추린 발전 단계를 보면,

첫째, 점의 자동화로 공작기계와 로봇의 도입이다.

둘째, 선의 자동화로 반송시스템과 설계의 자동화의 도입이다.

셋째, 면의 자동화로 공장전체의 자동화를 가져왔다.

넷째, 체의 자동화로 기업전체의 생산시스템의 통합화의 도입이다.

 4 공장자동화의 목표

기업은 공장자동화에 대해 소비자의 다양한 요구 등 갖가지 사회적 배경을 재빨리 파악하여, 기업을 에워싼 환경변화까지도 고려하면서 기업 체질개선, 높은 부가가치 생산 등으로 제품의 시장경쟁력 강화를 목표로 해왔다.

구체적으로 정리를 해보면 다음과 같다.

1) 소비자 요구의 다양화 부응에 다품종소량생산을 공급할 수 있다.

2) 리드타임의 단축

3) 재고의 감소

4) 제품의 품질, 신뢰성 향상

5) 야간 무인운전, 건설가동률의 향상

6) 기업이 소유한 자원의 조직적 활용

7) 작업환경 안전성의 개선, 정보처리 전달에서 인위적 미스의 감소

8) 기업의 제품을 세계화에 부응시킬 수 있다.

5 공장자동화의 효과

효과를 측정하는 것은 단기적과 장기적인 두가지 방법으로 나타낼 수 있다.

1) 성인화(省人化)

2) 생산성 향상

3) 공기의 단축

4) 품질의 개선

5) 변동비 감소

6) 장치와 재고의 삭감

7) 다품목화

이상과 같이 그 효과를 찾을 수 있지만 현실에는 더욱 많은 효과를 기대한다. 그러나 실행을 하는데 어려운 문제점도 많이 발견할 수 있다.

제2절 | 적시 생산시스템

1 적시생산(適時生産)시스템 개념

적시생산시스템(Just-in-time)은 1970년대 중반 일본 도요다 자동차 회사에 의해 개발되어 보편화되기 시작하였다. JIT시스템은 일본의 특수한 환경에서 연유 되었다고 볼 수 있다. 다시 말하면 일본은 우리나라처럼 국토가 좁고 자원이 부족하다. 일본인들은 공간과 자원부족이란 환경에서 살아남기 위한 방법으로 낭비를 줄이려고 많은 노력을 경주하게 되었다. 그들은 폐기물과 재작업을 낭비로 생각하고 완전한 품질을 추구하게 된다. 따라서 재고는 공간의 낭비를 가져오며 유용한 자재를 묶어 두는 것이라고 생각하게 된 것이다. 즉 제품의 가치에 공헌하지 못하는 것은 무엇이든 낭비라고 간주하는 것 이다. 미국기업들은 1980년대 초에 도입해 현재는 수많은 기업에서 이를 사용하고 있다.

우리나라 에서도 미국과 같은 시기에 자동차 및 전자업계를 중심으로 도입되어 사용하고 있다. 그러나 우리나라에서는 JIT가 성공하지 못하였는데 그 이유는 두 나라의 기업문화가 다르다는 것에서 오는 차이였다고 할 수 있다.

2 적시생산시스템 목적

1) 수요 변화에 대한 신속한 대응
2) 생산조달기간의 단축
3) 재고의 최소화
4) 품질의 향상

3 적시생산시스템의 구성요소

JIT의 구성요소는 학자마다 조금씩 각자 다르게 주장하고 있다.

초기에는 TPS (Toyota Production System)의 여러활동 등에 주안점을 두었다. 즉 생산시스템안의 자재흐름에 초점을 맞추어 구성요소를 기술하였다.

이러한 관점에서 볼때 Kanban 시스템은 초기에 대표적인 JIT의 구성요소로 인식되었다고 할 수 있다. 그러나 JIT의 초점은 곧 자재관리의 차원을 넘어 보다 포괄적인 생산 및 재고관리 시스템의 성격으로 기술되기 시작했고 생산 시스템내의 비효율성을 제거하는 것으로 이동하게 된다. 오늘 날 에는 품질개선 및 작업자 참여활동을 포함하는 종합적인 생산시스템 혁신체제로 발전하게 되었다. 1990년대에는 혁신경영방법으로 Lean 생산 시스템 이라고 불리며 유사하게 발전하게 된다.

White와 Ruch(1990)는 JIT의 핵심적 구성요소를 10가지로 정리 하였는데 제조와 서비스로 비교해 보기로 한다.

4 제조와 서비스의 JIT 핵심구성요소 비교

1) 초점화 공장(focused factory)

(1) 제조

관료적 구조가 가지는 복잡성을 감축시키고 제품과 프로세스의 다양화와 관련 복잡성을 최소화하며 물리적 제약성을 최소화 하려는 노력들을 포함( 공장 내 공장)

(2) 서비스

① 부페 레스토랑 : 음식진열대 앞에 긴대기행렬이 생기기 쉬운데 대기행렬은 고객에게 부가가치를 제공하지 않는 낭비라고 할 수 있다

이 경우 인기 있는 음식들로만 구성된 독립음식 진열대(초점화 공장)를 추가배치 한다면 대기행렬은 물론 총 싸이클 타임이 줄어든다.

② **병원의 의료 서비스** : 치과에서 검진과 스켈링 환자가 섞여 수요가 많을 경우 환자의 독립된 공간(초점화 공장)을 마련한다면 의료서비스는 단순해지고 양쪽모두 만족도를 높일 수 있다.

2) 그룹 테크놀리지(Group Technology)

(1) 제조

공통적 개념과 원칙, 문제 및 과업들을 조직화하는 것으로 정의 한다.

① 동일기계에서 유사부품 등을 처리하기위한 순서를 정한다.

② 하나 혹은 여러 개의 부품 등을 처리하기위한 제조 cell을 만드는 것

③ 설계단계에서 이전의 설계내용을 인출하거나 부품 표준화를 위해 부품의 코드를 정 한다

④ 기존에 사용할 수 없었던 측정 자료나 정보를 얻어내기 위해서 구매해야 할 재료, 부품, 구성부품의 코들 정하는 것 등이 여기에 속한다.

(2) 서비스

뷔페식당의 경우 음식을 유형별로 그룹화 하여 독립된 음식 진열대에 셀 모양으로 배치한다면 이러한 문제는 해결된다. 샐러드류, 메인 음식류, 후식류, 음료류 등으로 나누어서 셀 배치를 한다면 고객은 자신이 원하는 음식대만을 방문하여 음식을 가져올 수 있으며 라인형태가 아니어서

다방면으로 접근가능 하므로 속도가 느린 고객이나 식당 작업자의 음식보충 동안에 발생하는 흐름의 단절을 예방할 수 있다.

3) 셋업시간의 단축(reduced set-up time)

(1) 제조

JIT의 기초적인 관리기법의 하나로 set-up-time이란 다른 작업을 수행하

기위해 기구나 설비를 변경하는데 소요되는 시간으로 EOQ 자체를 줄일 수 있다는 것에 초점을 맞추고 있는 것 이다.

(2) 서비스

고객의 서비스가 종료된 후에 다음 고객을 맞기 위한 준비시간을 말한다.

① **병원** : 의사의 진료시간을 최대화하기 위해 환자의 증세나 병력정보를 간호사가 미리 작성하는 것과 진료를 위한 의료도구도 미리 준비해 둔다.

② **레스토랑 및 커피 점** : 테이블 정돈에 소요되는 시간(총 셋업시간)을 다운하여 신속히 다음 손님을 맞기 위해 식사나 음료가 끝나기 전에 손님의 빈 그릇을 가져가는데 이는 셋업 시간을 줄이는 동시에 서비스 생산 능력을 증대하는 역할이기도하다.

4) TPM (Total Productive Maintenance)

(1) 제조

정기적 스케쥴에서 고장 등으로 예기치 않은 기계의 중단을 제거시키는데 있다.

즉 예방적 보수유지와 기계교체 프로그램을 적용하는 것으로 구성되어 있다.

(2) 서비스

① **호텔의 비즈니스 센터** : 근무자는 고객환대뿐 아니라 복사기, 팩스, 컴퓨터 등 각종 사무기기들이 항시 제 기능을 발휘하여 문제가 발생하지 않도록 보수유지 활동을 하여야 한다.

② **항공사 및 택시 등 운송업** : 항공기의 안전성을 확보하기위한 보수유지활동에는 정비사뿐만 아니라 기장 등 승무원의 협력이 절대적으로 필요하다.

택시 등의 운송업의 경우에도 궁극적으로 자동차의 원할 한 가동에 영향을 미치므로 운송업체 내부 정비담당자뿐만 아니라 운전자의 기계유지 보수활동에 협력하는 공동의 책임을 갖는다.

5) 다기능 작업자 (multifunctional employee)

(1) 제조

제조업에서 다기능 작업자는 교육과 훈련을 통해서 다양한 기계와 작업을 수행 할 수 있어야 한다.

이렇게 함으로서 작업자의 유휴시간을 줄이고 수요변화에 적응할 수 있는 유연성을 창출하며 생산성과 문제해결 능력을 개선할 수 있다.

(2) 서비스

레스토랑에서 식대수납부문에 긴 대기행렬이 발생할 경우 홀에서 음식서빙을 하는 종업원도 수납을 담당하수 있게 교육을 시키고 권한을 부여하여 신뢰의 관계를 형성 한다면 고객이 in-put에서 out-put까지 전체 프로세스에서의 병목현상은 상당히 개선되고 줄어들 것이다.

6) 균일한 작업분야 (uniform workloads)

(1) 제조

제조업에서는 전반적 수준과 부분적 수준 모두다 제조 시스템에서 발생하는

작업부하의 변동을 감소시키는 노력을 하게 된다.

① **전반적 수준** : 매일 판매될 최종 제품들만을 모델별 수요에 맞추어 믹스하여 동일하게 생산 하여 달성하게 된다.

② **부분적 수준** : 최종 조립단계를 통제점으로 사용함으로서 달성될 수 있는데 균일한 작업 부하를 가진 주 생산일정(MPS / Master Production Schedules)를 구축하고 하부생산 프로세스의 셋업시간을 단축함으로써 모든 선행프로세스에 대해 균일한 수요를 만들어주는 것이다.

(2) 서비스

수요변동을 가능한 작게 유도하고 작업의 부하를 균일하게 노력한다.

예약시스템은 수요를 예측하여 수요가 발생 (항공기-좌석, 극장-조조할인, 단체할인 등)

7) 칸반 시스템(Kanban system)

(1) 제조

JIT는 기본적으로 주문생산으로 칸반 시스템은 필요할 때 마다 작업자로 하여금 작업 간에 자재이동을 지시하고 전반적 시스템의 완전성 유지를 도와주기 위해 끌어당기는 (pull)정보 시스템으로 사용.

(2) 서비스

은행, 병원, 우체국 등에서 서비스를 받기 전에 번호표를 받고 해당번호가 전광판에 표시되었을 때 서비스를 받는 것은 간판(看板)시스템과 유사한 일종의 Pull 시스템 이다. 전광판은 대기행렬을 형성하게 하기보다는 서비스를 받을 시점을 알려주는 정보시스템이다. 고객은 대기행렬에서 부가가치를 창출하지 못하고 기다리기 보다는 대기석에 앉아서 서비스를 받을 때 까지 부가가치 있는 다른 일을 할 수 있다. 대기란 부가가치 없는 일종의 낭비인 것 이다.

8) JIT구매 (JIT purchasing)

(1) 제조

JIT구매는 부품을 필요로 하는 장소에서 공급업체로부터 적시에 적량의 올바른 부품을 수령하는 기법 (거래비용 감축을 위해 구매자와 공급자간의 장기적 유대관계를 의미)

(2) 서비스

레스토랑의 경우 식 자재 납품이 대표적으로 신선도가 매우 중요한 야

채, 과일, 생선 등은 음식의 품질을 결정하는 주요변수이므로 신뢰할 수 있는 공급업자와 장기적인 계약을 맺고 소량으로 빈번하게 조달을 받는 것이 중요하다. 이는 항공사의 항공기의 기내식구매 그리고 병원의 약품 및 의료용구의 구매에도 적용된다.

9) TQC (Total Quality Control)

(1) 제조

TQC는 완벽한 품질을 목표로 하는 품질개선 노력의 연속적인 과정이다. 각 작업자는 맡은 활동 작업뿐 아니라 동시에 생산 과정에 대한 품질관리 책임을 맡게 되며 단순히 결함의 발견보다는 예방하기 위한 프로세스관리기법들을 활용하게 된다. 통계적 관리기법들은 작업자의 이해능력에 맞게 조정하여 효과성을 극대화 할 수 있는 토대를 구축하게 된다.

(2) 서비스

서비스업에서는 무형의 재화를 생산하므로 일반적으로는 프로세스에 대한 통제만이 가능하다고 볼 수 있다.

① 은행 : 현금 출납 기를 적당한 위치에 배치하여 바닥면적을 효율적으로 사용하는 동시에 업무의 정확도를 높일 수 있다. 또한 할인점 등 주요시설에 분산 배치하여 고 에게 가까이 다가 갈 수 있도록 하였다. 아울러 홈뱅킹 등의 전자매체는 프로세스의 다변화와 동시에 간편화로 품질을 향상시키고 있다 하겠다.

② 주차장 : 주차 시 발생할 수 있는 문제중 하나인 자동차 바퀴가 다른 구역으로 넘어가지 않도록 실수 방지용 주차 지지대를 설치하여 주차시 안전한 주차를 사전에 유도 예방하여 주차품질을 높인다.

10) 품질 분임조 (Quality Circles)

(1) 제조

품질 분임조는 문제해결을 위해서 유사한 작업을 담당하는 작업자들로 구성된 소규모 그룹을 지칭하며 단순히 새로운 기법을 적용하는 것 이상의 의미를 가진다. 즉 작업자 존중, 합치된 의사결정 추구, 인적자원의 효과성을 높이고, 생산성을 증가 시키는 것이다.

(2) 서비스

① **병원** : 의료품질을 높이기 위하여 의사와 간호사 등이 포함된 팀을 운영협의 하기도 하고 양방과 한방의 협진, 전통의학과 대체의학의 보완을 위한 팀이 운영되기도 한다.

② **항공사** : 비행에 앞서 승무원들은 승객들의 특성에 기초한 기내근무자 미팅을 갖기도 한다.

③ **대학** : 교육환경을 개선하고 교육서비스의 품질을 높이고자 교수학습개발센터를 운영하여 교수, 학생, 직원으로 구성된 교육품질 개선팀을 운영한다.

5 칸반 시스템

칸반(KANBAN)은 적시생산 시스템에서 생산허가와 자재이동의 방법으로 이용된다. 일본어로 칸반(看板)은 카드 혹은 표시(sign)를 의미하며 연속공정을 거치는 작업순서를 통제하는 수단이다. 칸반이란 JIT의 하위 시스템이다. 칸반은 앞의 작업장에서 자재나 부품이 사용될 때 후속작업장에서 필요한 자재나 부품을 미리 알려 자재가 적시에 공급되도록 하는 기능이다. 이렇게 선행 작업장에 미리 알려주는 방식으로 연속되어 작업이 진행되면 생산 활동은 계속하여 이루어지게 된다. 만일 후속작업장에서 일시적으로 생산이 중단되면 그 선행 작업장은 칸반을 받지 못하게 되므로 생산을 중단하게 된다. 칸반 시스템은 카드와 컨테이너로 구성된 물리적 생산통제 시스템이다. 편의상 작업장 A와 작업장B (A에서 B로 공급)사이에 8대의 컨테이너가 있고 각 컨테이너는 20개의 부품을 담을 수 있다고 가정해보자. 8대의 컨테이너가 모두차면 A에서 생산은 중단되므로 두 작업장 간의 최대재고는 $20 \times 8 = 160$개이다. 3대의 컨테이너는 부품이 가득 채워진 상태로 작업장 A의 산출지역(output area)에 위치해 있고, 1대의 컨테이너는 작업장 A에서 부품이 생산되는 대로 채워지고 있다. 1대의 가득 채워진 컨테이너는 작업장 A에서 B로 이동 중이고, 2대의 가득 채워진 컨테이너는 작업장 B의 투입지역(input area)에서 사용을 위해 대기 중이며, 나머지 1대의 컨테이너는 작업장 B의 생산을 위해 사용되고 있다. 컨테이너의 이동을 통제하기 위하여 두 가지 유형의 칸반 카드가 사용되는데, 하나는 생산 칸반(production kanban) 이고, 다른 하나는 인출 또는 이동 칸반(withdrawal or conveyance kanban)이다. 이와 같이 칸반 카드란 생산을 허가하고, 컨테이너에 들어 있는 부품을 확인하는 데 사용된다. 칸반 카드는 종이, 금속 또는 플라스틱으로 만들어지며, 일반적으로 [그림 16-1]과 같은 정보를 포함하고 있다.

컨테이너가 한 번에 1대씩 이동된다고 가정할 때 칸반시스템은 다음과 같이 운용된다. 작업장 B에서 컨테이너 1대분의 부품을 다 사용하고 나면 빈 컨테이너분의 부품을 다시 생산하도록 허가하게 된다. 그리고 가져간 빈 컨테이너를 작업장 A에 두고, 인출 칸반을 부착한 부품이 가득 찬 컨테이너를 작업장 B의 투입지역으로 이동하게 된다. 다시 1대의 컨테이너분의 부품을 다 사용하고 나면 이 빈 컨테이너와 인출 칸반을 작업장 A로 가져간다. 이와 같은 주기가 계속 반복된다. 칸반시스템은 가시적인

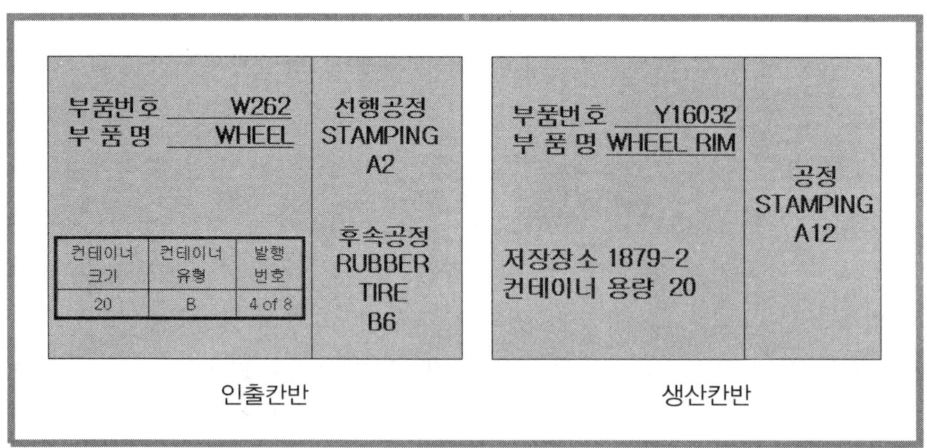

[그림 16-1] 칸반 시스템의 구성

특성을 가지고 있다. 모든 부품은 일정한 크기의 컨테이너에 깔끔하게 담긴다. 빈 컨테이너가 누적되면 생산 작업장의 생산이 늦어지고 있음을 당장 알 수 있다. 반면에 모든 컨테이너가 채워지면 생산은 중단된다. 생산 로트의 크기는 정확하게 컨테이너 1대분의 부품이다. 한 작업장의 운영에 필요한 컨테이너의 수는 후속작업장의 수요율, 컨테이너의 크기 및 컨테이너의 순환시간(circulating time)의 함수이며 이를 식으로 표시하면 다음과 같다.

$$n = \frac{DT}{C}$$

여기서 n = 컨테이너의 수

D = 생산된 부품을 사용하는 후속공정의 수요율

C = 컨테이너의 크기, 즉 컨테이너 1대에 담을 수 있는 부품의 수(보통 일간수요의 10%미만)

T = 컨테이너 1대의 순환시간 (즉 부품을 채우고, 기다리고, 이동하고 다시 되돌아올 때까지의 소요시간)

이를 예로 들어 설명하면 다음과 같다. 작업장에서 부품 수요 율은 1분당 2개이고 컨테이너 1대에 25개의 부품을 담을 수 있다고 하고 순환시간을 100분이라고 할 때의 필요한 컨테이너의 수는

$$n = \frac{DT}{c} = \frac{2 \times 100}{25} = 8(\text{대})$$

가 된다. 모든 컨테이너가 채워지면 생산은 자동으로 중단되어 최대재고는 다음과 같이 구해진다.

최대재고 = (컨테이너 수) × (컨테이너의 크기)

= nC

= 8 × 25 = 200(개)

따라서 위의 식에서 보는바와 같이 재고는 컨테이너의 크기나 수를 줄임으로서 감소 될 수 있다. 생산준비시간, 생산시간, 대기시간 및 이동시간으로 구성되는 순환시간을 줄임으로서 가능하게 된다. 다시 말해 컨테

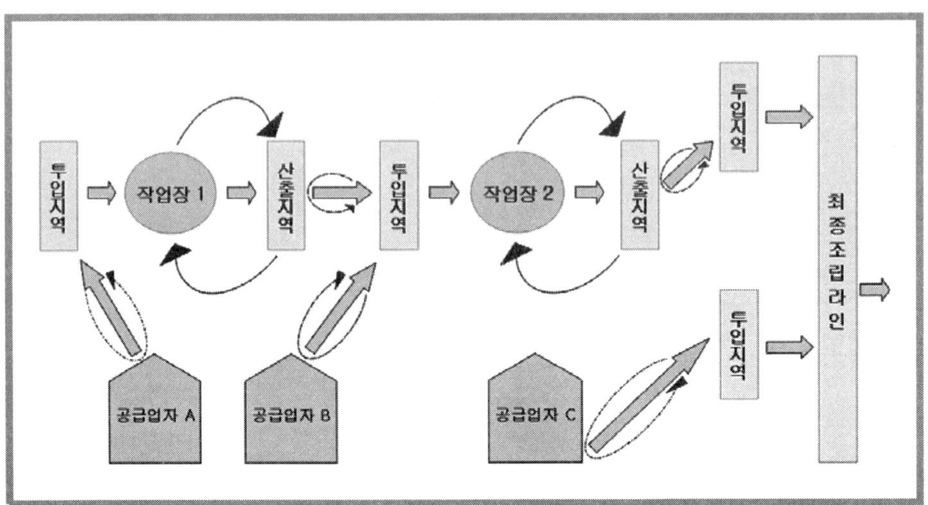

[그림 16-2] 칸반 시스템의 흐름

이너의 순환시간을 단축시켜 재고를 감소시키는 것은 경영자의 중요한 임무라고 할 수 있다.

칸반은 공장 내의 모든 작업장과 납품업자를 연결시키고 있으며 모든 자재들은 최종조립계획에 의거 연속적으로 끌어(pulled)오게 된다.

이를 나타낸 것이 [그림 16-2]이다.

제17장

컴퓨터통합생산시스템

제1절 | 컴퓨터통합생산시스템 개념

1 컴퓨터통합생산시스템의 의의

종래 사용되어 온 공장자동화(factory automation : FA)는 생산현장의자동화에 중점을 두었지만, 그 후 CAD(computer aided design)와 CMA (computer aided manufacturing)의 보급이 되기 시작하고, 공장자동화라는 말과는 달리 CAD/CAM으로 사용되어 왔다. 더욱이 수주에서 출하에 이르는 전부문의컴퓨터 네트워크화가 요구되어 FA, CAD/CAM을 초월하는 개념이 필요로 하게 되어 컴퓨터통합생산(computer integrated manufacturing : CAM)이 등장했다.

즉 설계 · 제조 · 생산관리의 생산 활동에 직접 연관된 부문에서부터 영업까지 컴퓨터 네트워크화로 수주에서 출하까지 다량의 데이터와 정보 처리를 효율적 및 효과적으로 하고, 납기단축이나 원가절감, 품질향상 등으로 타 경쟁 회사보다 조금이라도 우위를 지키기 위한 움직임이 활발해져 왔다.

따라서 CIM이란 컴퓨터와 정보 · 통신기술의 진보를 이용하여 수주에서부터 출하 · 애프터서비스에 이르기까지 제조 활동에 있어서 모든 시스템을 하나로 통합화하여 어떻게 하면 신제품을 보다 빨리 시장에 내놓는가? 어떻게 하면 적은 비용으로 품질을 향상시키는가? 어떻게 하면 제품 수요의 변화에 대응할 수 있는가? 어떻게 하면 구매개선이나 공장내, 공장간에서 빠르고 효율적인 커뮤니케이션을 할 수 있는가? 와 같이 제조기업이 안고 이러한 과제에 대응하는 시스템 활동이라고 할 수 있다.

제조 기업이 안고 있는 과제는 자동화와 시스템화 등이 현 수준에 따라서도 다라고, 또 제품이나 제품경합상태에서 따라서도 다르다. 이 때문에 사람에 따라 과제인식이 다르게 되어 CIM에 대하여 여러 가지 정의와 견해를 볼 수 있다.

CIM에 대한 정의를 살펴보면, 첫째, CIM의 "C"(computer)는 컴퓨터시스템을 기본으로 통신회선 등을 포함하는 주변전체의 정보·통신기술을 이용한다는 뜻인데 그 중심적인 의의는 데이터베이스의 구축 및 활용이다. 이는 데이터가 발생되는 장소에서 시스템에 즉시(real time) 입력되고 동일 데이터가 중복되지 않고 통합 형태로 보관 관리되며 사용목적에 따라서 필요한 데이터가 합성되어 출력될 수 있는 데이터베이스의 구축 없이는 생산정보시스템화가 불가능하기 때문이다.

둘째, CIM의 "I"(integrated)는 통합화 의미로 통합화되어 있지 않은 상태와 비교해 보면 그 의미를 명확히 이해할 수 있다. 컴퓨터시스템이 고가이기 때문에 주변장치나 통신 등의 기기 이용기술이 수반되지 않은 시대에는 우선 개별업무의 자동화가 각 기업에서 추진되어 결과적으로 자동화가 이산된 형태에서의 업무처리 시스템이 되었다. 따라서 각 시스템간의 연결은 없고 고립되어 있었기 때문에 이 상태를 "자동차 섬(islands of automation)"이라고 부른다. 이러한 관련된 섬들끼리의 부분적 통합화의 사고방식으로서 생산관리부야에서의 PICS(Communication Oriented Production Information Control System)나 기술부분에서의 TACE(Total Application Concept in Engineering) 등의 사고방식이 있는데, CIM은 이러한 통합을 기업전체로 확대하여 모든 자원의 통합관리로 효율을 극한까지 향상시키려는 것이다.

셋째, CIM의 "M"(manufacturing)은 공장의 자동화를 중심으로 하여 통합된 생산시스템이라고 해석을 한다. 원가를 저하시키기 위한 시스템에서는 기호가 다양화된 시장요구에 대해서 과잉생산 되므로 시작을 포함하여 생산기간 단축하고, 신제품을 단기간에 개발하여 시장에 출하하기 위해서도 CIM시스템화가 필요하다. 즉 CIM의 전체를 생산시스템화 함으로써 필요한 정보를 경영자의 요구에 따라 제공할 수 있는 환경을 실현하는데 최종목적이 있다.

이러한 내용을 종합하여 보면 CIM이란 실체이기보다는 개념이다. 따라서 자동화 기술이 빠른 속도로 보급되고 있는 시점에서 FA와 CIM의 개념이 혼돈되어서는 아니 될 것이다. 또 공장자동화를 추진함에 있어 정보·기술에서 진일보된 CIM시스템을 고려해야 한다.

공장자동화와 컴퓨터통합생산의 비교된 내용을 살펴보면, 공장자동화에서 근본 철학은 자동화를 지칭하고 컴퓨터통합생산에서는 합리적(전사적) 철학을 요구한다. 또한 이들의 목표를 보면 공장자동화에서 무인화 공장을 지향하지만 컴퓨터통합에서는 전사적 최적화를 의미한다.

특히 공장자동화의 대상은 공장을 대상으로 하지만 컴퓨터통합생산에서는 기업조직의 전체를 대상으로 하고 있다. 그리고 공장자동화가 하드웨어 측면을 강조하지만 컴퓨터통합생산은 소프트웨어 측면을 강조하고 있다.

인간의 위치는 공장자동화가 인간 대체를 요구하며 컴퓨터통합생산은 인간의 역할 재편성을 요구한다. 이들을 비교하면 <표 17-1>과 같다.

〈표 17-1〉 공장자동화(FA)와 컴퓨터통합생산(CIM)의 비교

구분 / 사항	공장자동화(FA)	컴퓨터통합생산(CIM)
근본철학	자동화	합리화(전사적)
목 표	무인화 공장	전사적 최적화
가시화된 예	FCS, FMS	CAD/CAM/MRP Ⅱ/연계
구성요소	가공, 측정, 검사, 조립, 물류시스템	AIS, CAD, CAM, CAPP, CAT MAP, MRP Ⅱ, Expert System
대 상	공 장	기업조직 전체
강조되는 측면	하드웨어	소프트웨어
인간의 위치	인간대체	인간의 역할 재편성
발 원 지	일 본	미국, 유럽

자료 : M.P.Groover, op.cit., P.720.

한편 CIM의 발전된 형태를 살펴보면 [그림 17-1]과 같다. [그림 17-1]에서 컴퓨터를 하드웨어와 소프트웨어로 구별하고, 소프트웨어는 CAD/CAM/CAE의 순서로 발전하여 1990년대 이후에는 CIM으로 지칭되었다. 또한 하드웨어는 NC/DNC/FMS/FA의 순서로 1990년대 이후에는 CIM으로 정착되고 있다.

역시 CIM으로 발전되는 과정은 생산체제로 생각할 수 있는데 이는 소품종대량생산시대에서 다품종소량생산시대로 접어들고 있음을 의미한다. 그리고 합리화의 수준을 보면 점에서 선과 면 및 입체의 순서로 변화하여 발전된 것을 볼 수 있다.

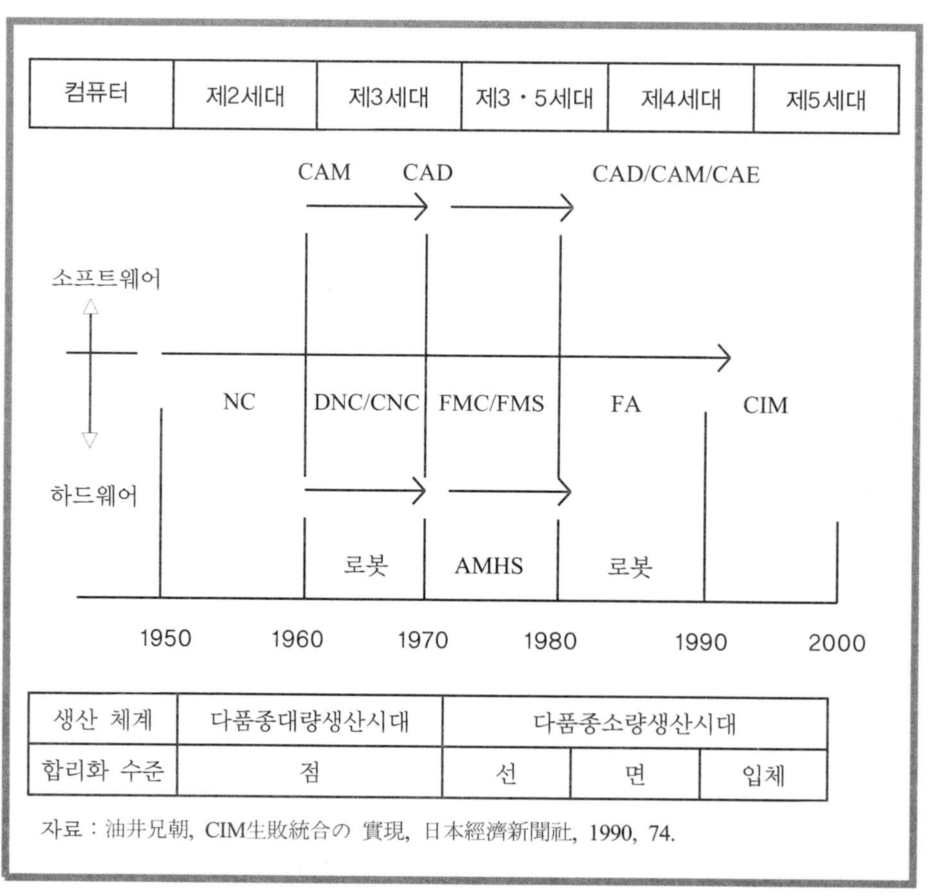

[그림 17-1] CIM시스템의 발전과정

위에서 설명된 CIM의 내용을 참고로 하여 제학자들의 연구를 토대로 CIM에 대한 정의를 살펴보면 다음과 같다.

첫째, CIM은 단순한 개개의 자동화기술을 조합하는 것만이 아니라 회사의 장기적인 전략에 따라 생산성을 행상시키는 환경을 조성한다.

둘째, 경쟁사의 우위를 확보하기 위하여 개발/설계/제조/물류의 각 과정에 컴퓨터 기술을 조화시켜 적용하는 것이다.

셋째, CIM이란 정보전달의 통신과 네트워크의 계층구성을 통해 상호 통신을 할 수 있는 복잡한 컴퓨터 네트워크와 공장 생산라인 자동화의 연결을 의미한다고 정의한다. 그리고 CIM 이 성공하기 위해 회사의 제품 출하, 원가구성, 자본구성, 조직구성 및 관리 프로세스 등을 변경하고 이들을 전략적으로 이용되어야 된다고 하였다.

넷째, CIM시스템이란 컴퓨터의 빠른 속도의 연산능력, 속도, 반족, 데이터, 보관 및 처리능력과 상호 통신기능을 활용하여 엔지니어링 및 제반 활동이 올바르게 이루어지게 함으로써 회사 전체적인 사업목표의 달성을 추구하는 제반 컴퓨터 기술과 경영관리기술의 총화이다.

다섯째, 생산기술의 진화론적인 관점에서 CIM시스템을 생산의 변화에 결정체로써 파악하여야 한다. 또한 첨단 컴퓨터기술을 생산기술에 접목시켜 생산 기술자체를 시스템적인 형태로 객관화하는 것이다.

여섯째, CIM시스템이란 하드웨어, 소프트웨어, 데이터베이스 및 통신시스템의 결합체로서 다품종소량생산을 위한 기술혁신으로 정의된다.

이상과 같이 CIM은 앞으로 생산시스템의 방향을 제시하는 정의로서 요약하면 <표 17-2>와 같다.

또한 본 연구에서 CIM시스템이란 수주, 설계, 생산계획, 생산운영, 재고관리, 품질관리, 유통 등 제어기능을 컴퓨터나 정보・통신의 관련 기술을 이용한 통합된 생산시스템으로 정의를 한다.

본 연구자는 앞에서 언급된 정의 중에서 특히 Boston Consulting Group의 정의를 수용하고자 한다.

〈표 17-2〉 컴퓨터통합생산시스템의 정의

연구자 및 단체	구 성 내 용
Boston Consulting Group	장기전략으로 생산성을 향상시키는 환경의 변화
D.L. Arthur	개발설계/제조/물류과정의 기술조화
Stanford Group	컴퓨터 네트워크와 생산라인 자동화의 결합
R.M. Salzman	사업목표의 달성을 추구하는 컴퓨터 기술과 경영관리의 총화
M.E. Merchant	첨단 컴퓨터 기술을 생산기술에 접목시키는 형태
G. Spur	하드웨어, 소프트웨어, 데이터베이스 및 통신 시스템의 결합체

제2절 | 컴퓨터통합시스템이 제조환경에 미친 영향

1920년경에 시작된 초기의 자동화 기술개발은 고정형 자동화(transfer automation)로서 제품을 대량생산할 때 사용하였으며, 1952년 MIT에서 NC밀링기계를 개발 한 것을 기점으로 다양한 제품을 단일기계에서 자동으로 가공할 수 있는 "프로그램형 자동화"로 발전하였다. 전 세계적으로 공장자동화의 진전과 확산은 결코 일반적인 형상이 아니므로 여러 가지 경제적 및 사회적 요인이 필연적으로 촉진시키는 생산환경 변화의 사회적, 인적 및 기술적 요일 변화들을 살펴보기로 한다.

1 사회적 요인변화

산업혁명 이후 1950년대부터 1960년대까지 종래의 소품종대량수요 패턴은 생활수준의 향상에 따라 소비자의 수요 패턴이 복잡화, 다변화되면서 제품의 다품종소량수요 패턴으로 q바뀌고 있다. 이와 같이 소비자 욕구를 충족시키기 위해 생산품목의 다변화 경향이 뚜렷해지고 있으며, 더욱이 소비자 기호의 급속한 변화와 기술변화의 가속화에 따라 제품의 수명주기 또한 점점 짧아지고 있다.

따라서 제품생산방식은 규모의 경제(economy of scale)에 근거한 소품종대량생산체제에서 다품종소량생산체지로 생산하여 경쟁하지 않으면 안되게 되었다. 이상과 같은 생산환경의 변화가 실제 제조활동에 미치는 영향을 간단히 살펴보기로 한다. [그림 17-2]는 단일 또는 소규모 뱃취(batch) 생산에 있어서의 문제와 이에 따른 자동화의 중요성을 보여주고 있다.

생산품목의 다양성 및 제품수명주기의 단축에 따른 소규모 뱃취와 주문량의 변동은 생산 준비기간(set-up time)과 유휴시간의 증대를 야기시켜 설비이용률의 저하를 가져온다. 따라서 더 많은 인력과 설비가 요구되고 결과적으로 제조원가를 상승시키게 된다. 더욱이 작업시간의 단축경량, 고임금과 생산재해 및 작업자들의 안전에 관한 사회적 압력은 기업의 생산여건에 어려움을 더해주고 있다.

또한 생산활동은 여러 차례의 오일 쇼크를 겪은 불확실한 환경에 둘러싸여 만들기만 하면 되었던 양의 시대에서 질을 전제로 하는 경쟁의 시대로 크게 변했기 때문이다. 다른 표현을 하면 고성장의 시대에서 고품질과제품의 다양화의 시대로 변화한 것이다. 어떠한 기업도 제품을 어떻게 해서든지 다른 기업의 제품과 차별화해 가는가 하는 것만이 살아남는 조건이 된다. 그러므로 생산의 현장에서는 다음과 같은 요구가 높아졌다.

첫째, 최적(최고는 아닌)의 품질을 추구해야한다.

둘째, 필요한 물을 필요로 할 때 만들어야 한다.

셋째, 최소의 설비(최소의 투자)로 최대효과를 내기 위해서는 다품종소량생산이나 혼합생산이 필연적이다.

넷째, 생산품종의 큰 변화나 공법의 혁신적인 변화에 수반하는 라인의 변경 등에 대해서도 유연성이 있고 투자에 재이용 효과가 높아야 한다.

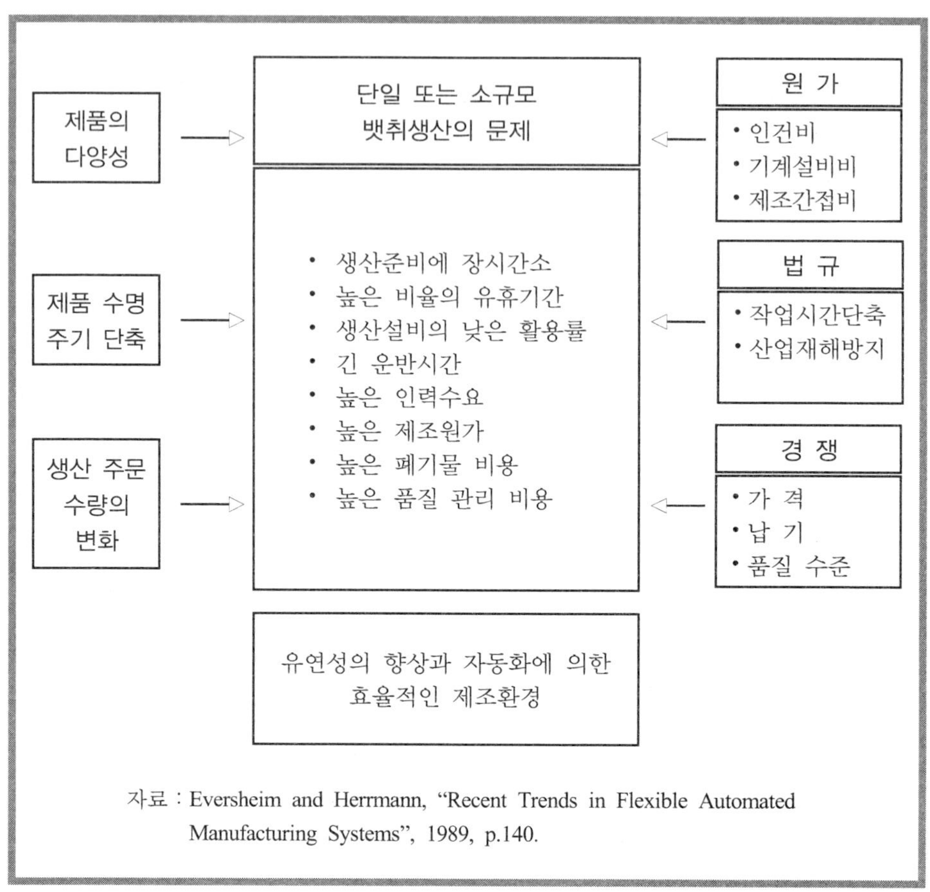

자료 : Eversheim and Herrmann, "Recent Trends in Flexible Automated Manufacturing Systems", 1989, p.140.

2 인적 자원의 능력 한계

다음은 인적 자원의 능력 한계를 살펴보고자 한다. 현대 기업에서는 생산현장에서의 인력부족이 가시화 되어 특히 제조업에서는 인적자원에 대한 배려의 중요성을 새삼 부르짖고 있다. 인간의 창조성을 살려서 삶의 보람이 있는 제조활동을 실현하기 위한 중요성을 지금까지도 때때로 지적했지만 산업계 전체가 미 실현되어서 위기감을 갖고 있는 것이 현실이다. 작업자, 기술자, 관리자, 경영자 등 기업을 지탱하는 모든 사람에게 그와 같은 상황을 해결하고 실현하는 것이 제조업에 있어서 급선무로 되었다.

생살활동이 확대되는데 따라 성력화(省力化)라는 큰 움직임이 높아지고 있다. 이것이 생산 코스트로서의 삭감이라는 목적뿐 아니라 안정된 고도의 품질을 달성, 유지하기 위해서 제한된 능력을 가진 인적자원에 의지하기가 어렵게 되었다는 것이다. 예를 들면 동일 라인에서 1대 마다 차종을 생산하는 산업을 생각하면 이해될 것이다. 또 열처리라든가, 도장이라든가, 용접 등의 본래 환경 조건이 나쁜 곳의 작업을 기계화하는 목적도 있고, 금형 가공처럼 한 가지 품목의 똑같은 생산이지만 숙련 작업자가 부족하기 때문에 기계화한다는 배경도 있다.

어느 경우기건 생간공정에서 여러 가지 기계화의 시도는 풀 - 프르프(fool-proof)라든가 페일 - 세이프(fail-safe)라는 말에서 추측되듯이 의지할 수 없는 인간 기능을 회피하는 것이 큰 목적으로 되어 있다. 반대로 생각하면 "그런데 왜 인간이 생산라인에 관여하는가?" 라고 말한다면 인간이 가지고 있는 유연성의 대응력이나 목시(目視)검사처럼 직관적인 판단력이 무의식 중에서도 많은 자료를 생각할 수 있고 고도의 처리 능력을 가지고 있기 때문이다. 즉 인간은 트레이드 - 오프(trade-off) 때문에 기계화가 곤란하다는 것이다.

3 기술적 환경

인적 자원의 능력 부족을 달성하기 위한 수단으로써 기술 진보는 필수 불가결한 해결방안이다.

이와 같은 관점에서 인적자원의 부족현상에서 마이크로 일렉트로닉스화에 의해 제품이나 생산 설비의 마이컴화가 진보 한 것은 주지의 사실이다. 처음에는 단순한 릴레이 제어반으로 바꾸어 놓기로 시작한 PC (programmable control)의 예에서 알 수 있듯이 마이컴화는 소프트웨어화를 초래했다. 이것은 소프트웨어시스템 내용의 변경으로 기능이나 동작을 바꿀 수 있는 것이고 유연한 기계의 달성에서 없어서는 아니될 요소로 되었던 것이다.

또한 마이컴화는 고속으로 대량 데이터를 처리하며 대용량 메모리에 있는 데이터 베이스를 필요에 따라 CAD로 바꾸는 것이다. 또 고속의 반복 연산이라는 컴퓨터의 기능은 카메라에 의한 시각 인식을 가능케 하고 무인화 목시검사라는 최후 관문을 돌파하려 하고 있다. 즉 생산의 현장에서는 통제를 위하여 컴퓨터와 통신이 불가분의 관계에 있고, 이것들이 가져온 혁신성 때문에 생산의 뉴패러다임 시대라고 불리우고 있다.

이러한 산업구조의 환경변화는 CIM 시스템을 앞당겨 추진하게 한 것이다. 이 내용을 자세히 도식화하면 [그림 17-2]와 같다.

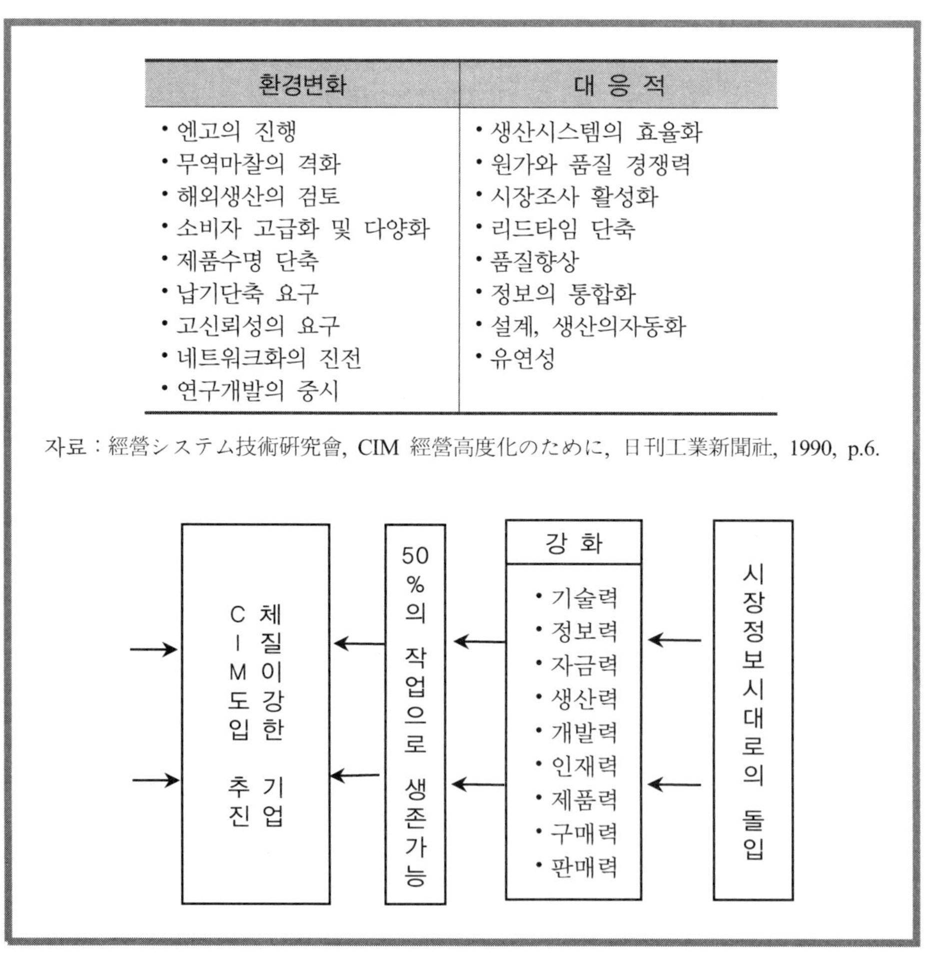

환경변화	대 응 적
• 엔고의 진행	• 생산시스템의 효율화
• 무역마찰의 격화	• 원가와 품질 경쟁력
• 해외생산의 검토	• 시장조사 활성화
• 소비자 고급화 및 다양화	• 리드타임 단축
• 제품수명 단축	• 품질향상
• 납기단축 요구	• 정보의 통합화
• 고신뢰성의 요구	• 설계, 생산의자동화
• 네트워크화의 진전	• 유연성
• 연구개발의 중시	

자료 : 經營システム技術硏究會, CIM 經營高度化のために, 日刊工業新聞社, 1990, p.6.

[그림 17-2] CIM시스템 도입배경

이상 위에서 설명한 사회적, 인적, 기술적 제조환경이 서로 관련되고 자극하면서 변화를 빨리 하고 있는 것이 현실의 모습이다. 이런 배경에서 개발된 생산시스템이 CIM시스템이라 할 수 있다.

이러한 생산환경의 변화에 의하여 산업현장에서 보다 더 생산성과를 가져올 수 있는 것이 무엇인지를 파악하고자 CIM시스템의 기대효과를 연구대상으로 선택한다.

 CIM시스템의 효과

① **유형적 효과** : 재고자산 감소, 작업장면적 감소, 품질향상 등

② **무형적 효과** : 유연성향상, 납기단축, 학습효과 등

③ **제조업의 3대 기능과 효과** : 기술, 생산, 판매에서 Q, C, D의 시장 유연성, 제품개발 력, 재고상태, 판매향상, 수주 등

제18장 생산환경

제1절 | 생산환경의 저변

1 생산환경의 동기

보통 환경이라고 하면 물, 공기, 토양, 바다 등을 통틀어 말할 수 있는데, 이것들은 모두 주인이 없는 무주공산(無主空山)이다. 경제학에서는 이러한 것들을 전통적으로 공공재라는 개념으로 인식해 왔다. 공공재는 비배제성과 비경합성을 속성으로 하기 때문에 희소가치가 없고, 적절히 배분하여 최소비용 등으로 최대효과를 올려야 하는 경제적 논리가 작용될 여지도 없을뿐더러 시장기능에 맡겨질 가능성은 더더욱 없는 것들이다. 그러나 오염이 점차 심화되면서 환경재는 이제 더 이상 주인 없는 공공재가 아닌, 자원으로서의 희소가치를 인정받고, 엄연히 시장가격이 형성되어야 하는 상황에까지 이르게 되었다. 따라서 경제적 측면의 현실 환경문제란 바로 환경문제에 대한 시장기구적 차원에서 시작한다.

환경문제와 그 피해에 대한 사회 차원의 보상에 관한 연구는 근대 경제학의 형성 과정에서부터 문제시되었는데, 고전학파의 밀(J. S. Mill) 등은 이를 외부불경제라고 표현하여 단지 경제활동 과정에서 나타나는 마찰현상 정도로 인식하였다. 그리고 지금부터 1세기 전쯤 피구(A. C. Pigou)에 이르러 환경문제를 사적 순생산과 사회적 순생산물과의 괴리, 즉 구체적 외부효과로 인식하게 됨으로써 시장경제 논의의 출발점이 되었다.

근대 이후 환경오염에 대한 경제학의 논의는 대부분 외부불경제의 차원에서 이루어지고 있다. 그러나 현대의 환경문제는 단지 피구나 밀 등이 보았던 것처럼 경제의 내부에서 일상적으로 발생하고 있는 것이 아니라, 국민생활에 중대한 영향을 미치며 나아가서 기업과 경영체제의 운명을 같이하는 중대한 문제라고 자각하기에 이르렀다.

더욱이 근대 이후 현재에 이르기까지 경제규모가 점차 비대해지면서 시장기능은 더욱 확대되고 환경오염이라는 외부불경제도 그 기능에 의존하지 않을 수 없게 되었다.

자본주의 사회에서는 거의 모든 경제현상이 시장기능에 의존하고 있는 만큼, 환경문제도 시장의 기능에 맡겨지는 것은 당연한 일일 것이다. 시장경제학자들은 환경오염이라는 외부효과에 대한 가격의 형성의 문제를 철저한 제도적 보완과 환경정책 등의 경제정책으로 시장기구 안으로 끌어들이는 내부화 과정으로 해결하는 것을 현실적 수단으로 제시한다.

우리는 지난 반세기를 돌아보면서 과학기술의 엄청난 발전에도 불구하고 환경이 급속히 파괴되어 왔다는 역사적 사실을 주목해야 한다. 과학기술과 관련하여 우리가 간과해온 점은 새로운 과학기술 자체의 개발보다 과학기술을 어떠한 식으로 이용하는가가 더욱 중요한 문제라는 사실이다. 그동안 과학기술은 자연과 인간을 지배하는 도구로서 그리고 자원, 권력 및 경제를 일부 엘리트 국가와 집단에 집중시키는데 막강한 힘을 발휘해 왔다. 새로운 과학기술이 개발된다 하더라도 이러한 기존의 이용 방식에 있어 혁명적 전환 없이는 지금 인류가 직면한 환경 위기의 극복을 기대할수 없다. 과학기술 지식의 부족 때문에 각국의 환경위기가 발생한 것이다.

일반적으로 환경문제의 해결방안은 새로운 과학기술의 개발에 의존하는 과학기술적 접근, 사회 및 제도의 개혁을 강조하는 사회제도적 접근, 그리고 현대 산업사회의 생활양식과 가치관의 변화를 강조하는 문화적 접근으로 구분할 수 있다. 이러한 접근중 문화적 접근이야말로 환경위기를 근본적으로 치유하는 데 우선적으로 중요시 되어야 할 것이며, 사회제도적 접근과 과학기술적 접근은 문화적 접근을 보완하는 위치에 머물러야 할 것이다. 이를 위해서는 과학기술의 발전이 환경문제를 비롯한 현대사회의 많은 문제를 해결해 줄 수 있을 것이라는 현대인의 잘못된 믿음, 즉 과학기술주의를 극복해야 한다. 그리고 과학기술주의의 극복이야말로 자연, 문화, 지식, 가치 등을 포함한 모든 분야의 다양성 회복에 우선적으로 요청되는 과정이라 하겠다.

과학기술의 발전으로 인간의 의식주 일상생활은 역사상 그 어느 때보다 윤택해졌을뿐 아니라 인간의 사고 등 삶 전체에 과학기술이 영향을 미치고 있음은 주지의 사실이다. 그러나 현대 인간생활의 거의 모든 면에 걸쳐 있는 과학기술의 발전이 긍정적인 결과만 낳은 것은 아니다. 과학기술의 발전에 따른 부정적인 결과도 무시할 수 없게 되었다. 핵무기 등 대량살상 무기에 의한 인류생존의 위험, 전세계적으로 현재 심각하게 대두되고 있는 환경문제, 노동과정의 기계화로 인한 인간의 소외 등은 그 대표적인 예에 속한다.

 2 국내 환경산업의 문제점

환경산업에 대한 국내 기업들의 투자 확대와 해외 진출, 그리고 정부의 정책적 지원에도 불구하고 우리나라의 환경산업의 앞날을 예측하기는 어렵다. 기존의 산업구조내에서 새로운 업종이 출현하고 정착되는 과정이 그리 간단하지는 않을 것이기 때문이다. 특히 환경산업과 같이 역사가 짧은 분야에 대해 기업이 과연 위험부담을 감수하면서 지속적으로 투자를 감행할 것인가의 문제는 여전히 미지수로 남아 있다. 단지 기업의 이미지 관리를 위한 홍보 차원의 전략이 표출될 수도 있을 것이다. 여기서는 이러한 가능성들을 염두에 두고 현재 국내의 환경산업이 안고 있는 몇 가지 내재적인 문제점을 기업의 기술 및 재정의 영역과 정부조절의 영역에서 지적할 것이다.

현실적으로는 국제 환경규제를 오히려 새로운 국제시장 개척을 위한 계기로 삼겠다는 대응책인 환경산업의 출현이 경제성장과 환경보존을 동시에 이룰 수 있다는 희망적인 견해를 제시해 주었으며, 우리나라의 경우에도 최근에 대기업을 중심으로 한 환경산업의 진출의 확산되는 분위기를 보이고 있고 정부도 이를 지원해 줄 다양한 정책들을 마련하고 있다. 그러나 아직 우리나라의 환경산업은 기술의 해외 의존도 의 심화, 낮은 기술수준, 그리고 재정현황의 열악함 등으로 인해 선진국에 비해 상당한 취약점을 내포하고 있는 실정이다. 특히 환경정책의 역사가 비교적 짧고 현재까지도 환경문제에 대한 정부의 구체적이고 적극적인 의지가 가시화되지 않고 있는 우리나라로서는 외국에 비해 보다 많은 과제를 안고 있음을 적시해야 한다.

먼저 기업의 상황을 충분히 고려하지 않은 정부의 일방적인 환경규제는 기업으로 하여금 환경문제 해결을 위한 투자확대의 동기부여보다는 반발과 욕구불만을 유발시킬 수 있다는 점을 생각해야 한다. 따라서 정부는 환경산업에 대한 기업의 적극적인 진출을 유도하기 위해 기업 자체의 구조와 생리를 과학적으로 분석해야 할 뿐만 아니라 기업들간의 경쟁과 협력을 적절히 통제해야 할 임무를 갖는다. 가령 청정기술의 개발을 정부에서 전략적으로 추진하려고 할 때, 이 전략의 경제적 내용과 결과가 모든 국가들로부터 지지받을 수 있을 정도로 정립·규명되어있지 않고 기존의 경제체제와 매우 달라 단기간에 성급히 추진할 경우에는 혼란이 뒤따르기 쉽다는 점을 인식해야 한다. 특히 특정산업이나 기업들에게는 다양한 형태의 환경비용이 부과될 수 있으므로 결과적으로는 생산비의 급증을 초래하여 경쟁력을 상실하게 되는 경우도 발생할 가능성이 큰 것이다.

속도전 필요한 녹색성장 기본법

4월부터 국회에 계류 중인 저탄소 녹색성장 기본법안의 조속한 통과가 시급하다. 작년 8·15 경축사에서 발표된 녹색성장 전략은 현 정부의 여러 정책 중 국민에게 많은 지지를 받고 있다.

대표적 굴뚝산업인 철강, 석유, 전력 사업계뿐만 아니라 통신, IT, 물류 산업계 모두가 앞장서서 녹색경영 계획을 발표하고 있다.

최근 외국 동향을 보면 탄소배출권 총량제한에 관한 미국 기후법안, EU와 미국 오바마 행정부의 자동차 이산화탄소 배출기준 강화 계획 등이 속속 발표되고 있다.

2013년 이후 온실가스 감축의무국가를 지정하는 포스트(Post) 교토 체제의 협약경로는 이 분야 전문가들도 예측하기 힘들다. 그러나 국제협약의 진행과는 관계없이 어떤 형태라도 탄소 배출에 대해 경제적 제재가 부과될 것이다는 점이다. 국경을 넘나드는 모든 재화와 서비스 실하탄소 배출에 대한 비용을 부담하게 된다. 대외 무역의존도가 큰 우리 경제로서는 피해갈 수 없는 파랑이 밀려오고 있는 것이다. 우리 정부는 녹색성장을 대외적으로는 지구 환경 보호를 위해, 대내적으로는 신성장 동력으로서 추진하기 위해 국가전략으로 선택했다. 환경재Y 배출예고하는 지구 온난화 문제는 정부 개입을 필요로 하는 대표적인 이후 실패 사례다. 이후에 제대로 작동하려면 가격신호서 요하며 법·제도적 인프라스트럭처 구축을 통해 족색 이후을 조성하는 것이 정부역할이다. 정부는 잘 디자인된 조세정착 협약경로 굴제로 에너지이후을 개혁해야 한다. 그래야 에너지 분야에서 기술혁신이 이루어질 수 있고 탈화석연료 이대가 시작될 수 있다. 기무역의급성장뱂출예견이실하세계 녹색이후을 선점하기 위해 지금부터 혁명적인 자세로 녹색경쟁력을 확보해 나가야 한다.

끝으로 사회적 수용을 위한 정치의 역학이 가장 중요하다. 우리는 녹색성장을 국가전략으로 선택하였으나 기본법을 통과시키지 못한 채 출발점에서 있는 실정이다. 경제논리는 국민에게 이해를 얻는 필요조건에 불과하다. 실행을 하기 위해서는 국민에게 동의를 얻는 정치가 필수적이다.

역설적으로 들릴 수 있으나 기관이기주의와 부처이기주의는 민주사회에서는 당연한 자기보호 행동이다. 녹색성장이 국민적 지지를 얻어 성고오하기 위해서는 각론 부분에서는 수많은 시민, 단체, 기업들이 참여하는 과정을 통해 밑에서부터의 녹색혁명이 필요하다.

저탄소 녹색성장 기본법안은 녹색성장의 법·제도적 인프라스트럭처를 구축하는 총론이다. 정부가 법·제도적 인프라스트럭처를 구축해야 산업계가 움직일 수 있다. 저탄소 녹색성장 기본법안이 우리 정치 현실에 묶여 있다. 녹색기본법 제정이 지연된다면 국가정책에 대한 신뢰성 저하와 함께 산업계와 국민에게 잘못된 신호를 보낼 가능성가 크다. 전세계가 경쟁하는 녹색 경주에서 뒤처지지 않으려면 국회가 앞장서서 기본법을 통과시켜야 한다. 하루가 아까운 상황이다.

제2절 | 공해(자원고갈 및 환경오염)

1 생산과 공해의 문제

1) 생산으로 비롯된 사회비용

(1) 생산과정 중 인간에게 직접 입히는 손상
(2) 생산물(제품)로 인해서 인간이 직접 입는 손상
(3) 생산과정이나 생산물로 인한 환경오염이 사회에 주는 손실
(4) 자연자원의 부족이나 고갈로 사회가 입는 손실

이상 열거된 기업의 생산활동으로 비롯된 사회적 비용들은 주로 환경오염(1)(2)(3)(4) 내지 자원고갈의 문제들로서 생산공해가 주류를 이루고 있다.

수질오염(water pollution)은 용수량의 증가에 따라 폐수나 하수 및 공장이나 도시에서 집중적으로 배출되어 하천이나 해역의 자생능력을 초과하므로 해서 발생한다. (광의의 수질오염에는 해양오염이 포함된다) 우리나라의 산업용수량은 1981년에 도시의 생활 용수량을 초과하여 산업이 수질오염의 최대요인이 되고 있다.

산업체에서 배출되는 대기오염물은 단순히 연료의 연소가스만이 아니라 각종 유독가스·용매·금속분진·악취 등이 발생되며, 수질오염물은 일반하수와 달리 유독하고 축적성이 높은 중금속(수은·납·카드뮴 등)·유분·알칼리·색소·유해유기물질이 배출된다.

금후 산업의 발전 내지 공업의 지방분산과 함께 산업으로부터의 환경오염은 더욱 중대되고 도시화의 확대 및 소비증가와 더불어 제품폐기물 내지 생활폐기물의 배출량이 더욱 증대될 것으로 예상된다.

 정부기관에서의 공해관리

기업에 의한 관리라도 그의 관리주체인 기업이 본질상 수익성을 추구하므로 공해관리에 있어서 사회나 당국에 의한 타율적 관리가 요구된다. 따라서 공해의 예방내지 관리는 일차적으로 사회를 대표하는 당국에 의한 공해관리가 주도되어야 한다.

즉 공해관리 기관(예 환경청)에서는 주로 사회의 입장에서 다음과 같은 대책들을 시행하여 공해관리를 주도할 필요가 있다.

① 현실적인 공해방지 규제 및 제도의 마련
(공해배출 업체에 대한 인가·허가·등록 등의 제도를 법으로 정해서 이들 업체를 규제한다)

② 합리적인 환경오염 배출기준의 설정

③ 환경오염의 정기적인 측정 및 분석

④ 오염발생처의 단속 및 처벌

⑤ 공해방지시설이나 폐기물 처리장치의 설치 및 보조금 지원

⑥ 공해 원인행위자에 대한 벌과금 부과
(환경보전법 19조에 따라 제도가 1983년부터 실시되고 있으나 실적이 저조하다)

3 기업에서의 공해관리

공해관리 과정에서 기업에서 취할 수 있는 방안으로 환경오염 물질의 발생량을 줄이는 것과 발생된 공해물질을 처리하여 절대량을 줄이는 방법이 있다. 생산시스템의 관점에서 볼때, 전자의 방안은 투입단계와 공정단계에서 다룰 수 있으며, 후자의 그것은 주로 산출단계에서 다룰 수 있다.

따라서 기업에서의 공해관리법을

① 투입단계에서의 접근(input approach)

② 공정단계에서의 접근(process approach)

③ 산출단계에서의 접근(output approach)으로 구분한다.

1) 투입단계에서의 관리

이는 경제시스템으로 유입되는 물자와 에너지양에 초첨을 맞추어 비경제적인 생산활동을 배제함으로써 원천적으로 자원의 투입을 줄이고 이로 인한 공해를 줄이려는 이상적인 접근방법이다. 이 방법이 적용되려면 우리들의 가치체계나 습관을 비롯하여 경제구조 등에 수정이 수반되어야 하므로 당분간은 생산공정이나 산출단계에서의 접근방법이 선호될 것으로 본다.

그러나 투입단계에서의 접근방법이 활성화될 수 있도록 제도적 뒷받침이 마련될 경우 사정은 달라질 수 있다. 예컨대 미국 미시건주에서는 1979년부터 자원의 재활용을 목적으로 음료수 용기대금 예치제(deposit system)를 실시하여 소비자로부터 음료수병과 알루미늄캔을 회수해서 재사용하고 있다. 이는 자원의 재활용 정책에서 비롯된 것으로, 일차로 자원(원자재와 에너지)을 절약할 수 있으며, 이차적으로 캔이나 플라스틱 등의 폐기물 공해를 막을 수 있다.

2) 공정단계에서의 관리

이는 투입물의 변환과정인 생산공정에서 오염물질의 발생을 최소화하거나 발생된 오염물질을 처리하여 환경오염을 억제하는 방법이다. 자원절약형 공정의 선택, 공해배율을 최소화하는 공정설계, 공해배율 억제를 위한 기존공정의 개선 등 여러 방법이 모색될 수 있다.

3) 산출단계에서의 관리

이는 산출된 생산물이나 폐기물의 공해물질을 처리하여 공해를 줄이려는 방법으로 생산시스템의 큰 변경없이 접근할 수 있어 다수의 기업에서 주로 이용하는 방법이다.

그러나 시스템 운영단계에서의 개선은 경제성이 낮은 것으로, 이 단계에서의 공해처리비용은 높다.

공해물질이 발생된 다음에 절대량을 줄이는 방법을 제시하면 다음과 같다.

① 폐기물의 활용(예 조미료를 생산한 폐기물로 비료생산)

② 폐기물의 재생사용(예 도금물 세척수에서 중금속 회수, 알루미늄캔의 재생)

③ 폐가물의 처리시설의 이용(예 폐수처리장치)

이상 생산기업에서의 공해관리방법을 투입 · 변환 · 산출단계로 나누어 제시하였으나 이들을 복합 전개할때 그 효과는 크다.

 생산경영과 공해관리

생산경영자는 제품설계 · 공정설계 · 공장입지의 결정을 통해 생산시스템을 설계하고 관리하는 기능이 있으므로, 생산경영 내지 생산관리는 산업공해와 제품공해를 최소화하거나 억제할 수 있는 주요 결정변수임에 틀림없다.

공해를 최소화하는 최선의 방법은 시스템 설계단계에서 원천적으로 예방 내지 개선하는 것으로 시스템의 입지결정단계에서 공해문제가 고려될 수 있는데, 가령 환경오염의 분산을 위해 통풍이나 폐수의 방출이 유리한 지역(예 해안)에 입지하거나, 산업폐기물의 집중처리가 용이한 지역으로 입지하는 경우가 있다.

생산물 산출 후에 제기되는 제품공해는 제품설계단계에서 제품내용물의 구성, 품질의 고급화, 제품의 외형 및 포장방법의 개선 등을 통하여 최소화할 수 있다(예 자동차의 배출가스공해를 줄이기 위한 삼원촉매전환장치(catalysitit converter)의 부착이나 무연휘발유를 사용하는 것 등이다).

요컨대, 생산경영자는 ① 환경속에 방출되는 공해물질의 발생을 제품설계·공정설계·자원의 재사용 및 처리 등으로 최소화할 수 있으며, ② 제품설계의 개선이나 효율적인 공정의 선택 및 자원의재사용(recycling)을 통하여 천연자원의 활용도를 증진시키는 데에 기여할 수 있다.

그러나 공해규제가 제대로 안되는 사회에서 자발적으로 공해방지에 참여하는 기업은 원가경쟁면에서 불리하기 쉽다. 따라서 기업의 공해관리가 제도적으로 의무화되고 기업구성원 모두가 환경오염방지에 대한 기업의 사회적 책임을 질때, 공해관리의 효과는 클 것이다.

기업에서 다를 수 있는 공해관리방법은 ① 환경오염물질의 발생량 억제와 ② 발생된 공해물질의 처리로 대별된다.

생산시스템의 관점에서 볼 때, ①의 방안은 투입단계와 공정단계에서 ②의 방안은 산출단계에서 접근할 수 있다.

생산경제자는 제품설계·공정설계·공장입지 등의 결정을 중심으로 생산시스템을 설계하고 관리하는 기능이 있으므로, 생산경영은 산업공해와 제품공해를 최소화하는 주요 결정변수가 된다.

일본車 친환경차로 확 바뀐다.

2020년 1350만대 … 2050년엔 자동차 54% 전환

일본 환경성은 이산화탄소나 유해가스 배출량이 적은 전기자동차 등 차세대 자동차를 2050년까지 3440만대 보급하는 장기계획을 마련했다고 요미우리신문이 6일 전했다.

이는 2050년까지 온실가스 배출량을 현재의 절반으로 줄인다는 정부의 장기적인 목표를 달성하기 위해 자동차 배기가스 배출량을 절반으로 줄이는 데 필요한 차세대 자동차 수를 계산해 도출한 것이다.

인구 감소로 자동차 보급 대수가 약 15% 감소할 것으로 보이는 점과 기술발전에 따른 연비 향상 등도 고려했다.

그 결과 환경성은 2020년 1350만대, 2030년에는 2630만대를 보급해야 한다는 결론을 얻었다. 2050년 보급 목표인 3440만대는 전체 자동차중 54%에 달하는 것으로 계산됐다.

이러한 목표를 달성하려면 2020년까지 전기자동차는 최소한 17차종, 하이브리드차는 38개 차종을 개발할 필요가 있으며 각 자동차사의 시장개척 노력도 상당히 필요한 것으로 지적됐다.

차세대 자동차는 휘발유, 경유 외의 연로나 신형 엔진을 도입해 배기가스를 대폭 줄인 자동차로 전기자동차나 하이브리드차, 연료전지차 등이 있다. 환경성은 목표 책정을 위해 지난해 말부터 자동차 제조사와 석유·가스 업계, 대학 전무낙 등과 함께 연구해 왔다. 일본 자동차 업계도 정부 방침에 맞춰 차세대 자동차 상용화에 박차를 가하고 있다.

일본 미쓰비시자동차는 오는 7월부터 전기자동차 '아이미브'를 발매한다. 성인 4명이 탈 수 있고 장거리 주행이 가능한 실용적인 전기자동차다. 차량 가격은 약 460만엔(약6000만원)이지만 정부 보조금(139만엔)을 빼면 실질적으로 320만엔 수준이 될 것으로 알려졌다. 특히 가나가와 현 등 일부 지자체는 성능이 뛰어난 전기자동차에 대해 독자적인 보조금 제도를 도입했기 때문에 200만엔 정도에 구입할 수 있는 곳도 나올 전망이다. 아이미브는 고성능 리튬전지를 탑재했고 일반 가정용 전원으로 충전이 가능하며 1회 충전에 160km 가량을 주행할 수 있다.

미쓰비시는 "올해는 주로 기업과 지자체를 대상으로 판매에 나서며 일반 소비자용은 내년 4월부터 본격적으로 시판될 것"이라고 밝혔다.

참고문헌

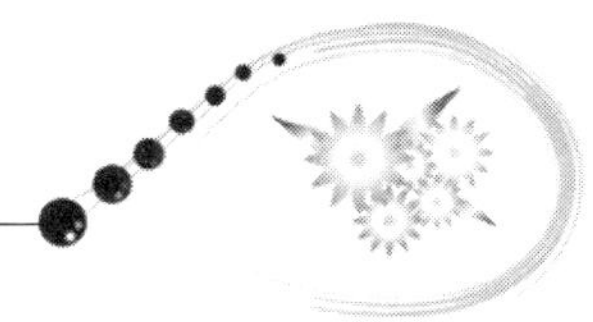

■ 국 내

강병서, "생산 경영론", 무역경영사, 2000.
강성수 역 "생산 시스템 운영관리", 사이텍 미디어, 2001.
곽수일, "생산 관리론", 영지문화사, 1991.
김기영, "생산관리", 법문사, 1990.
김성철, "생산관리", 학문사, 1997.
김성희 외, "e-비즈니스.com", 도서출판 청람, 2004.
김인구, 김형준, 문덕중, "생산운영관리", 문영사, 2003.
김태웅, "생산・운영관리", 신영사, 2007.
노부호, "현대생산관리", 무역경영사, 2005.
노형진, 홍성찬, "CALS혁명", 21세기북스, 1995.
박병호 외, "생산・운영관리", 무역경영사, 2005.
박정섭, 석종훈 "CALS", 동방 미디어, 1996.
백방선, 원유동, "품질경영론", 무역경영사, 2001.
백종현, "생산관리론", 삼영사, 1993.
안영진 외, "생산운영관리", 박영사, 2009.
윤재홍, "생산・운영관리론", 형설출판사, 1995.
이봉수외, "생산운영론", 교우사, 2000.
이상범, 류춘호, "현대 생산・운영관리", 명경사, 2007.
정남기, 유철수, "CALS시대 생산관리", 청문각, 1997.
정충영, "생산관리", 무역경영사, 2007.
조상위, "6시그마 실행의 성공요인과 기술혁신의 역할에 관한연구", 전북대학교 경영학과 박사학위논문, 2008.
추창엽, "물적유통론", 형설 출판사, 1996.
편인범, "생산・운영관리론", 홍릉과학 출판사, 1993.
홍성수 역, 다나카 카즈나리 저 "생산관리", 새로운 제안, 2002.
황규승 외 2인, 「생산관리」,홍문사, 1998.

■ 국 외

Anderson, john C., Gary cleveland, and Roger G. Schroeder, *"Operations strategy A Literature Review"* Journal of Operation Management, vol.8, no. 2, April pp. 133-158. 1989, Binder, Z., *"Management and Control of production and Logistics 2000"*, Pergamon press, 2001.

Block, R. M. and R, I. Marash, *"Integrating ISO14001 into a Quality Management System"*, American Socity for Quality, 2001.

Burke, Roly, *"Project management : Planning and Control"*, 3rd ed., Wiley, New York, 2001.

Chase, Richard B. Nicholas J. Aquilano, and F. Robert jacobs, *"Operations Management for Competitive Advantage with Global Cases"*, 11th ed., Mcgraw-Hill, New York, 2006.

Chopra, S. and P. Mein이, *"Supply Chain Management"* Prentice Hall, 2001.

Chorafas, N. D., *"Integrating ERP, CRM, Supply Chain Management, and Smart Materials"* Auerbach Publications, 2001.

Departmant of Defense, *"The Management Framework for Process Improvement"* 2002.

Frazelle, E., *"Supply Chain Strategy"*, McGraw-Hill, 2001

Harmon, Paul. *"Business Process Change : A Manager's Guide to Improving. Redesigning, and Automating Processes"*, MK. 2003.

Hayers, Robert H. and Steven C. Wheelwright, Restoring Our Competitive Edge : Campeting through Mamu-facturing, Wiley, New York, 1984.

Krajewski, Lee J. and Larry P. Ritzman Operations Management : Processes and Value Chains, 7th ed., Pearson Prentice Hall, Upper Saddle River, NJ, 2005.

Lederer, J. P. and S. U. Karmarkar, *"Practice of Quality Management"*, kluwer Academic Publishers, 2001.

Lientz, P. B. and P. K. Rea, *"Breakthrough Technology Project Management"*, Academic Press, 2001.

Monczka, M, R., B. R. Handfield, and J, R. Trent, "Purcbasing and Supply Cbain Management", South-Western Pub., 2001.

Porter, Michael E., Competitive Strategy : Techniques fir Analyzing Industries and Competitors, FreePress, New York, 1980.

Ritzman, Larry P. and Lee J. Krajewski, Foundations of Operations Management, prentice Hall, Englewood Cliffs, NJ, 2003.

Rosenblatt, B., B. Trippe, and S. Mooney, *"Digital Rights Management : Business a nd Technology",* Hungry Minds, 2001.

Salvendy, G., "Handbook of Industrial Engineering : Technology and Operations Management", Wiley-Interscience, 2001.

Schroeder, Roger G., Operations Management : Contemporary Concepts and Cases, 2nd ed., Mcgraw-Hill, New York, 2003.

Shapiro, F. J., *"Modeling The Supply Chain"*, Duxbury Press, 2000.

Shukla, K, P., *"Annual Editions : Production and Operations Management 01/02",* McGraw-Hill Higher Education, 2001.

Taylor, D. and D. Brunt, *"Manufacturing Operations and Supply Chain Managrment: The LEAN Approach",* International Thomson Business Press, 2000.

Wheelwright, steven C. and Robert H. Hayes, *"Competing through Mamufacturing",* Harvard Business Review, January-February, pp.99-109, 1985.

찾아보기

【ㄱ】

가공 ···· 156
가공공정분석 ···· 156
가치공학 ···· 84
가치분석 ···· 84
가치혁명 ···· 84
간소화 ···· 212
간트 차트(Gantt Chart) ···· 136
개량보전 ···· 177
갱신투자 ···· 182
검사 ···· 157
검사표 ···· 135
게임이론 ···· 55
경로분석 ···· 159
경제재(經濟財) ···· 21
경제적 주문량 ···· 248
공공재 ···· 342
공급사슬관리 ···· 104
공장자동화 ···· 315
공정분석 ···· 154
공정분석기호 ···· 156
공정절차표 ···· 132
공해관리 기관 ···· 348
관리감독자의 역할 ···· 186
관리감독자의 요구기능 ···· 191
관리감독자의 자격요건 ···· 190
관리감독자의 책무 ···· 186
관측시각 ···· 147
국제표준화기구 ···· 298
국제환경 표준화 기구 ···· 302
권리소유 ···· 82
그룹테크놀러지 ···· 89
급소 ···· 197
기계기록도표 ···· 137
기계부하도표 ···· 137
기본분석 ···· 154
기술력 배양 ···· 80
기술이전 ···· 307
기술적 기능 ···· 191
기술적 열화 ···· 173
기초동작 ···· 150
기초연구 ···· 81
기회손실 ···· 48

【ㄴ】

난수표(Random Table) ···· 147
네거티브 엔트로피 ···· 34
능률 ···· 36

【ㄷ】

다중활동분석표 ···· 161
다품종소량생산 ···· 38
단순공정분석 ···· 154
단위작업 ···· 153
대인기능 ···· 191
델파이법 ···· 67
동작경제의 원칙 ···· 166
동작분석 ···· 164
동작연구 ···· 153
디딤돌 법 ···· 100
WF ···· 149

【ㄹ】

랜덤 샘플링 147
롯트 125
리더십 233
리더십 개발 233
리드타임(Lead time) 103

【ㅁ】

마음의 관리 223
모듈러 87
목시동작분석법 168
무주공산 342
물(物)의 흐름 131

【ㅂ】

발격동작(發擊動作) 167
방법연구 141, 153
벨트 시스템 292
변환과정 21
보전예방 177
부문보전 181
부하 126
블랙벨트 293

【ㅅ】

사비지 48
사후보전 177
샘플수 147
생략 211
생산보전 177
생산성 22
생산요소(4m's) 17
생산전략과 정책 311
생산통제 130
생산통제의 기능 131
서블릭 분석 164
선형계획(LP) 30
설비관리 170
설비보전 176
설비투자 181
세목 214
수송해법 96
수요예측의 효과 65
순환과정(feedback) 18
스톱워치법 144
시간관리 225
시간연구(Time Study) 152
시간연구법 141, 144
시계열 69
시뮬레이션 54
시스템 32
시스템 사고 36
신제품 76
실적자료관리 139

【ㅇ】

여력관리 137
여력분석 159
여유시간 143
예방보전 177
예비분석 157
예측 61
외부불경제 342
운반 157
6시그마 277
워크 샘플링 146
워크 샘플링법 141
워크 팩터(Work Factor) 151
유동수분석 159
응용연구 81
의사결정 39
의사결정나무 50
의사결정지원시스템 42
EOQ(economic order quantity) 245
일정계획 122
입지론 95
ABCD조건 77
ABC분석법(파레토도) 243
SCM 105
MTM 142, 149

【ㅈ】

자기계발 ······ 226
자재불출서 ······ 135
자재소요계획 ······ 257
자재청구서 ······ 134
작업 ······ 156
작업개선 ······ 206
작업개선기법 ······ 214
작업개선의 원칙 ······ 211
작업개선의 장해 ······ 209
작업개선의 효과 ······ 212
작업분배(Dispatching) ······ 131
작업분배의 방법 ······ 132
작업분배판 ······ 133
작업분석 ······ 160
작업분석표 ······ 161
작업분해 ······ 196
작업분해표 ······ 196
작업자기록도표 ······ 137
작업지도기법 ······ 199
작업지도의 대상 ······ 194
작업지도의 사전준비 ······ 195
작업지도의 원리 ······ 193
작업지도의 중요성 ······ 193
작업진도도표 ······ 137
작업측정 ······ 140
작업할당도표 ······ 137
재고관리(inventory management) ······ 239
재고소진기간 ······ 126
재편성 ······ 212
저장 ······ 157
적극적 사고 ······ 223
적시생산시스템 ······ 30, 320
전시적 자원관리 ······ 264
절충보전 ······ 181
정미시간 ······ 143
정보관리 ······ 188
정체 ······ 157
정체분석 ······ 159
제품수명주기 ······ 66
조합 ······ 211
존슨(Jhonson)의 규칙 ······ 129
주생산계획 ······ 120
주요단계 ······ 196
중점분석 ······ 159
지수평활법 ······ 71
지역보전 ······ 180
진도관리 ······ 135
진도관리표 ······ 135
집중보전 ······ 179

【ㅊ】

총괄계획 ······ 117
추측 ······ 61

【ㅋ】

칸반 시스템 ······ 325, 327
컴업 시스템(Come-up System) ······ 137
컴퓨터통합생산 ······ 331

【ㅍ】

판단기능 ······ 191
표준시간 ······ 142
표준화 ······ 213
품질관리 ······ 272
프로젝트 ······ 110
프로젝트 모형 ······ 112
필름분석법 ······ 168
PDCA관리 ······ 27
PTS법 ······ 141, 148

【ㅎ】

현품관리 ······ 131, 138
현품표 ······ 135
화폐적 열화 ······ 174
확대투자 ······ 182
회의지원시스템 ······ 44
효율성 ······ 36
훈련예정표 ······ 198
휴리스틱 루울 ······ 53

저자 약력

■ 김 인 구

- 경영학 박사(생산관리 전공)
  (현) 장안대학 물류경영과 교수

〈저서 및 논문〉

- 사무관리, 대왕사
- 현대 비즈니스 매너, 문영사
- 물류관리론, 도서출판 두남
- 창업경영론, 무역경영사
- 생산운영관리론, 문영사

■ 오 성 환

- 한국외국어대학교 세계경영대학원
  (현) 글로벌인재개발컨설팅 소장

〈저서 및 논문〉

- 사무관리개론, 도서출판 두남
- 현장의 생산관리감독, 도서출판 두남
- 경영학원론, 도서출판 두남

■ 조 상 위

- 경영학 박사
  (현) 경기공업대학 E-비즈니스과 교수

〈저서 및 논문〉

- 강의노트 노사관계론 : 에듀 컨텐츠
- 전사적 자원관리 / 인사관리 : 경기공대 교육역량 강화 사업단
- 전략적 경영혁신 : 경기공대 교육역량 강화 사업단
- 디지털시대 한반도의 동북아 물류중심국가 추진에 관한연구

■ 이 원 동

- 물류학 박사
  (현) 장안대학 물류경영과 교수

〈저서 및 논문〉

- 물류관리 법규, 도서출판 두남
- 화물운송론, 도서출판 두남

인 지

생산운영관리

초 판 1쇄 인쇄 —— 2010년 2월 20일
초 판 1쇄 발행 —— 2010년 2월 25일
지은이 —— 김인구 · 오성환 · 조상위 · 이원동
펴낸이 —— 전 두 표
펴낸데 —— 도서출판 **두남**

서울시 강동구 성내 1동 455-12 두남빌딩

신고 : 제25100-1988-9호
(구 제2-624호, 1988. 7. 21)

TEL : (02) 478-2065~7, 478-2311
FAX : (02) 478-2068
E-mail : dunam1@unitel.co.kr
http://www.dunam.co.kr

정가 19,000원

ISBN 978-89-6414-050-5 93320